姜正成 ◎ 著

历史人物传奇系列

大清

帝王故事

DAQING

DIWANG GUSHI

中国文史出版社

CHINA CULTURAL AND HISTORICAL PRESS

图书在版编目（CIP）数据

大清帝王故事 / 姜正成著 . -- 北京：中国文史出版社，
2020.2
ISBN 978-7-5205-1959-5

Ⅰ . ①大… Ⅱ . ①姜… Ⅲ . ①帝王—生平事迹—中国
—清代 Ⅳ . ① K827=49

中国版本图书馆 CIP 数据核字（2020）第 010988 号

责任编辑：殷旭

出版发行：中国文史出版社
网　　址：www.wenshipress.com
社　　址：北京市海淀区西八里庄路 69 号　邮编：100142
电　　话：010-81136606　81136602（发行部）
传　　真：010-81136666
录　　排：智子文化
印　　装：廊坊市海涛印刷有限公司
经　　销：全国新华书店
印　　张：15.75　字数：202 千字
版　　次：2020 年 8 月北京第 1 版
印　　次：2020 年 8 月第 1 次印刷
定　　价：52.00

前　言

　　清朝是我国漫长的封建社会的最后一页。在近300年的漫长岁月中，清朝既为中华民族作出了超越前人的重大贡献，也为中华民族留下了大量的失败与屈辱的辛酸记录。由于距离今天比较近，所以清朝是我们最熟悉的一个朝代。

　　我们以清朝的十二位帝王来切入历史。他们各有功过，在中华民族走过千年兴盛、百年屈辱历史后的今天，研究这些帝王无疑具有重要的现实意义。

　　清朝有十三甲起兵、转战白山黑水、统一女真各部的王朝奠基人努尔哈赤，有十几岁就铲除鳌拜、二十几岁就平定三藩的康熙皇帝，有励精图治、把清王朝推向辉煌的雍正皇帝，有向慕风雅、晚年自号"十全老人"的乾隆皇帝，有极富进取精神、积极支持变法却抱恨瀛台的光绪皇帝，还有经历了时代剧变、一度为日本人扶植而后被改造为新时代公民的末代皇帝溥仪。中国历史上还有哪个朝代，能够有这么多的皇帝让我们如数家珍？

　　这本书按照时间顺序，系统讲述了12位皇帝的性格、才干、气魄、成败、是非，以及他们修身、齐家、治国、平天下的整个过程，使读者能够了解他们曲折起伏的人生和政治生活，人物形象丰满，故事引人入胜，真实、立体地再现了大清王朝的兴衰成败、治乱祸福的脉络，深刻揭示了中国封建社会由乱到治、由治到乱的内在规律。

　　当下的清朝宫廷剧很多，数不清的皇帝、后妃、格格被陆续搬上荧屏，历史从没有像现在这样被过度娱乐、过度消费。但是，这些影视作品戏说的成分太多，往往以讹传讹，掩盖了历史的真相，其知识含量是很低的。而我们这本书，取材于信史，内容严谨，雅俗共赏，对于了解清代历史大有裨益。

阅读清代历史，了解帝王的人生轨迹，思考他们的人生得失，既能增长见闻，又能以史为鉴，明辨善恶。从个人的角度讲，皇帝的修养才智、处世的智慧、行事的韬略、交往的见识手段，也都可以给我们启发。

希望这本书能激发您读史的兴趣，引导您走向浩瀚的文化历史的海洋。

目　录

目

录

少年天子痴情君——清世祖顺治皇帝

千古圣君开盛世——清圣祖康熙皇帝

一生勤勉只务实——清世宗雍正皇帝

 好大喜功的皇帝——清高宗乾隆皇帝

目录

有心振作难回天——清仁宗嘉庆皇帝

炮声打断中兴梦——清宣宗道光皇帝

苦命天子遭变局——清文宗咸丰皇帝

花天酒地无作为——清穆宗同治皇帝

变法失败空遗恨——清德宗光绪皇帝

黯然告别紫禁城——清宣统帝溥仪

目
录

衔恨起兵创大业

——清太祖努尔哈赤

　　清太祖努尔哈赤，姓爱新觉罗，明嘉靖三十八年（1559年）出生在建州左卫苏克素护部赫图阿拉城（今辽宁省新宾县）的一个满族奴隶主的家庭。明万历十一年（1583年），努尔哈赤不屈奋起，以父祖遗甲十三副起兵。他率领八旗子弟转战于白山黑水之间，临大敌不惧，受重创不馁，以勇悍立威，受敌众拥戴，历时30多年，统一女真各部，推动了女真社会的发展和满族共同体的形成。万历四十四年（1616年），在赫图阿拉建元称汗，国号大金（史称后金）。努尔哈赤兵势渐强，势力日增，万历四十六年（1618年）以"七大恨"祭天，誓师征明，开始为清王朝的建立艰苦创业。在中华民族的历史典册中，他的英明和业绩将与世长存。与明将袁崇焕在宁远交战中，努尔哈赤大败而回并受伤，于天命十一年（明天启六年，1626年）八月死去，终年68岁，葬于沈阳城东，称之"福陵"。庙号"太祖"。

坎坷少年，军门立功

努尔哈赤出生在一个自元朝起就世代为官的贵族家庭。到明朝年间，努尔哈赤的六世祖猛哥帖木儿被明成祖朱棣封为建州卫指挥使，并率部落南迁到图们江下游（今朝鲜会宁）定居。女真部落间互相征伐兼并的事情延续不断，到努尔哈赤出生的时候，女真各部之间的争斗依然没有停息，这便给了自小就渴望建立一番功业的努尔哈赤以实现自己理想的机会。

努尔哈赤10岁的时候，母亲便因病去世了，由于继母对待他和弟弟非常刻薄、阴毒，因此，在努尔哈赤15岁那年，他就带着10岁的弟弟舒尔哈齐离家出走，投奔了外祖父王杲。

王杲由于长时间和汉人打交道，因此汉化较深。在外祖父王杲的影响下，努尔哈赤也结识了不少汉人，并学会了汉语和汉字。努尔哈赤当时最喜欢看的两本书是《三国演义》和《水浒传》，看到精彩处，他常常是情不自禁地拍手称赞，也正是这些英雄事迹在潜移默化地影响着这个少年。

王杲是建州女真部落中著名的首领之一，随着自身势力的逐渐强大，王杲开始与明王朝作对。万历二年（1574年），明朝辽东总兵李成梁率兵消灭王杲，王杲及其家属被杀，机智的努尔哈赤当即跪在李成梁的面前痛哭流涕，因而被李成梁收为随从和侍卫。此后，善于骑射的努尔哈赤因作战英勇、屡建战功而深受李成梁的赏识和器重，李成梁待努尔哈赤也如儿子一般。

三年后，对外祖父被李成梁所杀而怀恨在心的努尔哈赤借口回家成亲，离开了李成梁，并在结婚后另立门户。此后在辽东地区的六年游历生活，使努尔哈赤的人生见识和军事才能都得到了充分的锻炼。

到了25岁时，努尔哈赤的祖父和父亲被讨伐女真部落的明将意外给杀害了。噩耗传来，努尔哈赤悲痛欲绝，愤然责问明朝驻边官吏，为何杀死他一向忠于朝廷的祖父和父亲。那官吏自知理亏，无言以对，只好抚慰努尔哈赤，并让他袭任祖父之职，担任建州左卫都指挥使。努尔哈赤为了报仇，强忍了心中的仇恨，接受了明朝的抚慰。

誓师复仇，统一女真

原来祖父及父亲的突然丧命是因为明将受建州女真图伦城主尼堪外兰的唆使而致。为替父祖报仇，努尔哈赤整点出父祖的十三副遗甲，率领不足百人的部众，击败并杀死了帮助明军的尼堪外兰。此后，努尔哈赤东征西讨，势力日益扩大，万历十五年（1587年）在烟筒山下建费阿拉城称王，并很快将整个建州女真统一在他的麾下。

努尔哈赤的崛起，成为居住在开原以东和松花江中游一带的海西女真的心腹大患。万历二十一年（1593年）九月，海西女真各部集三万兵马，分三路向建州进攻。当时，大家听说三万人马来攻建州都非常惊惧，努尔哈赤却泰然自若地对众人说："九部联军号称三万，但不过是些乌合之众；我们尽管人少，却心齐志坚，又能立险扼要，以一当十。只要先击杀他们的头目，其部属必会不战自溃。"听了这番鼓动，将士们顿时信心倍增。战斗打响，努尔哈赤身先士卒，宛如天神一般神武无敌，力斩联军首领布斋，联军没了首领，顿时溃不成军，这一仗努尔哈赤大获全胜，从此威名远震。

万历二十七年（1599年）九月，叶赫与哈达两个部落之间发生冲突。哈达首领孟格布禄自知不是叶赫对手，便把自己的三个儿子送到费阿拉城做人质，请求努尔哈赤派兵相助。这无疑给了努尔哈赤一个出兵的良机。他即刻派费英东、噶盖率领两千兵马前去救援。叶赫得知哈达引来了努尔哈赤的援兵，顿时没了主意。后来有人提议将哈达收买，然后与哈达一起对付努尔哈赤，这样不仅可解目前之困境，还可使努尔哈赤受挫。叶赫部派人给孟格布禄送去一封信，信中极尽威胁利诱之能事，并声言如果哈达能够捉住建州派来的两员大将，叶赫将与哈达重修前好。孟格布禄还真上了叶赫的圈套，答应按其主意行事。得知此事，努尔哈赤火冒三丈，恨透了这个出尔反尔、过河拆桥的哈达，当即命令弟弟舒尔哈齐做先锋，率兵一千人去征伐那个恩将仇报的哈达。舒尔哈齐率军赶到哈达城下，见敌军气势正盛，不可轻易交战，便在城下按兵不动。随即赶到的努尔哈赤冒着矢石带兵猛攻，经过七天七夜的激战，终于攻克了哈达城，生擒了孟格布禄。

随后，在万历三十五年（1607年），努尔哈赤先派精兵数十人装扮成商人混入辉发城，作为内应。然后自己亲率兵马逼近辉发城下，里应外合，一举灭亡了辉发。

万历四十年（1612年）九月，努尔哈赤又亲率大军征讨乌拉。人强马壮、骁勇善战的建州兵以迅雷不及掩耳之势连下乌拉六城。贪生怕死的乌拉首领苦苦哀求努尔哈赤手下留情，才保住了自己的小命。努尔哈赤命令布占泰将人质送到建州，留下军士千人驻戍，遂率大军撤回。

第二年，布占泰再次背约，努尔哈赤又一次兵临城下。在来势凶猛的建州大军面前，布占泰丢盔弃甲，只身逃往叶赫。建州军击溃敌兵三万，斩杀一万，获甲七千副，灭亡了乌拉。至此，海西扈伦四部仅剩下叶赫一部了。

万历四十七年（1619年），努尔哈赤发动了攻取叶赫的战争。当时叶赫有东西两座坚固的城堡，分别由两个首领金台石和布扬古坚守。勇猛善战的叶赫兵与久经沙场的建州兵拼杀得你死我活，经过多次激战，建州兵冲入东城，叶赫人据家死守。努尔哈赤见此就传下命令：凡城内军民，投降者一概不杀。结果此令一下，叶赫军民纷纷放弃抵抗，只有首领金台石继续带着家眷、近臣躲在堡楼上负隅顽抗。努尔哈赤的兵士准备用斧子砍毁石楼，金台石见走投无路，又想放火自焚，结果建州兵士一拥而上，将他俘获，随即被下令绞死。东城沦陷，西城也乱作一团，没过多久，布扬古的堂弟打开城门投降，布扬古被迫投降后也被努尔哈赤绞死。

在统一建州和海西女真的同时，努尔哈赤对海东女真诸部也采取了征伐与招抚两手并用的策略。从万历二十六年（1598年）开始，努尔哈赤从海东女真瓦尔喀部、窝集部和虎尔哈部先后向建州迁入五万多人。到万历末年，努尔哈赤统一了所有的女真部落，成为女真部落真正的王。

创建八旗，颁布满文

万历四十四年（1616年）正月初一，努尔哈赤建立了大金国，定年号为天命。这就是我国历史上的"后金"。

为了弥补建州地区的经济缺陷，努尔哈赤一方面积极发展建州地区的经济，另一方面致力于发展与汉族地区的贸易。他用当地出产的人参、貂皮、东珠、马匹等特产，换回建州人民缺乏的生活必需品。为了解决鲜人

衔恨起兵创大业——清太祖努尔哈赤

参容易腐烂的问题，努尔哈赤还创造了煮晒法，即把人参煮熟晒干，然后保存起来待价而沽。这样做便避免了汉商低买高卖现象的发生。仅在抚顺地区，努尔哈赤每年就获利高达几万两白银。

创建八旗制度，也是努尔哈赤的一大功绩。八旗制度的雏形是女真氏族公社末期的狩猎组织。那时，每逢出师行猎，氏族成员便每人出一支箭，以十人为一单位，称"牛录"，汉语是箭或大箭的意思。十人中立一总领，称"牛录额真"。牛录额真即大箭主。随着女真社会的不断发展，牛录组织也日益扩大，并演变成奴隶主贵族发动掠夺战争和进行军事防御的工具，但那时候它只是临时性的。努尔哈赤把它扩展为常设的社会组织形式。万历二十九年（1601年），他把每个牛录扩充为三百人，分别以黄、白、红、蓝四色旗作为标志。由于兵力不断增加，万历四十三年（1615年）努尔哈赤又将五牛录作为一甲喇，五甲喇作为一固山，分别由甲喇额真与固山额真来管辖。每个固山还设梅勒额真二人，作为固山额真的助手。这样，原来的四大牛录便扩大为四大固山。仍以四色旗为标志，又称四旗。同时又增编镶黄、镶红、镶蓝、镶白四旗，与前面四旗合称八旗。八旗制度是"以旗统人，即以旗统兵"的兵民一体、军政合一的社会组织形式。八旗兵丁平时耕垦狩猎，战时则披甲出征。八旗旗主即八个固山额真，都由努尔哈赤的子孙担任，他们集军事统帅和政治首领的身份于一身。努尔哈赤则是八旗的家长和最高统帅，他为八旗军队制定了严密的纪律。八旗制度的实行，提高了女真的军事战斗力，也促进了满族社会的发展。

创制和颁行满文，对满族文化的发展起到了里程碑式的作用。努尔哈赤兴起后，女真族仍没有自己的文字，但因为这时的建州经常与明朝、朝鲜有公文来往，所以每次都只能让汉人用汉文书写。每逢向女真人发布政令，则先用汉文起草，然后再译成蒙古文。女真人讲的是女真语，书写却用蒙古文，语言与文字的不统一为女真社会的发展设置了层层阻碍，这便促使努尔哈赤决意创制记录满族语言的符号——满文。他命额尔德尼和噶盖承担了创制满文的任务。但他们俩都觉得女真人使用蒙古文由来已久，现在要创造自己的文字，真是困难重重，不知如何下手。努尔哈赤便让他们参照蒙古文字母，并结合女真语言的发音方法及发音规律，通过拼读成句的方式，撰制成满文。噶盖后来因罪被杀，就由额尔德尼完成了创制满文的任务。满文的创制和颁行，加速了满族社会封建化，加强了满族人民内部以及满汉之间的思想文化交流。

大败明军，迁都辽阳

万历末年，明朝的政治已经腐败到了无以复加的地步，宦官把持朝政，党派之争激烈。神宗朱翊钧已二十多年不问朝政，整日在深宫与宫女、太监厮混，"穷耳目之好，极声色之欲"，而广大人民早已不堪这种黑暗的统治，日日夜夜不停地挣扎在水深火热的痛苦生活之中。

对于明朝内部的种种暴政恶行，努尔哈赤了如指掌，并认为这为他南伐创造了有利的社会因素。那时正逢辽东女真地区灾荒严重，饿殍遍野，整个女真社会人心不稳，努尔哈赤认为这是一个南征大明的绝好机会。这不仅可以将女真人的不满情绪引向明朝，还可通过对明战争掠夺汉人的财富，来缓和后金的危机。

天命三年（明万历四十六年，1618年）春天，努尔哈赤召来众大臣，向他们宣布了自己准备出师伐明的决定。四月十三日，兵马粮草准备就绪，努尔哈赤率领众臣众兵，祭祖告天，宣读了"七大恨"伐明誓词。第二天，努尔哈赤率领着千军万马浩浩荡荡向抚顺进发。青年时代的努尔哈赤经常在抚顺这个明朝边防的重镇进行贸易活动，因此对抚顺的地形了如指掌。这次他便以三千女真人要来做生意为由，让自己的先遣部队混进了抚顺城，然后来了个里应外合，一举攻取了抚顺城。抚顺守将李永芳在毫无防备的情况下束手就擒。这时，努尔哈赤派往东州、马根单的一路大军也传来了捷报。辽东总兵张承胤闻讯率兵万人仓促来援，然而这时努尔哈赤早已带着缴获而来的大批武器辎重撤出了抚顺，并在中途设下埋伏，全歼了张承胤的援军。

抚顺、清河两地在短短时间内相继失守，全辽震动，告急文件如雪片般飞向京师，一向置国家大事于不顾、只一心渴求长生不死的万历皇帝此刻也坐立不安了。他亲自颁布圣旨，交九卿科道会议辽事，并当即起用杨镐为兵部右侍郎兼辽东经略。为了进攻后金，明朝在全国加派军饷，转输粮秣，以应军需；辽东都司咨文朝鲜，胁迫其出兵，合力征讨。

万历四十七年（1619年）二月，杨镐坐镇沈阳，调动十几万大军，号称47万，分兵四路合力进攻后金都城赫图阿拉。这时，突然天降大雪，出师日期只得向后推迟四天。杜松和刘𬘩分别以大雪迷路和不熟地形为由，请求再缓行期，但骄傲自大又无谋略的杨镐只想着自己人数众多绝对可以取胜，因此在前路未明、敌我不辨的情况下置各种不利因素于不顾，仍然大举进兵。明朝十几万大军压境，后金大臣顿时乱作一团，努尔哈赤却依然镇定自若，谈笑风生。

而此时，东、北两路明军由于山路崎岖等各种原因，行军速度相当缓慢。唯独杜松一路日行百里，昼夜兼程，于三月初一来到萨尔浒。他兵分两部，一部在萨尔浒山下扎营，另一部由杜松亲自率领向东北方向的吉林崖进军。

努尔哈赤率军迎战。奉命在萨尔浒扎寨的明军，初至萨尔浒谷口便遭后金四百名埋伏者的袭击，后军又受到八旗军的拦截，还没有开始战斗，就已经锐气大挫，兵伤马毙。

随之，努尔哈赤挥师前往吉林崖。原来驻守吉林崖的后金军队见杜松率部抵达山脚，便从山上冲下来迎击。此时，代善、皇太极率领的两旗兵马正好赶到。杜松军腹背受敌，正准备鸣金收兵，谁知努尔哈赤率军正好赶至，挡住了明军的去路。本就士气不高的明军在经过长途跋涉之后，早已兵困马乏，腹背受敌之时便都无法支撑，这下只能是任人宰割了，没多大一会儿，明军尸横遍野。明军主将杜松左右冲击，也未能杀出重围，最后矢尽力竭，落马而死。

接着，北路明军被后金的代善、阿敏和莽古尔泰打败，仅总兵马林等少数人脱逃。之后，努尔哈赤又命明军降卒假扮杜松的使者去催促东路明军统帅刘𬘡前来会战，刘𬘡立功心切，果然中计，结果落入了努尔哈赤的包围圈，由于孤军深入，难以退出，兵力几乎被消灭殆尽。刘𬘡自己奋战了几十个回合，最后力竭身亡。李如柏的另一路明军出师最晚，且行动迟缓，还没同后金交手，就接到明军辽东主帅杨镐的命令，仓皇撤军，得以保全。

征战后金的四路大军三路被灭，一路败逃。萨尔浒之战的惨重失败使整个大明朝廷震惊，万历帝在严惩主帅杨镐和总兵李如柏的同时，随即起用因党争之祸回籍听勘的前任御史熊廷弼宣慰辽东，收拾败局。

熊廷弼的到来使人心惶惶、准备外逃的百姓又安下心来，濒于溃散的军队重新焕发了斗志，一度陷于混乱的前线终于稳定下来。这一切也迫使努尔哈赤不得不谨慎从事，放慢了继续进军的脚步。

然而，明朝内部的矛盾，又给了努尔哈赤可乘之机。万历四十八年（1620年），万历皇帝病死后，刚刚即位的太子朱常洛即明光宗又因吞红丸而于继位后的一个月死于乾清宫。朱常洛的长子朱由校继承了皇位，是为熹宗。从此，统治集团内部的党争愈演愈烈。大臣之间结党营私，排斥

衔恨起兵创大业
——清太祖努尔哈赤

异己，互相攻讦。熊廷弼虽然身居千里之外的边陲，但由于他性情刚直，不受贿徇私，不巴结权贵，得罪了一些奸佞之人，遂被卷入了这场政治旋涡之中，成为被攻讦的对象。忌恨他的权贵们屡次上书，以莫须有的罪名弹劾熊廷弼。他先后五次上疏自辩，针砭弊政要害，并请求圣上信任边吏，用而不疑。但是这时的朝政早已由魏忠贤把持，而魏忠贤肯定是不容这些正直而固执的忠臣的，因此熊廷弼被罢免，改派袁应泰任辽东经略。

　　而袁应泰根本就不懂军政管理，实属草包一个。他很快就将熊廷弼费尽心力整治好的辽东地区又弄得一塌糊涂。袁应泰又不分良莠，收纳了许多蒙古和女真的降兵，大量敌探乘机混入，成了后金的内应。

　　努尔哈赤抓住这个时机，于天命六年（明天启元年，1621年）春发动了辽沈之战。他先于沈阳城外设下埋伏，然后诱敌出战。沈阳守将贺世贤在没有充分了解敌方的情况下，轻兵冒进，结果可想而知，不但全军覆没，自己也中数箭而亡。之后，努尔哈赤统军奋力攻城。激战之中，一些原先混入城内的女真降民突然将吊桥绳索砍断，放下吊桥，后金兵一拥而入，攻占了沈阳城。

　　沈阳失守，辽阳顿时门户洞开。努尔哈赤大军赶到辽阳城下时，袁应泰自知大势已去，即使此刻不被努尔哈赤所杀，亦会被朝廷重罚，遂焚楼身亡，监军崔儒秀上吊自杀。占领辽阳后，努尔哈赤随即迁都辽阳。然后挥师南下，兵锋所指，攻无不克。不久，山海关已经在眼前了。

迁都沈阳，安抚蒙古

　　长期的激战使辽沈地区的生产破坏严重，许多人民都已逃离了这个是非之地，所以这片地方已经成了荒凉之地。新迁入的八旗军民和当地汉民，都急需恢复生产以安定社会。天命六年（明天启元年，1612年），努尔哈赤颁布了"计丁授田"以及"按丁编庄"的命令。将大量闲废田地分给后金旗兵，将所有被俘获的奴隶均编入田庄，这样便使原来的私有庄田转变为官田，使私有财产转变为国有财产，从而增加了征税的土地面积，有利于国家财政收入。以"计丁授田"和"按丁编庄"为标志，后金初步完成了由奴隶制向封建制的转变。

努尔哈赤进驻辽阳之后，便开始大量任用汉官。他下令"释辽阳狱中官民，查削职闲住者，复其原职。设游击八员、都司二员，委之以事"。努尔哈赤深知，没有汉族地主阶级代表人物的支持，汗、贝勒是很难在辽东站稳脚跟的。他还多次宣布，对尽忠效劳的汉官，要破格提升，要"嘉赏赐财"，要"赏以功，给与为官"，要使他们"终身享受"，而且功臣的子孙可以世代承袭祖、父的官职。这项措施产生了很大的影响，后金军进入辽东初期，不少明朝官、将、生员降顺新君，献计献策，告密送信，催征赋税，迁民分地，查点丁口，追捕逃人，对巩固后金的统治起了相当大的作用。

努尔哈赤采取的这些措施，暂时缓和了满、汉之间的民族矛盾。但自天命八年（明天启三年，1623年）以后，年迈的努尔哈赤也犯下了一系列错误。

后金天命八年（明天启三年，1623年）六月，努尔哈赤听说复州的汉民人数增加且暗地里接受明朝"派来之奸细和札付"，他派大军前去镇压，大行杀戮夺其子女和牲畜。天命九年（明天启四年，1624年）正月，努尔哈赤还遣派大批八旗官兵大范围查量汉民粮谷以"区别"汉民，凡系抗金者，一律处死，满汉关系一时极度恶化。努尔哈赤还在十月初三的"汗谕"中命将劳动者全部编隶汗、贝勒的拖克索（庄），这样一来原来"计丁授田"的汉民失去了"民户"的身份，沦落为奴仆性质的"庄丁"，受到的剥削更为厉害。此外天命八年以后，努尔哈赤放弃了大量任用汉官的正确政策，转而采取了疏远的态度。汉官人人自危，也客观上加剧了辽东的动乱。

努尔哈赤晚年犯下的这些错误，严重地破坏了辽东的生产。这一"田人富谷，泽人富鲜，山人富材，海人富货"的富饶地区，竟变得人丁锐减，田园荒芜，百业凋敝，社会混乱，甚至出现了"人相食"的悲惨现象。

努尔哈赤迁都辽阳一年后，认为辽阳城面积过大不宜防守，遂另建新城，并将新城命名为"东京"。还将景祖、显祖的陵墓也迁到附近的鲁阳山上。后经过一番考察，努尔哈赤认为沈阳的战略位置不可小视，西可征明，北可攻蒙古，南可御边，于是他又在沈阳大兴土木，并于天命十年（明天启五年，1625年）迁都沈阳，使之成为后金新的统治中心。

明后期，蒙古逐渐形成了漠西厄鲁特蒙古、漠北喀尔喀蒙古和漠南蒙古三大部，其中漠南蒙古与后金接壤。为了消除同明军作战的后顾之忧，努尔哈赤对蒙古采取了攻抚结合、以抚为主的策略。漠南蒙古的科尔沁部曾参加以叶赫为首的九部联军，努尔哈赤尽弃前嫌，欣然与科尔沁部通婚。他的十几个儿子都先后娶蒙古王公之女为妻，同时将后金女子嫁给蒙古王公为妻。对来朝的蒙古王公，他也是礼遇有加。努尔哈赤的这些策略，对蒙古诸部首领产生了极大的吸引力，科尔沁、喀尔喀等部先后成为后金的政治同盟，同时亦成为进攻明朝的有力力量，而且也解决了一直困扰努尔哈赤多年的兵力不足的问题。

但是，以察哈尔部林丹汗为首的蒙古诸部，却一直与明朝交好，成为明朝抗金的同盟军。而明朝为了对付后金，也在极力笼络林丹汗。明万历四十七年（1619年）十月，林丹汗遣使给后金送了一封信，信中自称

"蒙古国统40万众的英主成吉思汗"，称努尔哈赤为"水滨三万人的英主"。但林丹汗统治后期骄奢无度，残暴至极，从而导致了蒙古国内部分化严重，不仅人心涣散，而且到了分崩离析的地步。他属下的一些部落将领暗中与后金来往，就连他的两个孙子也跑到后金，向努尔哈赤叩首行礼。努尔哈赤对林丹汗始终采取孤立、打击的策略。明天启五年（1625年），林丹汗与后金的姻盟科尔沁部发生战争，努尔哈赤立即出兵援助，大败林丹汗。

努尔哈赤以抚为主的对蒙政策，为日后满族统一蒙古诸部奠定了基础。与蒙古交好也成为清朝历代的基本政策。

兵败宁远，抑郁而终

辽东地区的失陷使明朝朝廷深感国势的衰微，如果说此时能保住大明王朝不被后金铁蹄侵略的，那就只剩"一夫当关，万夫莫开"的山海关了。因此，大明王朝又一次征调全国各地的军队会集山海关，全力固守，并将积极主张抗击后金的大学士孙承宗、兵部主事袁崇焕派往关外主持军务。

孙承宗早年就对辽东的形势特别关注，对这一片的地形也较为熟悉。广宁兵败后，他曾亲赴山海关考察，否定了兵部尚书王在晋于山海关外再修关城的计划。在朝廷无人愿往山海关前线督师的情况下，孙承宗毅然自请出任辽东经略，得到熹宗同意。孙承宗上任后，重用部将袁崇焕，立即着手整饬边防。

袁崇焕本来就在边关治理边防，虽取得了一定成效，但在原来的辽东经略王在晋手下，他的许多想法都不能实现。孙承宗上任后，袁崇焕的雄才大略才得以充分发挥，他提出要固守山海关必须先守宁远的建议，要求重新修建宁远城。宁远（今辽宁兴城）地处辽西走廊中段，它依山傍海，地势险要，是由沈阳通往山海关的咽喉要塞。孙承宗采纳了袁崇焕的建议，同意修筑宁远城。

努尔哈赤此时正忙于迁都，探知孙承宗在辽西严阵以待，他一直没有贸然进攻。但不久明朝内部的党争再起，满腹雄才伟略的孙承宗即便是守边有方，却也敌不过一手遮天的阉党魏忠贤，在党派之争中，被排挤出了朝廷，孙承宗的继任是魏忠贤的同党高第。高第精于投机钻营，对打仗却是一窍不通。贪生怕死的他整天想的都是如何躲在山海关之内苟全自己的性命。因此，他不顾袁崇焕等人的强烈反对，尽撤锦州等地的防务，将各城兵力强行调入山海关。孙承宗苦心经营的"宁锦防线"就这样被破坏了。只有袁崇焕坚决不撤。

而因孙承宗及袁崇焕镇守山海关后一直愁眉不展的努尔哈赤，在得知明军撤换主帅、全线撤防的消息后，喜出望外，决定立即出兵。天命十一年（明天启六年，1626年）正月十四日，努尔哈赤亲率十余万八旗大军向辽西杀来。

由于锦州等地的防线尽撤，一路上，后金军队长驱直入，不费吹灰之力就占据了锦州、松山等大小城池，只剩下宁远这座孤城还由袁崇焕固守着。努尔哈赤认为，后金大军压境，袁崇焕自然没有招架之力，攻地拔城是意料之中的事情，因此努尔哈赤便派人给袁崇焕送去招降信，用高官厚禄引诱他献城投降。袁崇焕毅然拒绝了后金的招降，而且准备全力迎战，誓与宁远共存亡。

努尔哈赤见袁崇焕如此坚决，敬酒不吃吃罚酒，便亲自指挥千军万马齐攻宁远城。后金的战车、骑兵、步兵铺天盖地向宁远压来。努尔哈赤采用战车同步骑结合的战术几乎是所向披靡，不知攻下过明朝多少城堡，但是在宁远城下，他们的战术失效了。

努尔哈赤指挥后金军队在宁远城下整整攻了三天三夜，部下死伤无数，他自己也负了伤，但宁远城依然固若金汤，巍然屹立。努尔哈赤知道，要想拿下宁远，必须另想他法，草率不得。在凛冽的寒风中，他带着残存的兵力撤回沈阳。

宁远之战后不久，努尔哈赤又率兵征讨蒙古喀尔喀巴林部。受宁远之败的影响，喀尔喀巴林部背弃与后金的前约，转而又与明朝修好。但这仍然不能掩盖努尔哈赤卓越的军事才能和神勇无敌的英雄气概。

天命十一年（明天启六年，1626年），努尔哈赤因痈疽突发离开了人世，享年68岁。

努尔哈赤死去多年，但关于他的死因却始终没有定论。清代官书说他是得病而死，至于得的是什么病却没有提到。后人分析，努尔哈赤是被袁崇焕的炮火所伤而死。袁崇焕率兵民万人架设的11门大炮很可能是英国制造的早期加农炮，炮身长、射程远、威力大，可以说是当时全世界范围内最先进的火炮。努尔哈赤喜欢亲自上阵督战，在威力极大的火炮的猛烈攻击下，在毫无准备的情况下，他会不会受伤呢?朝鲜人李星龄著的《春坡堂日月录》记载，朝鲜使团的译官韩瑗来到明朝的时候，在定远城与袁崇焕相见，亲眼目击了这次战役，战役结束后，袁崇焕派自己的手下带着礼物前往后金军营向努尔哈赤"致歉"，当时，袁崇焕派去的人发现，努尔哈赤"先已重伤"，备好礼物和名马回谢，约期再战，最后终于"因懑恚而毙"。另外《明熹宗实录》中也有努尔哈赤之死的相关记载。

但是，也有专家对此提出质疑。如果努尔哈赤真的身受重伤，这当然是特大功劳、重大胜利，不仅袁崇焕要炫耀自己的威风，而且明朝朝廷上下、文武百官也会对这件事大书特书，以激励军民的士气。可是，无论是袁崇焕本人的报告，还是朝廷的圣旨或者是朝臣的奏疏，都没有提到努尔哈赤受伤的事。另外，宁远战败，时间是1626年的正月，努尔哈赤是在八月十一日死去，这中间总共有8个多月的时间。史载，在此期间，努尔哈赤并没有静养疗伤而是"整修舟车，试演火器"，还到"远边射猎，挑选披甲"。四月，他还带领大军，征蒙古喀尔喀，"进略西拉木伦，获其牲畜"。五月，努尔哈赤回师沈阳。六月，他还亲自出城郭十里迎接蒙古科尔沁部的鄂巴洪台吉来朝，根本不像是重伤之人。

综合来看，宁远之败给努尔哈赤以沉重打击，使他"大怀愤恨而回"。努尔哈赤回到盛京后，心情一直很糟糕，便经常以打猎、攻略小城排忧解闷。《满洲实录》记载："天命十一年七月二十三日，帝不豫，诣清河温泉坐汤。十三日大渐，欲还京，遂乘舟顺太子河而下。遣人召后，迎之于浑河相遇，至瑷鸡堡，离沈阳四十里。八月十一日庚戌未时崩，在位十一年，寿六十八。国政及子孙遗命预有告诫，临终遂不言及。"官修史书只说"不豫"，后人无法知道努尔哈赤是伤，是病，是忧郁，也许是三者都有，所以伤病缠身、怒火攻心而死。当然这只是揣测，努尔哈赤的真正死因至今还没有人知道。

不管努尔哈赤是怎样死去的，在他的身后，后金政权里开始了一场你死我活的争斗，充满血雨腥风。这些都是围绕着汗位展开的。最后，努尔哈赤第八子皇太极成为这场夺位斗争的大赢家。

文治武功真英物

——清太宗皇太极

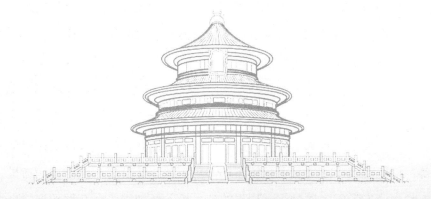

清太宗爱新觉罗·皇太极，是清朝开创者努尔哈赤的第八子，其母是叶赫那拉氏。皇太极生于明万历二十年（1592年）十月二十五日。努尔哈赤宁远战败身亡后即后金汗位，在位17年，卒于清崇德八年（1643年）。庙号"太宗"。

即位不到十年，他统一整个东北，并南下朝鲜，西征蒙古，屡挫大明官兵。天聪十年（1636年）四月，改称帝号，建立起关东一统的大清帝国，将族名改称"满洲"。他雄心勃勃地挥师西进，兵锋所指，明京畿震惊。经过松锦两次决战，尽歼明军精锐，山海关外，仅存宁远一座孤城，大明江山岌岌可危。皇太极博览群史，气度恢宏，军事上有勇有谋，政治上极富开拓精神，既有强烈的民族意识，又十分向往汉族文化，兴利除弊，优礼汉官，堪称"上承太祖开国之绪业，下启清代一统之宏图"的创业之君。他猝死于清军入关前夕，未能实现夺取全国政权的凤愿。

随父出征，沙场历练

皇太极（1592—1643年），全名爱新觉罗·皇太极，在努尔哈赤的诸子中排行第八。他出生于万历二十年（1592年），生母是深得努尔哈赤欢心的叶赫那拉氏，皇太极本人生来眉清目秀，聪明伶俐，凡接触到的事，"一听不忘，一见即识"。努尔哈赤十分疼爱这个儿子，军国事务之余，便常常与叶赫那拉氏母子共享天伦之乐。在努尔哈赤带领其子褚英、代善等人奋战沙场，长年累月驰驱在外的情况下，年方7岁的皇太极接受父亲的命令，主持一切家政，干得很出色。举凡日常家务、钱财收支、送往迎来、大事小情，不管头绪如何繁多，事情如何细碎，皇太极都安排得井井有条，处置得当。万历三十一年（1603年）秋，叶赫那拉氏因重病逝世，努尔哈赤痛失爱妃之后对年方12岁的皇太极关怀加倍，在其教导下，皇太极慢慢成长起来。皇太极向父亲学习本民族尚武的传统，还经常参加打猎，练得勇力过人，步射骑射矢不虚发，并深受父亲吃苦耐劳、不怕流血牺牲、意志顽强作风的熏陶，这都为他以后执掌大权打下很好的基础。

努尔哈赤自万历十一年（1583年）起兵以后，经过30多年的征战，势力大增，同时也考虑起继承人的问题。长子褚英一直是努尔哈赤心目中继位的第一人选，但褚英后来背着努尔哈赤做了很多错事，皇太极等人毅然向努尔哈赤揭发了褚英，万历四十一年（1613年）努尔哈赤将褚英幽禁，褚英两年后死去。从此，皇太极进一步得到了努尔哈赤的信赖。万历四十三年（1615年），军政合一的八旗建制确立后，皇太极被任命为管正白旗的贝勒。

万历四十四年（1616年）元旦，努尔哈赤58岁时，群臣为他举行了庄严隆重的上尊号仪式。他们为努尔哈赤上尊号"覆育列国英明汗"，建国称金，也叫大金或后金，年号天命。后金建立伊始，皇太极就在努尔哈赤身边参与重大决策，他被称为和硕贝勒，是八旗的旗主之一，同其他的和硕贝勒，"共议国政，各置官属"。

在后金所从事的主要战争活动中，皇太极献智献勇，发挥了重要的作用。天命三年（1618年），努尔哈赤下定决心要对明朝发动进攻，但是具体怎样行动，却议而未决，皇太极献计先取出入要塞抚顺，被努尔哈赤欣然接受，四月十三日以"七大恨"的名义誓师征明大获胜利，成功攻占抚顺。在接下来的萨尔浒之战中，皇太极凭借着智勇一连数胜：进攻吉林崖，明主将杜松惨死；攻打斡珲鄂谟，明游击龚念遂殁于阵中；他与代善追击明监军康应乾于富察，明军溃败，朝鲜军元帅姜弘立投降。可以说，皇太极为赢得此战的胜利立下了汗马功劳。

天命六年（1621年），努尔哈赤发动了辽沈大战，皇太极是这次大战的策划者之一和冲锋陷阵的前线指挥官。在与明军的浑河大战中，后金的将领雅松遥望明兵胆怯而退，皇太极却毫无畏惧地冲上去，打败明军，并一路追杀至白塔铺（今沈阳市南郊）。后金兵攻下沈阳城后5天，努尔哈赤又统领大军攻向辽阳。皇太极率后金右翼四旗兵冲锋在前，在左翼四旗兵配合下，于辽阳城外打败明军，直追至鞍山界方返回，经过几日城外城内的反复激战，后金攻取了辽阳，明朝守城的经略袁应泰自焚，巡按御史张铨被活捉。皇太极对这位大明忠臣十分敬仰，劝其屈服，张铨死活不肯低头，最终被努尔哈赤派人勒死。从这件事情上可以看出，皇太极不单是后金英勇善战的一员骁将，而且已经是比较成熟的政治家了。

辽沈大战获胜后，后金迁都辽阳，5年后又迁都沈阳。后来皇太极就

文治武功真英物
——清太宗皇太极

以辽沈为中心，统一了全东北及蒙古的一部分地区。皇太极做后金汗和大清皇帝的都城，也是他亲自参加浴血奋战夺取的。

扑朔迷离，终承父位

天命十一年（1626年）八月十一日，天命汗努尔哈赤病逝于瑷鸡堡（今辽宁沈阳市城南大爱金村）。九月一日，皇太极龙装上场，继承汗位。朝鲜史籍《鲁庵文集》记载："老汗临死曰：洪佗始能成吾志。终无所命而死。"老汗就是指努尔哈赤，洪佗始就是指皇太极，从这可以看到，皇太极得汗位是符合努尔哈赤临终遗命的。但是，对于皇太极如何得到汗位，史学界还有不同的说法。

努尔哈赤当年曾看好长子褚英，打算由他来继承汗位。褚英虽骁勇善战，立功不少，但他为人心胸狭窄，偏执肤浅，不把协助父亲开基创业的功臣和几个弟弟放在眼里，引起众人不满，竟对父汗也心怀有异，被努尔哈赤杀掉。褚英死后，战功卓著、年龄居长且为人比较宽厚的大贝勒代善成为新的"太子"人选，但时间不长努尔哈赤便得到密告，自己的大妃乌拉那拉氏与代善有染，代善也因此失去了继位者的资格。经历了这两次选择继承人的挫折后，努尔哈赤晚年并没有再指定其他人为他死后的继位者，而是多次强调应建立"八和硕贝勒共治国政"制度，他死后围绕汗位的争斗激烈而复杂。

"国不可一日无君"，由谁来做新汗王是迫在眉睫、亟待解决的事情。就当时实力而言，功高权重的"四大贝勒"代善、阿敏、莽古尔泰、皇太极无疑是"第一实力集团"。这四人中，大贝勒代善在太祖努尔哈赤时期已失去信任，想在百官及军民中重新树立形象并不容易。二贝勒阿敏在太祖时受到了惩处没有资格也没有条件争夺汗位。三贝勒莽古尔泰军事能力弱而且性情暴躁，曾亲手杀死了自己的母亲，名声差，不受众人赏识。这样一来，最有希望继承汗位的就只有四贝勒皇太极。

此时皇太极要对付的不是其他贝勒，而是曾与代善传过绯闻的努尔哈赤大妃乌拉那拉·阿巴亥。阿巴亥生有三子：阿济格、多尔衮、多铎。这三个年幼的孩子中，努尔哈赤是很喜欢多尔衮的，而阿巴亥也很想让自己的儿子继承汗位。要削弱他们力量最好的办法就是处死大妃。努尔哈赤死去的当天，皇太极暗地里说服代善的长子，并怂恿他去劝代善让自己速继大位，获得代善认同。在第二天，代善提议举皇太极为汗，诸贝勒"皆喜曰善。议遂定，乃合词请上即位"。皇太极在政治识见、军事才能和个人威望上，都要高出其他贝勒一等，因而很快得到了其他贝勒和大臣的附和。努尔哈赤身边的侍卫曾向皇太极报告，他听到过努尔哈赤与大妃谈论死后要一同埋葬的"帝遗言"。皇太极就趁机宣布"帝遗言"并命令乌拉那拉·阿巴亥殉葬。于是，努尔哈赤刚刚死去18个小时，他最宠爱的大妃乌拉那拉·阿巴亥就被逼生殉。依照习俗，妻殉夫必须具备两个条件：一是无幼子，二是爱妻。阿巴亥虽然符合其中一条，但她还有两个幼子需要抚育。大妃的生殉一定事有蹊跷，这在一定程度上从侧面反映出爱新觉罗家族的皇权争夺之惨烈。

皇太极登汗位的仪式于九月初一举行。当时三大贝勒代善、阿敏、莽古尔泰及众贝勒、文武大臣聚会于朝，由皇太极领他们焚香告天，行九拜礼毕，皇太极即汗位，转过身来，诸贝勒大臣向皇太极行朝贺礼。这位后金国汗35岁，改第二年为天聪元年。皇太极因此也被称为天聪汗。

文治武功真英物
——清太宗皇太极

扭转危局，笼络民心

皇太极即位之初，面临许多重大的问题：阶级矛盾尤其是民族矛盾相当尖锐；汉人逃亡，满人遭到汉人袭击；更为严重的是，武装暴动震撼着后金在辽东的统治。这一严重的局势，是努尔哈赤进入辽东地区后实行错误的民族歧视与压迫政策带来的直接后果。

经济状况同样很糟糕。经过战争蹂躏的辽沈地区，经济惨遭破坏，没有得到充分的恢复。由于后金实行屠杀与奴役的政策，人口大量逃亡，壮丁锐减，田园荒废，加上天灾接踵而来，经济情况更加恶化。皇太极即位才半年，第二年春就遇到了大荒年，粮食奇缺，物价飞涨，社会秩序混乱，盗窃盛行，牛马成了盗窃的主要对象，凶杀、抢劫到处发生。

军事上的连遭挫折更是雪上加霜，使整个局势充满危机。

面对如此危局，皇太极毅然决定实行改革。他不囿于祖宗之法和传统习惯，对父亲的遗策做了全面调整，有继承，有发展，也有改变，展现了一位杰出政治家的雄才大略。

治国之要，莫先安民。汉官汉民备受虐待是祸乱之源，必须对歧视、压迫和杀害汉人的措施适时作出调整，皇太极实施了将汉人分屯别居、把汉族的降人编为民户、放宽对逃跑人员的惩治等具体措施，从多方面来改善汉人的政治、经济状况，调和满、汉之间的矛盾。于是"民皆大悦，逃者皆止"。此外，皇太极优待汉官，笼络汉族士人，下令对汉儒实行两次考试，选拔了428名秀才，这些调整政策，顺应民心，得到了汉族人民的认同。

皇太极十分重视学习汉族文化。他命令大学士达海和范文程翻译《孟子》《通鉴》《六韬》和《三国演义》为满文。他十分推崇《三国演义》，认为它含有丰富的战略、战术思想，对于指挥打仗很有借鉴作用。

与对待汉族不一样的是，皇太极主要着力于笼络蒙古贵族，与他们进行联姻，以达到合作结盟、联合蒙古各部的政治目的。

皇太极重视农业生产。停止妨碍农业生产的建筑工程，禁止屠杀牲畜，禁止满人擅取汉人财物，禁止放鹰糟蹋庄稼，实行"三丁抽一"政策：一家三丁，一人出去打仗，两人留下从事生产，以保证劳力。这些措施，发展了农业生产，使后金经济有了很大发展。

皇太极还重视风俗习惯的改革。例如满洲有乱伦婚俗：嫁娶不择族类，父死，子可娶后母；兄死，弟娶嫂子等。皇太极下禁令，永远禁止娶继母、伯母、叔母、兄嫂、弟妇、侄妇。

宁锦受阻，借刀杀人

天聪元年（1627年）五月，皇太极首次率大军征明，开始了与明朝争夺辽西的拉锯战。当时，皇太极派遣征朝鲜的大军刚回到沈阳便得到一个重要情报：明军正在加紧修筑锦州、大凌河、小凌河诸城，在其周围屯田耕种。这些修筑工程是明军积极防御策略的一部分，由宁远巡抚袁崇焕独创部署。袁崇焕总结交战以来的经验教训，筑起了一道宁锦防线。他认为要恢复生计必须"以辽人守辽土、以辽土养辽人，守为正着，战为奇着"，在军事上防御为主、进攻为其次。

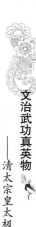

皇太极意识到，这些地处辽西前锋的军事要地一旦修缮完整，会给他的进军造成巨大的障碍。他果断命令将士们连续作战，力图抢在这些城池完工之前，一举攻克，以使袁氏的防御体系付诸东流。五月六日，皇太极亲率大军朝锦州进发。十一日兵临锦州城下，对锦州形成包围之势，企图迫使明守军不战而降。明平辽总兵赵率教和副将左辅、朱梅等坚守不屈，皇太极的如意算盘落了空。于是皇太极下令攻城，战斗进行了一整天，后金伤亡惨重，而锦州城却安然无恙。后金军继续又攻了十几天，还是没有攻下来。后金军几次将劝降信用箭射到城里，均没有回音；诱使明兵出城会战，明兵凭坚城据守不出。皇太极无计可施，只得留部分兵力围攻锦州，自率主力转攻宁远（今辽宁兴城县城）。坐镇宁远的正是名将袁崇焕，他已向朝廷请来各路援兵，出动水师在海上遥相控制，再派部将尤世录、祖大寿率精兵4000增援锦州，他们刚要出发，后金兵突然来到，就在城外二里安营，列枪炮，严阵以待。皇太极督促代善、阿敏等领兵进击。袁崇焕坐镇指挥，放射大炮，后金兵一排排倒下，明兵也死伤大半。这一战役延续到第二天，明兵发挥枪炮的威力，使后金继续遭受重大损失，军中大将死伤严重。宁远无法攻下，皇太极又返回锦州，再次攻城已是六月四日。时值暑天，将士中暑者很多，士气、战斗力都在下降。皇太极知不可久留，决定班师。第二天，大军开始从锦州撤退，整整持续了一夜，至次日黎明，经小凌河城，把明兵已修好的城墙和工事全部毁掉，然后挥军引去。

　　至此，明军依靠高筑城墙、深挖城壕、坚守城池、大炮轰击的战略克敌制胜，防守成功，时称"宁锦大捷"。宁锦之战的失利，使皇太极意识到明军的防守仍有巨大力量，在短时期内，他是无法攻克辽西的，但不能攻取辽西，便进不了山海关，更别提夺取北京了。

　　天聪三年（1629年）十月，清兵大举从西路入犯，避开山海关，绕道内蒙古，进攻北京城。袁崇焕于十月二十八日得讯，立即兵分两路，北路派镇守山海关的赵率教带骑兵4000西上堵截。他自己率同祖大寿、何可纲等大将从南路西去保卫北京。沿途所经诸地都留兵布防，准备截断清兵的归路，袁崇焕部十一月初赶到蓟州，十一日、十二日、十三日三天与清兵在要隘遭遇，每一仗都胜了，但北路援军却遭大败。赵率教急驰西援，清军越三河，略顺义，至通州，渡河，进军牧马厂，攻向北京。袁崇焕两日两夜急行军300余里，比清军早到两天，驻军于北京广渠门外。袁崇焕以士马疲劳要求入城休息，但崇祯皇帝心中颇有疑忌，不许部队入城。袁崇焕要求屯兵外城，崇祯也不准，一定要他们在城外野战。清兵东攻，在高密店侦知袁军已到，大惊失色，想不到袁崇焕如此神速。

二十日，两军在广渠门外大战。袁崇焕亲自上阵督战。直打到傍晚时分，清兵终于不支败退，袁军直追杀到运河边上，清军三部劲旅都被击溃。袁崇焕中箭受伤，中箭的甲胄，像刺猬似的。袁崇焕连获广渠门和左安门两捷，京师转危为安。崇祯见清兵没有远退，不断催促袁崇焕出战。袁崇焕估计关宁步兵全军于十二月初三、初四可到，一等大军到达，就可决战。也即是，大军在城外坚守，派游军截断清兵粮道，焚烧清兵粮草，再派兵占领长城各处要隘，使清兵没有退路，然后与清兵持久对抗。这是一条非常正确的战略。但是崇祯是个十分急躁的不满19岁的青年，一见袁崇焕按兵不动，便不耐烦起来，催他出战。袁崇焕坚持要等步兵全军到达才可进攻，以当前兵力难求必胜。本来就多疑的崇祯却怀疑袁崇焕和皇太极有密谋，暗藏造反之意。

清兵于十一月二十七日退到南海子，溃败后，心中不忿，便在北京郊外大举烧杀。就在这时候，清兵捉到两名明宫派在城外负责养马的太监，一个叫杨春，一个叫王成德。皇太极心生一计，派副将高鸿中及参将鲍承先、宁完我、巴克甚、达海等人监守。皇太极一生都很爱看《三

25

国演义》，周瑜利用蒋干盗书使曹操中反间计的手法，皇太极非常清楚，他要设计陷害袁崇焕。到了晚上，鲍承先与宁完我二人依照皇太极所授的密计，大声"耳语"，互相说道："这次撤兵，并不是我们打了败仗，那是皇上的妙计。皇上单独骑了马逼近敌人，敌人军中有两名军官过来，参见皇上，商量了好久，那两名军官就回去了。皇上和袁督师已有密约，大事不久就可成功。"这两名太监睡在旁边，将两人的话都听得清清楚楚。十一月三十日，皇太极命看守者假意疏忽，让杨春逃回北京。杨春将听到的话一五一十地禀报崇祯。崇祯本就对袁崇焕耿耿于怀，太监的话更加深了他的疑虑。第二天，十二月初一，崇祯果真中计，他以议军饷为名，命袁崇焕到紫禁城，袁到之后，下令将他逮捕，下锦衣卫狱。

第二年八月十六日，一代名将袁崇焕在北京西市被凌迟处死。《明季北略》记载：袁崇焕受刑时，人们咬牙切齿，买从袁身上割下的肉就酒喝，喝一口，骂一声。这个记载，未必可靠。但说明当时京城上下都中了皇太极的反间计，误认为袁崇焕"通敌"。

就这样，皇太极巧施反间计，骗得无能的崇祯皇帝杀了袁崇焕。《明史·袁崇焕传》说："自崇焕死，边事益无人，明亡征决矣！"后来清兵入关以后，定鼎中原，开始修明史，到了袁崇焕的传记时，就翻出了满文档案，让这个计谋大白于天下，乾隆皇帝给袁崇焕平了反。这个反间计没有用一兵一卒，也没有放一箭一炮，就让崇祯皇帝"自毁长城"。

大凌河围城之战，招降了祖大寿、张存仁等数十位明朝大将后，皇太极更是如虎添翼，后来他又率军亲征蒙古察哈尔，暂时放松对明朝的大规模征伐。天聪八年（1634年），皇太极又发动了远袭明朝宣府、大同的战役。因为这次战役主要是在沿长城内侧一带进行，所以称之为"入口之战"。

这年五月十一日，皇太极把对宣府、大同一带作为征明的军事突破口，通过对这两个重镇的打击，来动摇明朝的统治之本。从战略上说，就是避实击虚，攻其不备，是非常正确的部署。五月二十二日，皇太极率大军离沈阳西行，渡辽河，到达都尔鼻（今辽宁彰武）。蒙古诸部率军来会，继续向西进军，进入内蒙古。一路上许多察哈尔余部，纷纷归降后金。后金军兵分四路，于七月八日分别破关口而入。皇太极此次用兵的目的不在于得城池、土地，而是要掠取明朝的财富，消耗明朝的经济与军事实力。对于城镇能攻则攻，一时攻不下就放弃，转而去别处。明朝在宣、大一带的防务十分空虚。当皇太极于六月上旬行经内蒙古西进时，明朝就已得到情报，崇祯帝先后连发十余次御旨，指示宣、大等处"尤宜严备、固守"。六月中，又传下御旨：如被后金攻破，守官"立置重典"处死。但是地方官和带兵的将官不敢同后金对阵，要么弃城逃跑，要么紧闭城门，看到后金兵来了，只知道发射几颗炮弹而已。为了将来逃避责任，他们还纷纷向朝廷求援，声称："欲出城剿杀，贼势甚众，寡不相敌，用炮远打。"

在腐败的明朝守将面前，后金兵如入无人之境，在明朝的州府台堡之间往来穿梭。八月初，后金二十来个骑兵掠获妇女小孩千余人，经过代州城下，被掠获的人望见城上自己的亲人，互相悲啼，城上守军却不发一矢，任后金兵从容过去。崇祯帝见宣、大之兵不顶用，急令宁远总兵官吴襄、山海关总兵尤世威率军两万分道驰援大同；同时，京师宣布戒严。由此可见，皇太极的这次入塞，给明朝造成的震动实在不小。

后金各路大军陆续会于应州，命诸贝勒攻克了代州，分道出攻。八月十三日，皇太极也离应州赴大同，攻城五天，打败吴襄，与尤世威兵大战于北门，后金兵未攻下，就去攻西安堡，奔阳和。八月二十七日，皇太极率军离阳和，不久攻下万全左卫，斩守备常汝忠，歼灭明军千余人。随后率大军班师，从尚方堡出塞，直到初冬才回到沈阳。

皇太极此次入塞，史书称其"蹂躏宣、大五旬，杀掠无算"。后金军队的活动范围，以宣府、大同为中心，在今河北西北部、山西北部，纵深几达山西中部，攻围明50余个大小城镇台堡。在大肆劫掠之后，安然出口东去。皇太极此次以掠取明朝财物为目的用兵，使广大人民遭到严重损害。但纪律败坏的明朝军队，从各地来大同的援兵，也给当地百姓造成了不小的灾难。皇太极远行数千里，再次自由入塞，向明朝显示了八旗将士能征惯战的威力，同时也暴露了明朝在北部防线的巨大漏洞。

建立大清，完善八旗

皇太极即汗位以来就倾心于学习中国历代专制主义的封建统治，不断地加强集权。他上台伊始，设了八大臣管理国务，称八固山额真，削弱了诸贝勒的权力，加强了汗权。

皇太极又处心积虑以获得南面独坐权。天命六年（1621年）努尔哈赤命四大贝勒"按月分直"，皇太极即汗位，四去其一，其余三大贝勒仍"分月掌理"，这是一种分权制度。皇太极刚登汗位时，与其余三大贝勒（大贝勒代善、二贝勒阿敏与三贝勒莽古尔泰）共同当政，群臣上朝时均南面而坐，这突出不了皇太极的地位。他处心积虑争取南面独坐，借用各种机会把其他三贝勒打下去。

天聪四年（1630年），皇太极以二贝勒阿敏从滦州、遵化等地败归，心怀异志，僭拟国君等16条罪状将他幽禁籍没。第二年，皇太极以持刀"向前"行刺自己为罪名处置了三贝勒莽古尔泰。在明白了皇太极杀鸡给猴看的手法后，大贝勒代善便自个儿要求下台。但是，皇太极对代善还不放心，天聪九年（1635年）皇太极又以代善轻视君上、贪财枉法的罪名削了代善的贝勒爵号。第二年封代善为和硕礼亲王。第三年，皇太极又斥责他越分妄行，轻君蔑法，迫使他闲居。自此，皇太极终于可以"南面独坐"了。

天聪六年（1632年），皇太极再次率军远征林丹汗，长途奔袭至归化城（今内蒙古呼和浩特市），林丹汗星夜逃遁。此后，蒙古察哈尔部逐渐分崩离析，林丹汗逃至青海出痘病死了。天聪九年（1635年），皇太极命令多尔衮等再次率军攻打察哈尔部。林丹汗的儿子额哲率部归降，献上传国玉玺。接下来，皇太极巩固和完善了八旗制度，扩编蒙古八旗，加强对蒙古的统辖；创设理藩院，专门处理民族事务；设立内三院、六部、都察院，和理藩院形成所谓"三院六部二衙门"的政府架构，基本完善了政府组织的体制和架构。

天聪九年十月十三日，即公元1635年11月22日，皇太极正式下令把族名定为满洲："我国建号满洲，统绪绵远，相传奕世。自今以后，一切人等，止称我国满洲原名，不得仍前妄称。"从此以后，满洲族简称满族，这样无疑凝聚了整个满洲内部的力量。

天聪十年（1636年）四月十一日，皇太极改国号为"大清"，改年号为"崇德"，在盛京笃恭殿举行盛大典礼，大贝勒代善用满文宣读表文，额哲用蒙古文宣读表文，汉人孔有德用汉文宣读表文。这就意味着皇太极不仅是满洲人的皇帝、蒙古人的皇帝，也是汉族人的皇帝。

皇太极称帝之后亲自领兵攻打的不是明朝，而是10年前曾与他签订过"兄弟之盟"的朝鲜。自从后金与朝鲜结为兄弟以来，朝鲜仍与明朝藕断丝连，对后金政治、经济、军事的一些要求都寻找借口不肯应允。皇太极每有胜利，都不厌其详地派人告诉朝鲜，极力想把朝鲜从明朝一边拉过来，但一直收效甚微。崇德元年（1636年），皇太极称帝大典上，朝鲜使

文治武功真英物
——清太宗皇太极

29

臣拒不跪拜，衣服被撕扯破后，愤然离去。皇太极非常恼怒，崇德元年十一月和十二月，皇太极以"朝鲜败盟逆命"为由，两次对朝鲜用兵，统率清军渡鸭绿江，前锋直指朝鲜王京汉城。第二年正月，朝鲜国王李倧请降。不久，朝鲜军队在汉江东面的三田渡，设坛杀白马黑牛，焚香盟誓，朝鲜国王表示尊崇清朝的正朔，向清朝进贡，结成"君臣之盟"。皇太极此次用兵朝鲜，达到了一石三鸟的目的：一是改变了朝鲜游荡于明朝和清朝之间的立场，二是得到了来自朝鲜的物资供应，三是解除了南攻明朝的后顾之忧。

蒙古、朝鲜臣服后，东方、西方的牵制势力都已经扫清，皇太极开始专心对付南部的明朝。崇德元年（1636年）和崇德三年（1638年），皇太极亲派军入关，蹂躏了明朝广大地区，掳掠了大批人畜和财物，使明朝一次又一次地大伤元气。

皇太极即位后，一方面积极从事扩张政策，另一方面仍然注意缓和民族和社会矛盾，他命令臣下对新掠取或来降的蒙古人、汉人做好安置。归附皇太极的蒙古人和汉人官兵日益增多，以至于满洲八旗无法容纳，于是皇太极在满洲八旗的基础上，于天聪九年（1635年）建立蒙古八旗（2.5万人），此后又于崇德七年（1642年）建立汉军八旗（3.3万人）。加上原有的满洲八旗，合满、蒙、汉共24旗。这就使八旗制度臻于完备，武装力量不断扩大。

汉军八旗的始创，和孔有德、耿仲明、尚可喜三人的先后率众降后金，有着十分密切的联系。孔有德（1602—1652年）、耿仲明（1604—1649年），均为辽东人。努尔哈赤攻克辽东，孔、耿二人走投登州巡抚孙元化，天聪五年（1631年），皇太极率兵围大凌河城，孙元化派遣孔有德率兵3000渡海增援，在海中遭遇飓风，孔有德几乎丧命。渡海不成，十一月，孙元化又派孔有德率800骑兵从陆上赴援。孔有德心中愤恨，行到邹平县（今山东邹平），滞留月余。后来遇到了孙元化派遣去塞外购买马匹的参将李九成，两人密议后，宣布叛明。第二年正月，孔有德等挥师登州城下，耿仲明为内应，内外夹攻，迅速攻克登州。不久，又有驻旅顺的明朝参将率部分官兵造反，渡海到登州，加入孔有德部队。孔部兵势大盛，从此，他们率军在山东一带攻城略地，明朝调集大批兵马前来镇压，孔有德等退守登州。明将祖大弼率兵数万将登州包围，双方相持五月有余，李九成战死。孔、耿军队终因众寡悬殊，无法打破明军的围攻。两人感到力不能支，决计突围投奔后金，后来队伍历经艰险，顺利来归，皇太极隆礼相待，关怀备至。并正式宣布封孔有德为都元帅，耿仲明为总兵官，赐给敕印。其他各官也视功劳分别封赏。不久，孔、耿率军协同满洲八旗攻克了旅顺城。

天聪八年（1634年），明朝广鹿岛副将尚可喜效法孔、耿的行动，率数千名官兵和百姓也叛明投降了皇太极。

孔、耿、尚归附后，皇太极对三人极为优待，为他们营建府第，同时保持他们军队的编制，让他们继续统率，旗下汉兵没有遭受满人歧视之感，深得广大汉兵的拥护。

崇德元年，皇太极接受尊号为皇帝，封孔有德为恭顺王，耿仲明为怀顺王，尚可喜为智顺王，将汉人组成的部队特许三人独立分管，使他们获得类同八旗旗主一样的权力。因此，孔、耿、尚等人来归，成为皇太极编制汉军旗的最好契机。

天聪七年（1633年）七月初一，皇太极令分隶满洲各旗所属汉人壮丁，每10名抽1丁披甲入伍，共得1580人，组成一旗汉兵，由汉官马光远统领，旗帜用黑色。这是正式建汉军旗之始。崇德二年（1637年）七月，皇太极又把一旗汉军分作左右翼两旗，以汉官石廷柱为左翼固山额真，马光远为右翼固山额真，都按照满洲八旗的样式编壮丁为牛录。崇德四年（1639年）六月，再分二旗为四旗，合计7000人左右。崇德七年（1642年）六月，也就是皇太极去世的前一年，他将原四旗改编为八旗，称为八旗汉军，旗色、名称、官员设置一如满洲八旗之制，所不同的，前者的旗主可以由皇帝随时撤换任命，后者则是世袭。同年八月，孔有德、耿仲明、尚可喜、沈志祥奏请"以所部兵随汉军旗下行走，上允其请"。他们虽然没有编入八旗，但应属于八旗汉军的一部分。至此，皇太极完成了对八旗汉军的创建。皇太极创建汉军与蒙古八旗，既增强了清朝的武装力量，也对满、蒙、汉的广大人民实行了深一层的控制，同时给予汉族、蒙古族的历史地位以某种肯定，缓解了满、蒙、汉三族之间的矛盾。

蒙、汉与满洲八旗并立，这就从法律和制度上把这种联合的关系进一步确定下来，标志着以满族贵族为核心的，与汉、蒙封建地主阶级联合统治的基础更广泛了。皇太极创立的汉军八旗，对后来清朝夺取全中国的统治权具有重要意义。

皇太极晚年，他的子侄们在他面前大发牢骚，说太祖时诛戮汉人，而今汉人有为王者矣，有为昂邦章京者矣，而满洲宗室却有为官者，有为民者，"时势颠倒，一至于此！"但是，这位远见卓识的大清皇帝并未因此动摇其满、蒙、汉并立的国策。这一国策也为后代的顺治、康熙等帝王所继承，为清朝260多年的统治打下了牢固的根基。

解围松锦，奠定帝业

锦州是明朝设置在辽西的军事重镇之一，广宁中屯卫、广宁左屯卫设在这里。自从明清（后金）交战以来，锦州的战略地位日益显得重要。明朝派遣重兵驻守，加固城池，力图使锦州成为阻止清兵西进的一座坚固堡垒。

皇太极称帝之后，一方面，不断派遣大军入关，深入明朝腹地，沉重打击明朝的有生力量；另一方面，又在关外宁锦一线与明朝展开激烈的争夺。皇太极很清楚，只有先打下锦州，然后从山海关进攻北京，才能给明朝致命一击。

崇德五年（1640年）三月，皇太极鉴于漠南蒙古归附、朝鲜称臣，后顾之忧已解除，且经多次入关作战消耗了明廷实力，决计以10万兵力攻取锦州，打通辽西入关通道。皇太极命令郑亲王济尔哈朗为右翼主帅，多罗贝勒多铎为左翼主帅，各统兵开赴义州驻守，筑城屯田，筹措攻城器具，对锦州形成合围之势。实行围困，是对付明军的较为有效的措施。皇太极进兵义州，目的是为长期围困锦州提供后勤支持。

从崇德六年（1641年）起，济尔哈朗开始命令诸军包围锦州。这一年，清军攻打锦州，东关守将吴巴什降清，清军轻松地取得了锦州的外城。当时，辽东名将祖大寿镇守锦州城。他本来在天聪五年（1631年）大凌河之战中已投降后金，当时他诡称妻子在锦州，要求迎接妻小，同时作为内应，智取锦州。皇太极放他回去，结果他一去不返，还当上了锦州的守将，祖大寿之外甥吴三桂为副将。祖、吴在辽东拥有强大实力，是明朝倚重的军事集团。祖大寿坚守锦州，清军屡攻不克。

此前，明朝已调洪承畴（1593—1665年）入卫京师。洪承畴历任延绥巡抚、陕西三边总督，是明朝晚期不可多得的一位帅才。此时由于受到清兵的极大威胁，崇祯帝正式任命洪承畴为兵部尚书兼副都御史总督蓟辽军务，这是准备决战的重要一步。

洪承畴十月出山海关，调集曹变蛟、王廷臣、白广恩、马科、吴三桂、杨国柱、王朴、唐通八位总兵，13万步骑，4万马匹，东来解锦州之

围。祖大寿驻守锦州，以松山、杏山、塔山三城为掎角。清朝也把孔、耿、尚的军队调来，助围锦州。洪承畴采取"步步为营，且战且守，待敌自困，一战解围"的战略，于崇祯十四年（崇德六年，1641年）七月，率兵进驻松山与锦州间的乳峰山，两军初战，"清人兵马，死伤甚多"，清军失利，几乎就要溃败了。

失败的消息传到盛京，皇太极见形势危急，事关重大，于崇德六年八月亲自领兵进战，大大鼓舞了清军的士气。皇太极采取大包围的攻势，挖深壕困住了明军，洪承畴正欲决一胜负，而部将各怀异志，以无饷为由商议回宁远取粮。还没等下令出击，王朴等总兵得悉皇太极亲征，慑于其声威，纷纷乘夜率领本部兵马撤退，遭到清军的伏击，明13万兵被斩的就有5万。

经过激战，皇太极获得大胜。洪承畴只剩下1万余人退守在松山城内，几次欲突围而出，都遭遇失败。清崇德七年（1642年）二月，明朝松山副将夏承德暗地里投降清朝，密约清军为内应，二月十八日清军入松山，生擒洪承畴、辽东巡抚邱民仰等重要将领。皇太极下令就地杀掉邱民仰、曹变蛟、王廷臣，押解洪承畴到都城沈阳。三月初八，锦州城内的祖大寿因孤立无援，率领锦州守军降清。四月，清军又攻克塔山、杏山，并毁二城。至此，持续两年的松锦之战结束。

自万历四十六年（天命三年，1618年），在抚顺明朝与后金的第一次交锋开始，至崇祯十七年（顺治元年，1644年）清军入关，在近30年间，有三大战役对明清兴亡产生了极其深远的影响。它们是萨尔浒之战、沈辽之战和松锦之战。萨尔浒之战，明朝在辽东一带的地位从有利转为被动；沈辽之战，明朝在辽东的势力几乎终结，后金在辽东确立统治；松锦之战，明朝失去关外的所有一切。清朝人说，萨尔浒之战是"王基开"，而松锦之战是"帝业定"。松锦之战还有一大意义是明蓟辽总督洪承畴的归顺。皇太极俘虏洪承畴回沈阳，想尽办法说服了他归顺清朝。

崇德七年（1642年），皇太极发动了生前最后一次入关之战。他对这次军事行动提出的要求异乎寻常，即注意明朝和农民军的动向及应对态势采取适当策略。这表明皇太极认为大清取代明朝统治全国已为期不远。虽然终皇太极之世，清军不曾通过山海关，但没有先前的扫清道路，也就不可能有后来的清军入关。

这样，松锦之战就为清军定鼎燕京、入主中原奠定了基础，做好了准备。

痛失爱妃，壮志未酬

皇太极为联络抚绥广大蒙古各部落，娶了五位蒙古贵族的小姐，晋封为五宫后妃。这五位小姐全是清一色的博尔济吉特氏，海兰珠也是其中的一个。海兰珠是庄妃布木布泰的姐姐，两人的父亲是蒙古科尔沁贝勒寨桑。两人的亲姑姑哲哲早年就嫁与皇太极，成为正房大福晋，后被封为中宫皇后；布木布泰也在刚满13岁时，嫁给了四贝勒皇太极，成为侧福晋，后被封为永福宫庄妃。海兰珠嫁给皇太极时26岁，比妹妹布木布泰更为文静贤淑、言行识度。

在皇太极众多的后妃中，唯有宸妃海兰珠独得专宠。崇德二年（1637年）七月初八，海兰珠在关雎宫为皇太极生下了一个儿子。"关雎"二字取自《诗经》："关关雎鸠，在河之洲。窈窕淑女，君子好逑。"这本身就表明皇太极对她的特殊宠爱。海兰珠所诞之子是皇太极第八个儿子，巧合的是皇太极也是排行第八。皇太极非常高兴，竟开有清一代的先例，在皇宫举行重大庆典的场所崇政殿，颁发了清朝的第一道大赦令，御制文中说："今蒙天眷，关雎宫宸妃诞育皇嗣，故而大赦天下，使万民咸被恩泽。"一个初生的婴儿，就被定为皇嗣，海兰珠的地位简直就是无冕之后。

但可惜的是，这个孩子还没有起名字就死在了崇德三年（1638年）正月二十八日。两天以后，正月三十日，庄妃布木布泰生下了皇九子福临。福临的出生带给庄妃莫大的喜悦。但是，当时整个大清国还沉浸在失去皇嗣的悲痛中，尤其是皇太极和海兰珠，更是悲恸不已。丧子之痛给了海兰珠重大的打击，她很快就抑郁成病，直到病势不起。

崇德六年（1641年）九月，皇太极正领兵在松锦战场与大明交战，听说宸妃海兰珠病重，"情令智昏"的他竟然下令撤出战场，驱马急返盛京（今沈阳），还没有赶到，海兰珠就已经死了。皇太极悲痛万分，朝夕哭泣，竟至昏迷，经太医们奋力抢救一整日方才苏醒过来。这位屡经血战的皇帝因心爱的宸妃离去被彻底击倒，饮食大减，军政无心，一些亲贵在宸妃丧礼期间不遵守礼仪规定守丧，被皇太极罢夺了王爵官位。

在诸王大臣的劝谏之下，他曾悔悟道："天之生朕，原为抚世安民，今乃太过于悲悼，不能自持。天地祖宗知朕太过，以此示警。朕从今当擅自排遣也。"话虽如此，他内心的悲苦却未稍减。为了开解他的伤心，群臣建议他外出打猎。谁知道，回来时正好经过海兰珠的墓地，皇太极又被勾起了无限悲痛，扑在墓上大哭了一场。在场的人无不为之动容。

不久，皇太极追封宸妃为元妃，谥号敏惠恭和。皇太极已经将海兰珠视为自己的元配正妻，只是碍于哲哲，不能给予她皇后的名分。

从此，这位身体一直健壮的大清皇帝常常"圣躬违和"，他曾对诸王及他们的妻子儿女说："山峻则崩，木高则折，年富则衰，此乃天特贻朕以忧也。"这流露出皇太极已为自己年老体衰而不安了。

崇德八年（1643年）八月庚午这一天，皇太极还仍照常处理公务，但是到夜间就突然驾崩了，享年52岁。皇太极的死，标志着大清王朝奠基工程的完结。

少年天子痴情君

——清世祖顺治皇帝

　　清世祖爱新觉罗·福临，是清朝入关后的第一位皇帝。他是皇太极的第九子，生于崇德三年（1638年），崇德八年（1643年）八月二十六日在沈阳即位，改元顺治，在位18年。卒于顺治十八年（1661年），终24岁。

　　顺治即位后，由叔父多尔衮辅政。顺治七年（1650年），多尔衮出塞射猎，死于塞外。14岁的顺治帝提前亲政。顺治帝天资聪颖，读书勤奋，他吸收先进的汉文化，审时度势，对成法祖制有所更张，且不顾满洲亲贵大臣的反对，倚重汉官。为了使新兴的统治基业长治久安，他以明之兴亡为借鉴，警惕宦官朋党为祸，重视整饬吏治，注意与民休息，取之有节。但他少年气盛，刚愎自用，急躁易怒，当他宠爱的董鄂妃去世后，转而消极厌世，终于匆匆走完短暂的人生历程，英年早逝。

两派折中，福临登基

少年天子爱新觉罗·福临，6岁登基，年号顺治。顺就是顺利，治就是治理，意思就是顺利地治理国家。他的皇位和命运都如他的名字一样，福从天临。为什么说是福从天临呢？他又是如何以6岁的小小年纪而登上皇位的呢？

崇德八年（1643年）八月九日亥时，皇太极"暴逝"于沈阳清宁宫。由于他的突然死去，未对身后之事作任何安排，所以王公大臣在举丧的同时，宫中正迅速酝酿一场激烈的皇位争夺战。平心而论，皇太极遗留下的空位，只有三个人具备继承的资格：代善、豪格、多尔衮。

礼亲王代善是努尔哈赤的儿子，早年在与皇太极的争位斗争中失败，现在已年老多病，所以采取明哲保身的态度，不想再一次卷入政治斗争；但以代善的资历、两红旗的实力，其态度所向却能左右事态的发展。

皇太极生前集权的种种努力和满族社会日益的封建化，自然也使皇太极长子豪格（1609—1648年）参加到竞争中来。他当时35岁，正值壮年，有文韬武略，也有赫赫战功，史载他"容貌不凡，有弓马才"，"英毅，多智略"。从利害关系而论，由皇太极生前亲掌的正黄、镶黄和正蓝三旗都希望由皇子继位，以继续保持其优越地位。而且由于代善和济尔哈朗已经感到多尔衮的咄咄逼人，从而准备投豪格的票了。

另一个竞争者便是多尔衮（1612—1650年），他是努尔哈赤与大妃乌拉那拉·阿巴亥之子，为十四子，皇太极之弟，时年32岁，为正白旗旗主贝勒并统摄吏部。多尔衮颇有心机，"聪慧多智，谋略过人"，曾多次统军出征，"倡谋出奇，攻城必克，野战必胜"，屡立军功。他身后两白旗和勇猛善战的二位胞兄弟阿济格和多铎也是坚强的后盾。而且，正红旗、正蓝旗和正黄旗中也有部分宗室暗中支持他，更使他如虎添翼。

还有一个人也不容忽视，他就是镶蓝旗主济尔哈朗，努尔哈赤胞弟舒尔哈齐的儿子。他自幼被伯父努尔哈赤养育在宫里，与皇太极情同手足。他屡立军功，时年45岁，但因为与皇族血统较远，所以没有争夺皇位的可能。但他的向背却对其他各派系有重大影响。

清崇德八年（1643年）八月十四日，诸王大臣在崇政殿集会，讨论皇位继承问题。这个问题是否能和平解决，直接关系到八旗的安危和清王朝的未来。正黄、镶黄大臣在大清门前面盟誓，拥护皇太极的长子豪格继承皇位，部署本旗禁军巴牙喇全面戒务，包围了崇政殿。会议在崇政殿的东庑殿里举行，由年纪最长、地位最高的礼亲王代善主持。正黄旗的鳌拜和索尼手扶剑柄，闯入大殿，率先倡言："先帝有皇子在，必立其一。"但被多尔衮以不合规矩喝退。这时，阿济格和多铎接着出来劝多尔衮即位，但多尔衮观察形势，没有立即答应。多铎便自荐即位，遭多尔衮否决；多铎转而又提以长为尊立代善，代善则以"年老体衰"为由力辞。他提出豪格是"帝之长子，当承大统"。豪格这时有些得意，认为大局已定，外面都是自己的人，又有六旗的支持，料定皇位必是囊中之物，于是欲擒故纵，起身逊谢道："福少德薄，非所堪当。"说完便先行离场。两黄旗大臣见此情况，纷纷离座，按剑向前，表示："吾等属食于帝，衣于帝，养育之恩与天同大。若不立帝之子，则宁死从帝于地下而已！"两白旗也强不相让。代善见有火并之势，连忙退出，阿济格也随他而去。两黄旗大臣怒目相对，多铎默默无言，会议眼看陷于僵局。

多尔衮见此情形，权衡利弊，迅速盘算：即使自己强行登基，也只有

两白旗的支持，两黄旗不服，势必会使大清国陷入内乱；可是让位于豪格又不甘心。于是他从两黄旗宣称的"必立皇子"中找到一个折中方案，由既是皇子又不是豪格的九阿哥福临继承皇位，他自己和济尔哈朗为左右辅政，待其年长后归政。这样可以平衡各方利益，又保证了帝位的正统性。这一建议，大出众人所料。立了皇子，两黄旗大臣的嘴就被堵上了；豪格心中不快，却又说不出口；济尔哈朗没想到自己也沾了光，当然不会反对；代善只求大局安稳，个人本无争位之念，对此方案也不表示异议。多尔衮以退为进，自己让了一步，但作为辅政王，却是实际掌权者。这样，这个妥协方案就为各方所接受了。接着八旗王公大臣共同起誓，昭告天地，竭诚事君，辅佐幼主。辅政王（十二月改为摄政王）多尔衮、济尔哈朗立誓：如不秉公辅政，妄自尊大，漠视兄弟，不从众议，每事行私，则天地谴之，令短折而死。

就这样，6岁的福临成为双方斗争的获利者，戏剧性地登上了皇位，做了大清朝的第二位皇帝。这位年仅6岁的童子皇帝，虽然尚不谙世事，但在满族特有的尚武精神的熏陶下，却有一种好胜的性格和天生的优越感。崇德七年（1642年）年底，皇太极出猎叶赫一带，携他前往噶哈岭时，福临曾"射中一狍"，那时他年仅5岁。在举行登位大典前，他出宫乘辇前往笃恭殿，乳母因其年幼欲登辇陪坐，他拒绝说"此非汝所宜乘"，显示出不可冒犯的帝王尊严。

但是在顺治即位之后的前8年，年幼的他只是一位傀儡皇帝，皇帝实权几乎掌握在多尔衮一人手中。随着年龄的增长，顺治愈益感到他的帝王尊严实际上受到现状很大的挑战和侵害。

少年天子，皇叔辅政

　　清顺治元年，即明崇祯十七年（1644年），李自成农民军入太原，占大同，陷宣府，破居庸，掠昌平，焚皇陵。三月十九日黎明，李自成军攻陷北京。崇祯帝朱由检在疯狂杀死、杀伤自己的妻女之后，在煤山（今景山）自缢而死，延续277年的大明王朝灭亡。

　　摄政睿亲王多尔衮于四月初九领大将军印，统率八旗满洲、蒙古、汉军等共约14万大军，奔向山海关。四月十三日，李自成亲率部队往山海关讨吴三桂，十九日兵临城下。四月二十二日，吴三桂引清兵入关。农民军被清军战败，退出北京。六月，多尔衮与诸王贝勒大臣等定议建都燕京，遣官至盛京迎顺治和孝庄太后进京。八月二十日，顺治福临与皇太后博尔济吉特氏（孝庄太后）在文武百官簇拥、保护之下，离开盛京迁往北京，九月十九日进京入宫，在多尔衮的授意下，礼部择定十月初一举行登基大礼，是日福临祭告天地，登上设在皇极门的宝座，接受百官的朝贺，正式成为君临全国的皇帝。

　　祖、父28年奋争未能实现迁鼎燕京，7岁的顺治却实现了。他在多尔衮的辅佐下，"入关定鼎，奄宅区夏"，成为清廷入关后第一任皇帝。从此，清王朝统治中国将近270年之久的历史正式开始了。也因此，顺治身后得到的庙号是"世祖"，而他的父亲皇太极的庙号仅是"太宗"。

　　福临虽然做了皇帝，但年幼不掌实权，是个傀儡皇帝。孝庄太后聪明绝顶，自念孤儿寡母，终究未安定，她曾传懿旨，让摄政王多尔衮便宜行事，不必避嫌。从此多尔衮随意出入宫中，甚至有时就住宿在大内。他利用统军入关、定鼎中原的特大功勋，全面掌握军政大权。他在权势上欲得帝位的野心和终究不得的愤懑也逐渐暴露无遗，直接威胁着幼主顺治的地位。

与多尔衮同居摄政王之位的济尔哈朗，一开始就很知趣地让出权力。但是终因依附过豪格的前怨夙恨，于顺治四年（1647年）便被罢职，顺治五年（1648年）降为郡王，被排除在决策层之外。同时，两黄旗大臣也不断遭到多尔衮的压制排挤，降爵革职，势力渐弱。

摄政王多尔衮经过多年谋划，以高超的手腕，施尽权术，排除异己，委任亲信，以两白旗为中坚，笼络了以代善为首的正红旗，安抚了镶红旗，分化了两黄旗，打击了两蓝旗。经过这一番经营，多尔衮真正做到了大权独揽。

福临的母亲孝庄太后在多尔衮的步步进逼下，只得委曲求全、以柔克刚。她不断给多尔衮戴高帽、加封号，使其不好意思废帝自立。可能正是因为孝庄太后一直对多尔衮隐忍、退让，甚至讨好的态度让人们起了疑心，关于两人有暧昧关系的传闻一直绵延不断。

顺治元年（1644年）十月，多尔衮被封为"叔父摄政王"；二年（1645年）五月，封"皇叔父摄政王"；四年（1647年），停止御前朝拜；五年（1648年）十一月，又加为"皇父摄政王"。至此，多尔衮的地位已达到无以复加的程度，他大权在握，势焰冲天，大军调度、赏罚黜陟，一出己意，擅作威福；个人生活穷奢极欲，其俸禄、冠服、宫室的制度均超过一般亲王，近于帝王，还广招美女入府。顺治七年（1650年）七月，多尔衮下令加派白银250万两，在承德修建避暑之城。

凡此种种，造成了关内关外，人人皆知有摄政王，却不知有幼帝的局面。多尔衮成了名义上的"太上皇"，事实上的"皇帝"。而顺治皇帝的处境更加危险，只有低声下气，任人摆布了。

反攻倒算，实施亲政

顺治七年（1650年）十二月初，多尔衮前往喀喇城（今河北省承德市郊）围猎时，忽然得了一种咯血症。初九，多尔衮病逝。顺治辍朝震悼，追尊多尔衮为"诚敬义皇帝"，庙号成宗，照帝制丧葬。

多尔衮与生母孝庄太后的暧昧关系使顺治感觉很难堪，随着年龄的增长，不满的情绪也与日俱增。另外，多尔衮杀了顺治的长兄豪格并霸占了其福晋，也在他心中埋下了仇恨的种子。而且多尔衮骄横跋扈，独揽朝政，根本不把顺治这个皇帝放在眼里，更使他的仇恨加深了一层。顺治的这些不满与怨恨，在多尔衮生前不敢稍有表露，却在多尔衮死后来了个痛快的爆发！

顺治八年（1651年）正月十二日，顺治御太和殿宣布亲政。此年他虽仅14岁，但"坐殿上指挥诸将，旁若无人"。复仇计划正式开始实施了，他谕告诸大臣，凡是重大事情一律报皇帝亲自处理，收回皇权；同时把多尔衮王府内的印信和档案都收回宫内；然后又以谋乱之罪将多尔衮同母兄武英郡王阿济格监禁。多尔衮原来的一些亲信一看形势有所变化，纷纷倒戈，有些就投到济尔哈朗的门下。

二月十五日，多尔衮原来的亲信、正白旗议政大臣苏克萨哈怕自己也被清算，实在按捺不住，首告多尔衮死后，将私制八补黄袍等御用服饰置于棺内，生前还曾欲迁两白旗移驻永平府。顺治闻此消息，自然十分高兴，立命诸王大臣审理。

郑亲王济尔哈朗、理事三王同内大臣遵旨审理后，向顺治奏劾多尔衮诸过，计有大罪十余条：以皇上之继位尽为己功；独专威权，擅作威福，一切政事和本章自行裁处，概称诏旨；不令郑亲王预政，擅令其弟多铎为辅政叔王；谋死肃亲王，逼纳其妃，夺其官兵财产户口入己；以朝廷自居，令诸王、贝勒、贝子、公等日候府前；府第、仪仗、音乐、扈卫人员，皆僭拟至尊，任意糜费国库钱财；"亲到皇宫内院"；诳称太宗即位"原系夺立"；逼取皇上侍臣归入己之旗下，哄诱皇上侍臣归附于己；私制帝服，藏匿御用珠宝；欲带其两旗，移驻永平府；等等。

二月二十一日，顺治不顾一个月前曾亲自为多尔衮追封过"义皇帝"的尊称，断然颁谕追论多尔衮罪状，昭示中外，下令"削爵、撤庙享、罢谥号、黜宗室、籍财产入宫"，诛其党羽，毁墓掘尸。据说当时多尔衮的尸体被挖出来，被人用棍子打、用鞭子抽，最后砍掉脑袋，暴尸示众后，焚骨扬灰。瞬息之间，专权多年的赫赫功臣，叱咤风云、言出令行的"皇父摄政王"多尔衮，死后尚不到两个月就成了千古罪人。

多尔衮虽遭身后之罚，但其势力仍在。要消除其影响，收回被分散削弱的皇权，确实很费周折。顺治亲政之初，为处理纷繁的日常政务，下令"复用诸王"于部院，这样，被多尔衮严重打击的郑亲王济尔哈朗开始握有重权。顺治八年（1651年）闰二月，顺治下令处死谄附多尔衮而握有实权的大学士刚林、祁充格，八月杀掉固山额真、吏部尚书谭泰，十月令阿济格自尽，这一系列的措施沉重打击并消除了多尔衮派的势力。

在根本上稳定了政局之后，顺治对郑亲王大加封赏，并逐渐剥夺其辅政王权，收回皇权。九年（1652年）正月，顺治谕内三院说："以后一应奏章悉进朕览，不必启和硕郑亲王。"三月又下令："罢诸王贝勒贝子管理部务。"大权集于一身，他当上了名副其实的大清皇帝。他有鉴于明末士人结党的前车之鉴以及多尔衮结党的切肤之痛，在追黜多尔衮之后，多次严令"内外大小官员，各宜恪守职掌，不许投拜门生。如有犯者即以悖旨论罪"。他认为，投拜师生即为结党，后竟定为不赦之罪。他严厉惩处"贿买关节，紊乱科场"的考试作弊行为，屡兴科场狱案。他严禁私交、私宴，认为如此行事便可以"永绝朋党之根"。

改革八旗，严惩贪吏

对于已经成为真正皇帝的顺治来说，接下来要做的事是进一步加强皇权，巩固实力。

顺治继承了其父手下亲掌的正黄、镶黄两旗，恢复了被多尔衮打击的两黄旗贵族的地位，提高两红旗的地位，又把原来多尔衮手下实力最雄厚的正白旗收归己属。至此，顺治皇帝独有三旗，实力大大加强。同时，他谕令两黄旗和正白旗合称上三旗，体制高贵，直接为皇帝亲辖；诸王贝勒统辖的其他五旗称为下五旗，改由皇帝任命。八旗中这种等级的区别从此成为定制，它们无论在体制上还是在实力上，都无法像在关外时那样再与朝廷相抗衡了。顺治对八旗的这一改革，为皇权的进一步加强提供了军事上的保障。

另外，为了笼络人心，进一步集中自己手中的权力，顺治一面对八旗大臣普施皇恩，大加赏赐；一面竭力栽培扶植擢升忠于朝廷之臣，扩大议政王大臣会议的成员和权限。

在对八旗内部进行调整的同时，顺治也对内宫宦官制度进行了一番改革。顺治于十年（1653年）六月下谕仿明制设立太监机构十三衙门，首为乾清宫执事官，次为司礼监、御用监、内官监、司设监、尚膳监、尚衣监、尚宝监、御马监、惜薪司、钟鼓司、宣殿局、兵仗局。

　　巩固皇权的活动在顺治的筹划下，紧锣密鼓地进行着，同时吏治问题也开始纳入顺治的重视范围。八年（1651年）闰二月初七，顺治指出：国家纪纲，首重廉吏，下谕都察院，"治国安民首在严惩贪官"，"欲严惩贪官，必在审实论罪"，"大贪官员问罪至应死者，遇赦不宥"。十二年（1655年），又下谕加重惩处："内外大小官员，凡受赃至十两以上者，除依律定罪外，不分枉法不枉法，俱籍其家产入官。"十六年，他下令，把"贪官赃至十两者，免其籍没，责四十板流席北。其犯赃罪应杖责者，不准折赎"。从顺治八年到十七年（1660年），短短的十年间，他严惩贪官40余人，分别处以降级、革职、处死等惩治。

　　针对贪污成习、举荐冒滥的现象，顺治在严惩贪官的同时，亦谕令督抚对属官"严加甄别，有德有才兼通文史者保奏"，那些"不堪为民牧者立行参劾，不得姑留地方害民"。为了及时发现并惩处为祸一方的官员，他加强对内外官员的监督，尤为重视都察院和御史的作用，向各地派出大量御史，作为皇帝的"耳目"以"简任巡方""察吏安民"。他还下令满汉官员互参，即互相监督，"如汉官玩误，满官据实奏闻；如满官执延，汉官亦据实奏闻"。

　　顺治非常欣赏与佩服朱元璋诛戮大臣、以重法治世的经验。他惩贪决心坚定，无奈事与愿违，贪官问题屡禁不止，惩贪与澄清吏治的其他问题一样，终顺治一朝，都未能解决好。

　　在惩治了贪官污吏的同时，他还经常提拔一些好的官员为自己办事。他认为"知府乃吏民之本，若尽得其人，天下何患不治"，而全国百余府中有三十府最为重要。为选好知府，他于十二年正月下令"在京各衙门满汉堂官三品以上及在外督抚，各举才行兼优堪任知府者一人，详开履历事迹具奏，吏部再加察议，奏请定夺，以备前三十处知府之用"。有时，他将自己随时发现的人才越级提升。一日，他微行入翰林院，见庶常胡兆龙独自学习清书（满文），他当即传旨"超升学士三级为侍读"。

顺治还很重视官员的考核，顺治十年（1653年）正月与十六年（1659年）正月先后以大计考核全国地方官员，根据官员的不同表现给予留任或降职等不同处理。顺治十年的考核，有969名地方官受到革、降、调的处理。

除考核外官外，他又于顺治九年（1652年）五月确定以京察考核京官，六年一次，定为制度。顺治十年四月初五，京察付诸实施。吏部侍郎、学士、詹事等官由顺治帝亲行考核，六部、通政使司、大理寺、太常寺、太仆寺等衙门均参加考核。

为了锻炼官员，他还实行官员内升外转的办法。顺治十年四月他谕吏部说："国家官员内外互用。在内者习知纪纲法度，则内可外；在外者谙练土俗民情，则外亦可内。内外扬历方见真才。"

鼓励农耕，整顿财政

在改善吏治的同时，顺治认识到"兵饥则叛，民穷则盗"的道理，因此采取了一定的经济措施，帮助百姓摆脱饥饿、穷困，从而使社会发展，民心稳定。

顺治亲政后，多次下令归还清初入关后圈占的汉人的土地，一方面缓和汉族地主因圈地和清廷越来越紧张的关系，稳定了民心；另一方面又扩大了耕地面积，发展了农业经济。顺治认为，农业生产的好坏，直接影响着封建社会的统治，而农业生产的发展和可耕地面积的多少有着直接的

少年天子痴情君
——清世祖顺治皇帝

联系。为使大量荒芜的土地得到开垦和耕种，顺治十年（1653年）以后推行屯田垦种政策，以扩大辖区，增加正额田赋、盐课和关税。对隐匿无主荒地者，顺治采取宽大政策，对"为豪强侵占，以熟作荒"散在各地的原明代王田，顺治令地方官彻底清查后，实行"房屋应行变价，地土照旧招佃"的办法，因而做到"粮租兼收"。

经过几年的努力，全国的土地和人口数量都有了增长，顺治十八年（1661年）民田增至549万余顷，比10年前增加了将近一倍，对困弊不堪的社会经济起到了一些复苏的作用。

然而，既要改善百姓生活，又要稳定国库收入，那么仅仅调整土地政策是不够的，还要实施一些其他措施。

对于朝廷内部，顺治采取的措施有减少军费、节约公费，主要是裁减冗兵、冗官、冗费及不急之需。由于清初战乱，户口、土地册籍荡然无存，征粮无据，贪官污吏趁机上下其手，大肆敲诈，额外勒索，百姓苦不堪言。为了规范赋税，减轻百姓负担，顺治帝于十二年（1655年）四月命户部左侍郎王弘祚编成《赋役全书》，以规范收税、降低赋税，限制苛敛。

顺治常能体会到民力艰难。他永免偏远地区进贡特产，以示不因"口腹之微"而骚扰百姓，修造宫殿就地取材，减轻百姓的运输之苦。他还一再蠲免受灾地区的钱粮，以保证有足够的时间休养生息。另外，顺治更是一再通过亲政大典、上圣母尊号等大喜时日，颁发恩诏，大赦天下，蠲免积欠钱粮和部分州县额赋，或革除某些非法科派。

这些措施，虽然不能从根本上扭转民困至极的恶劣局面，但也可略解其困，为减轻黎民痛苦、改善艰窘处境，促进社会生产的恢复与发展，提供了一些条件，起到了一定作用。

顺治为改革清初的弊政做了一些努力，但是很不够。譬如防止奴仆逃走的逃人法（即禁止旗下包衣逃亡及对窝藏逃人之窝主的惩罪律例），在他亲政后虽然做过一些调整，但是不仅没有废除，反而对窝主处罚得越来越严。顺治十一年（1654年）九月颁布逃人法，严惩窝主，"隐匿逃人者正法，家产入官"；惩处逃人，"初逃、二逃者，鞭一百，归还本主；第三次逃者，正法"。对建议修改逃人法的汉官李姻、魏珀等处以革职、流放。但是，因包衣主对包衣"任情困辱"，"非刑拷打"，包衣仍然不断逃亡，这在很大程度上影响了清初的经济发展和社会稳定。

剿抚并用，扫平南明

由于摄政王多尔衮推行以圈地、投充、逃人、剃发、易服五大弊政为标志的民族歧视、民族压迫政策，顺治亲政之时社会很不安宁，全国爆发了大规模的抗清斗争。清军的征剿及血腥屠杀，更激起以汉民为主体的各民族人民的反抗，其中南明永历政权得到大西农民军余部孙可望、李定国等的支持，在云、贵、两广一带活动；郑成功率部坚持在闽浙沿海一带斗争，这两股最大的抗清势力，不断威胁着清朝的统治。

面对此种形势，顺治调整政策，锐意进取，进行改革。

在政治上，他积极推行宽松和安抚政策以缓和矛盾，对各地出现的反清斗争不主张一概坚决镇压。他曾多次下令兵部不得轻动大兵，允许原清兵入关时俘获的汉人奴隶回乡探亲，"投充之人犯罪与属民一体从公究治"。这对当时造成社会极度恐慌混乱的逃人法、投充法来说，虽然不能根本改变，但多少对激烈的民族、阶级矛盾起到了一定的缓和作用。

在军事上，对各地的抗清势力和抗清活动他坚持"剿抚并施"的方

少年天子痴情君
——清世祖顺治皇帝

针，并采取先西南后东南的顺序。顺治七年（1650年）十一月，尚可喜、耿继茂攻广州；八年，吴三桂进征四川；九年，敬谨亲王尼堪进攻楚、粤；十年五月，洪承畴经略湖广、广西、云南、贵州，总督军务，兼理粮饷；十二月，陈泰统率大军驻镇湖南，对付孙可望；十一年十二月，济度征剿郑成功；十四年十二月，吴三桂等入贵州；十六年正月，吴三桂等入云南；十七年七月，罗托率军征剿郑成功。

"剿抚并用"的方针很有成效。西南方面，顺治十四年（1657年）末，孙可望因同李定国争权斗争失败投降清朝，被封为义王。孙可望和李定国都是张献忠的义子，李定国的英勇和名望，使得孙可望非常嫉妒。张献忠被豪格射死后，他们率大西军余部进入云南、贵州一带，队伍又日益壮大，建立了以昆明为中心的政权。顺治九年（1652年），李定国请缨出击南下清军，率军出全州，在桂林外围大败清定南王孔有德，在围攻桂林城中，又逼得孔有德自杀身亡。接着北进湖南，占领衡阳，进逼长沙。李定国出师半年，拓地千里，势如破竹，诱敌深入，斩杀了清廷定远大将军尼堪。

此时，李自成和张献忠遗留下来的军事力量与南明朝形成联合抗清阵线。李定国节节胜利，又连杀清廷两大名王，国人振奋，深受鼓舞，迎来了第二次抗清斗争高潮。在此形势下，清廷曾一度打算放弃湖南、江西、四川、广东、广西、云南、贵州七省，与南明划地议和。

然而其时作为南明实权人物的孙可望，不但不配合李定国继续收复国土，还令冯双礼部偷袭李定国。李定国击败并收服冯双礼后，他与孙可望的矛盾更为激化。

顺治十四年（1657年），已处于守势的大西军正受到清军步步进逼的时候，孙可望为了一官半爵之争，竟然合兵14万进攻李定国。逆人心而为的孙可望很快大败于李定国。众叛亲离之际，孙可望只得投进了清军的怀抱，充当了清军扫平云贵的带路人。

这次内耗使得大西军元气大伤，从此一蹶不振。

李定国抗清形势急转直下。顺治十六年（1659年）正月清军三路会师，进军云南，攻陷昆明。永历帝朱由榔逃往缅甸。顺治十八年（1661年）吴三桂进入缅甸，永历帝被俘，处死军前，明朝统治就此断绝。

东南方面，顺治十年（1653年）五月，顺治以"海澄公"的封爵引诱郑成功投降，受到郑成功的拒绝，但其部将施琅、黄梧和其他80多名官员陆续投降，黄梧还献海禁之策，断绝沿海居民对郑成功的接济，给郑成功抗清造成很大困难。于是，郑成功退回厦门，并于顺治十八年（1661年）收复台湾，作为抗清基地。这样，除了郑成功割据一方外，顺治逝世前清王朝基本上统一了中国，统治趋于归一。

但是，在平定全国的过程中，顺治重用汉将平西王吴三桂、平南王尚可喜、靖南王耿继茂，对其过分倚重和放纵，任其长期驻扎云南、广东、福建三省，尤其是让吴三桂兼掌云南军政大权，为了一时省钱省粮，不派八旗军留守驻防，导致三藩势大，尾大不掉，最后到康熙年间爆发了几乎危及大清江山的"三藩之乱"。

重用汉人，礼遇洋人

顺治帝很明白，要想真正地统一中国，做天下人的皇帝，就不能只依靠一个人或一部分人的力量，必须人尽其才。因此，在他亲政后，清廷中汉官的地位和作用发生了明显的变化。原来清廷有一条旧规，汉官在各衙门中不能掌印，也就是当家不能做主。顺治帝规定，谁的官衔在前，谁就

少年天子痴情君——清世祖顺治皇帝

掌印。顺治十二年（1655年）八月，都察院署承政事固山额真卓罗奉命出征，顺治帝即命汉官承政龚鼎孳掌管部院印信。龚鼎孳闻命后吓得差点跪倒，并以无掌印的先例推辞顺治帝之命。后来在顺治帝的执意坚持下，龚鼎孳只得领命。从此以后，汉官可以掌印才正式作为一种制度确定下来。内阁大学士，起初满人是一品，汉人只是二品，顺治十五年（1658年）改为全是一品。六部尚书起初满人一品，汉人二品，顺治十六年（1659年）也全部改为二品。

汉族大学士洪承畴、范文程、金之俊等，既熟悉典章制度，又善于谋划，富有政治斗争经验，都可谓是经邦济世的股肱之臣。顺治帝对他们都很信任和重用。亲政不久，顺治帝就任命范文程为议政大臣，使之得到了汉人从未得到的宠遇。他与范文程常在一起探讨如何治理国家的问题。

疑人不用，用人不疑。在任用汉官上，顺治帝从多尔衮那里继承了这一特点。无论东林党还是宦党，只要是有才之士，能为社稷大业作贡献，他都兼收并蓄。冯铨本是宦党骨干，清朝一入关就被录用，官至礼部尚书。御史吴达曾经告发他，说他是魏忠贤的干儿子，揽权受贿等，多尔衮压而不发。顺治十年（1653年），顺治帝遂任命他做了宏文院大学士，第二年又加"少师"衔，顺治十六年（1659年）以太保、中和殿大学士衔离职养老。

虽然顺治帝对汉官不拘一格地任用，但这毕竟只是出于利用汉人加强自己对天下的统治的意图，实际上，在其内心深处，仍存在着满洲贵族对汉人本能的一种猜忌心理。他最担心汉官结党，因此时时加以防范。顺治十年（1653年）四月，大学士陈名夏、户部尚书陈之遴、左都御史金之俊等27名汉官联名上疏，要求顺治帝严惩杀害妻妾的总兵任珍。27人的一致行动使得顺治帝立刻警觉起来，认为陈名夏等人是党同伐异，便令各部七品以上官员云集在午门外，对陈名夏等人议罪，结果，陈名夏等人分别受到降级、罚俸的处分。后来，大学士宁完我又以痛恨剃发、鄙视满族衣冠、结党营私、包藏祸心的罪名弹劾陈名夏，使得陈名夏终被顺治帝处决。

顺治帝不仅重视汉官，而且也能吸纳洋人。顺治八年（1651年），由大学士范文程引见，顺治帝与汤若望相识了。这位年已59岁、学识渊博的外国传教士，很快就博得了年轻皇帝的好感和敬仰。这一年，汤若望被诰封为通议大夫，他的父亲、祖父被封为通奉大夫，就连汤若望的母亲和祖母也被封为二品夫人，并将诰命绢轴寄往德国。汤若望不久又被加封为太仆寺卿，接着又改为太常寺卿。顺治十年（1653年）三月，又赐名"通玄教师"。顺治皇帝不仅使他生前尊贵荣耀，连他的身后之事也打算到了。顺治十一年（1654年）三月，顺治帝就将阜成门外利玛窦墓地旁的土地赐给汤若望，作为他百年后的墓穴之所。后来，顺治帝亲笔书写"通微佳境"的堂额赐给他，悬于宣武门内的教堂内，还撰写碑文一篇，刻于教堂门前，赞扬他"事神尽虔，事君尽职"。

当时不少传教士不仅传教，而且通医术，汤若望也不例外。顺治八年（1651年），皇后博尔济吉特氏有病在身，孝庄皇太后便派侍女向汤若望求医。当时并未说明患者身份，汤若望从来人叙说的症状断定，患者病情并不严重，便将一面圣牌交与来者，叫他将此牌挂在患者胸前，并断言几天后就会奏效。皇后果然痊愈了。太后为了表示感激，赐给汤若望大批物品，后又认汤若望为自己的义父。自此，顺治帝与汤若望的往来更加频繁，并按满族人的习惯称汤若望为"玛法"，即汉语的爷爷。顺治十三年（1656年）至十四年（1657年）间，顺治曾24次就访汤若望的馆舍。尤其使汤若望受宠若惊的是，顺治在19岁生日时，竟向群臣宣布要在玛法家庆贺自己的寿诞。

对皇帝的知遇之恩，汤若望感激涕零。因而，他常常直言以谏，为顺

少年天子痴情君
——清世祖顺治皇帝

治帝执政出谋划策，充当着心腹顾问的角色。顺治皇帝临终时议立皇嗣，专门征求汤若望的意见。汤若望以玄烨出过天花为由，主张立玄烨为皇位继承人，顺治帝最后一次遵从了他的意见。

接受汉化，联合蒙古

顺治生活的紫禁城虽弥漫着满族文化，却在汉族文化的大氛围之中。他倾心仰慕汉文化，虚心学习汉文化。他遍览群书，博古通今，熟谙经史子集、诗文曲赋，通晓治乱兴衰的古今历史，且书画双妙，诗文皆工，精通儒释真谛，成为中国历史上罕有的饱学之君。

他尤善于思索，常以致用。大量的汉文典籍对他影响极深，在研读中，他对孔子、朱元璋以及朱由检（崇祯）发生极大兴趣。从这几位人物的思想活动中，悟得了治国安民的道理，形成了他"文教治天下"的治国思想，甚至竭力以尊孔和提倡封建礼教来完善和巩固清朝统治。他经常通过号召臣民尊孔读经、提倡忠孝节义的方式，来树立清朝传统道德捍卫者的形象，以拉拢汉人，稳定社会。

另外，他大力提倡忠孝节义，一再下令旌表各省的"忠孝节烈"之人。

为了能够使更多的汉人解除顾虑，心服口服地参与国事，顺治帝实行开科取士，用八股文章，考儒家经典。

顺治还决心改变"各衙门奏事，但有满臣未见汉臣"的现象，他多次增加大学士中汉人的数量，并经常驾临内阁，和大学士（主要是汉大学士）们讨论前朝政事得失，评论帝王，从中吸取经验教训，探讨治国之道。

顺治采取的这些措施，在一定程度上促进了满汉的融合，但也在一定程度上危害了满洲贵族的利益。他对汉官的信任政策，确实反映了他的勇气与魄力，但他始终也未改变清朝"首崇满洲"的既定国策，一到关键问题上他又总是袒护满人。正是因为这种政治上的偏袒，使得他对不少重大问题不了了之，造成了一定程度上的政治失明。

为了缓和民族矛盾，只顾拉拢汉族是不够的，还要照顾到其他势力较大的民族和地区。

顺治继承并发展满蒙联盟的基本国策，还努力改善与漠北蒙古部落之间时有摩擦的不良局面，边战边和，到顺治十四年（1657年），漠北各部也相继与清廷确定了臣属关系，岁贡马驼。顺治还和漠西蒙古也建立了密切的联系。其中，有些部落还曾派兵助战，镇压甘肃农民军。

这些对促进全国统一事业、保障北方地区安宁，都起了很大作用，并为20年以后康熙顺利进行平定三藩之乱、三征噶尔丹等战争，创造了历史条件。

顺治也很重视与西藏的联系。下旨邀请达赖五世入京，特于北京建西黄寺一座，预为达赖到京下榻之用，并由户部拨白银万两。还册封达赖和固始汗，并要他们治理好所管辖的藏族地区。从此，达赖喇嘛的名号由中央政府确定下来。

这对康熙中叶以后至乾隆年间，西藏直隶清朝中央政府，准备了十分有利的条件，并提高、巩固了达赖和固始汗在西藏的地位，安定了西南边陲，加强了西藏与中原地区的联系，发展了两地的经济文化交流，改善了西藏人民的生活，增强了各族人民之间的感情。

在外交上，顺治与朝鲜、日本、越南等国，保持了友好的关系，并开始与俄罗斯有了接触。一方面，他多次友善接待沙俄使团；另一方面，他又主张对侵略入境的沙俄军予以痛击，将其赶出国境，保卫了东北地区的安定。

少年天子痴情君
——清世祖顺治皇帝

英年早逝，遗诏自省

顺治是一个性情中人，好学善思，对佛教的一些理念特别留心。他的母亲孝庄太后是蒙古族人，自幼受到佛教很深的熏陶，这对顺治后来笃信佛教也有影响。

顺治皇帝在太监的怂恿下驾幸禅寺，与寺内和尚相谈甚欢，因此对佛教产生了浓厚的兴趣。

清初，临济宗中著名禅僧玉林琇年仅23岁就做了湖州报恩寺住持，这在禅门实属罕见。顺治帝耳闻玉林琇的大名后，便诏请他入京说法。玉林琇竟不买皇帝的账，反而高高地端起了架子来，多次谢绝了顺治帝的邀请。直到顺治帝应允问道完毕立即送归，玉林琇才终于到了北京，并受到了顺治帝十分优厚的礼遇。顺治帝对玉林琇以禅门师长相待，请他为自己取法名为"行痴"，自称弟子，还时常亲临其馆舍请教佛道。玉林琇也极力以佛教影响顺治帝，经常讲得皇帝喜悦异常，并因此授给他黄衣、紫缰、银印、金印等，还先后赐予他"大觉禅师"和"大觉普济禅师"的称号。尽管两人目的不同，玉林琇是借皇权扩大自己的影响，而顺治帝则从佛学中得到了慰藉自己心灵的意念，但却殊途同归，皇帝与禅僧因佛教而被联系到了一起。

不仅如此，顺治一度还萌生了出家的念头，但在近臣的劝阻下，没有付诸实践。

顺治出家念头的再次萌发，是因为他最为钟爱的董鄂妃去世了。

董鄂氏与顺治两人情投意合，心心相印，恩爱愈笃。董鄂氏为顺治生一子，出生不到三个月便夭折了，董鄂妃受到致命打击，郁结于胸。从此，身体每况愈下，一病不起，于顺治十七年（1660年）八月病逝于承乾宫，时年22岁。

董鄂妃一死，顺治的精神支柱轰然坍塌，他痛不欲生，辍朝五日，不理政事。从此独居养心殿，终日郁郁寡欢，身体每况愈下。这时只有佛学理论使他还有所寄托，此时，顺治再萌出家之念，约于十七年九、十月之交，决心出家，由当时的名僧茆溪森剃度成了光头天子，后来遭到茆溪森之师玉林琇的竭力劝阻。

顺治十七年年底，他身体颇感不适，初二这天，他强支身体亲临悯忠寺，安排宠爱的太监吴良辅出家为僧，归来的当晚即染上天花，发起高烧来。他预感病体沉重，势将不支，初三传旨玉林琇为自己念经祈祷。初四正式向大臣宣布患病。顺治知道自己命在旦夕，意识到对后事的安排已经刻不容缓。初六深夜，顺治急召礼部侍郎兼翰林院掌院学士王熙及原内阁学士麻勒吉入养心殿，口授遗诏。并召见其尊重的德国传教士汤若望，采纳他立玄烨为帝的建议。这个决定，改变了以前由八旗王公大臣共议新君的旧制，而改由皇帝立储。玄烨年幼，无法主持朝政，并命索尼、苏克萨哈、遏必隆、鳌拜为辅政大臣。

初七半夜，年仅24岁的青年天子便与世长辞了，就这样匆匆走完了他短暂的人生之路。

顺治晏驾后的第三天，朝廷向全国公布了皇帝的遗诏。遗诏中反躬自省，共罗列出自己的14条罪过，主要是未能遵守祖制渐染汉俗，重用汉官致使满臣无心任事，几乎完全否定了他自己一生中最有光彩的政绩。还在遗诏中宣布立玄烨为皇太子。

顺治亲政十年，勤勉政事，安邦有道，虽收效不显，但也为"康乾盛世"的出现打下了坚实的基础。不过，他设立十三衙门，宠爱太监；厉行祸国殃民的"逃人法"；沉迷佛教，舍国出家；性格偏颇，浮躁易怒，任性放纵，刚愎自用，在一定程度上影响了他在历史上的形象。

千古圣君开盛世

——清圣祖康熙皇帝

　　清圣祖爱新觉罗·玄烨，即康熙皇帝，是顺治的第三子，生于顺治十一年（1654年）。是中国历史上在位时间最长的皇帝，在位61年。

　　康熙自幼勤奋好学，文韬武略样样精通，消除鳌拜、撤除三藩、统一台湾、平定准噶尔叛乱等一系列军事行动中或御驾亲征，或决胜千里，充分显示了他的军事才能。慎选人才、表彰清官、修治河道、笼络汉族知识分子等行为，又反映了康熙是一个出色的政治家和睿智的君主。

祖母辅佐，少承大统

　　玄烨是顺治皇帝的三皇子，出生于顺治十一年（1654年）三月十八日，生母佟氏。她天生丽质、出身名门，被选入宫后并未得到顺治皇帝的宠爱。所以，她生的儿子自然未被父皇作为皇储爱怜。可是，孝庄皇太后对这个三皇孙情有独钟。她派身边侍女苏麻喇姑协助乳母看护玄烨，教他读写满汉文书，而且还经常亲自教诲玄烨。孝庄太后怕康熙受委屈，对其百般爱护，同时很早就以皇储的标准来多方面地培育玄烨的品质和情操。太后的精心爱护和教养如阳光雨露一样温暖滋润着玄烨幼小的心灵，这不仅在很大程度上弥补了他所渴求的父爱，而且也造就了他自强不息的性格。玄烨自幼精于骑射，兼通满汉，完全具备了继承大统的才气。

　　顺治一心想让爱妃董鄂氏所出皇四子继承皇位，可是这个小生命存活不到三个月就夭折了。董鄂妃从此再也未能生育，不久也死去。只有到这个时候，玄烨在父皇的眼皮底下才有了重要地位。顺治十六年（1559年），6岁的玄烨与哥哥福全、弟弟常宁一同进宫向父皇请安，顺治询问皇儿们日后志向。常宁仅3岁，双眼珠一转，反问："什么是志向？"福全虽然年长却是庶妃所出，位卑气谨，回答说："臣儿愿做一个贤王。"玄烨则朗声回答："臣儿愿效法父皇，勤勉尽力！"顺治知道这是太后的刻意安排，开始考虑将玄烨作为皇储人选。顺治十八年（1661年）正月，顺治帝撒手人寰，在遗诏中立玄烨为皇太子。正月初九，玄烨在太后主持下举行了登基大典，改第二年为康熙元年，加封孝庄皇太后为太皇太后。

孝庄太皇太后随丈夫皇太极征战塞内外，扶持幼子福临入主中原，这时又辅佐幼孙玄烨踏上了巩固爱新觉罗氏大清江山的途程。如果按照满清旧制，将由宗室诸王辅佐幼主处理政务。孝庄太皇太后经历三朝，对宗室诸王辅政带来的弊端记忆犹新，对顺治初年摄政王多尔衮的擅权专断更是心有余悸。所以，在顺治临终前，她与顺治反复商讨，决定改变旧制，任命重臣辅佐新主，在体制上将决策大权掌握在自己手中。除此而外，她集中更多的精力训导康熙学习如何执掌政权的本领，如何将祖先的基业发扬光大以造福黎民百姓。康熙没有辜负太皇太后的关怀和期望，对祖母极尽孝道，处理政务也很干练。他少年老成，在他的统治下，大清的江山基业注定要稳固发展。

小试牛刀，扫除鳌拜

康熙在祖母的关照下少龄继位，虽然器宇轩昂，却仍然是个羽翼未满的雏鹰，要担负起管理国务的全部重担则为时尚早。顺治遗诏授命索尼、苏克萨哈、遏必隆和鳌拜四大臣辅政。四大臣跪在先帝灵前信誓旦旦：竭忠尽智，不结党营私，上报先皇知遇顾命之恩泽，不负辅佐幼帝政治之切望。四大臣跟随太宗南征北战，又是拥立顺治登基的元老重臣。多尔衮擅权时期虽对他们实行打击、笼络之能事，但他们坚不屈身依附，先后被革职、削爵和籍没家产，甚至险遭处死。正是上述经历，四大臣深得顺治和太后信赖重用，能以异姓臣子身份代替宗室诸王贝勒顾命辅佐幼帝康熙。

按照四臣辅政新体制，四大臣应遇事协商共议，奏事则一同进谒太皇太后和皇帝，待太皇太后决策口谕，皇帝上谕认可，再由四大臣拟旨颁布执行。新体制比起以往宗室诸王辅政和摄政王专制来说，虽然杜绝了宗室觊觎、争夺君位的弊端，但四辅臣内部权力均衡局面一旦被打破，就会形成异姓重臣架空皇权、独断专行的局面。鳌拜即借此体制的隐性缺陷擅执朝纲，甚至图谋不轨。

瓜尔佳氏鳌拜，满洲镶黄旗人，清朝开国元勋费英东的侄子，曾随太宗转战满蒙，远征朝鲜，略地山海关内外；顺治时期随大军定鼎北京，南征湖广、四川等地。他门第显赫，战功卓著，从一个小小的护军校青云直上，位至世袭二等公爵，领侍卫内大臣衔，有免死两次的特权。这些政治资本更兼善玩权术，使他野心勃勃，骄横跋扈，人多畏惮。辅臣中的四朝元老索尼年迈多病，对制止鳌拜专横已力不从心。遏必隆与鳌拜同属镶黄旗，利害攸关，加之为人庸懦，胸无主见，对鳌拜言听计从，随声附和。只有苏克萨哈敢于顶撞鳌拜，但他虽然位居鳌拜之上，战功、资历与门第皆逊于鳌拜，而且又与索尼素有嫌隙，因此在辅政诸臣中常处于孤掌难鸣的境地。这样，鳌拜凭借自己在四大臣中的优势地位，大权独揽，广植亲信，不断地扩充势力，架空康熙，为其专政篡权铺路。每遇政事有九卿会议，他们便从中操纵，以其私议上奏，甚至发展到拦截奏章，阻塞康熙与臣工之间的联系，有时竟达到咆哮朝堂，威逼康熙按其私意处理政事的地步。

鳌拜执意更换八旗领地和阻挠康熙亲政，这两件事情对康熙刺激很大，促使他决心除去鳌拜。后来，鳌拜的野心更是进一步膨胀，曾拉拢苏克萨哈一起干预朝政，遭到拒绝后揎掇其身后的狐群狗党威迫康熙下旨绞杀了苏克萨哈和其家族余人。

索尼和苏克萨哈死后，朝政大权尽归鳌拜之手。有着丰富弄权经验的鳌拜自知与康熙的矛盾冲突将势不可免，所以也在暗中准备，伺机而动。

他常常托病不朝，企图激怒康熙，以便寻找废立借口。康熙亲政不过是名义罢了，心中不满，尚需深衔韬光，他知道除去树大根深的鳌拜殊非易事，若不稳住鳌拜这只牙尖爪利的恶虎，不但"熊"会被吃掉，搞不好，自己这条"龙"亦将被咬死。所以，康熙外柔内刚，秘密筹划除去权奸的一切准备工作。由于鳌拜曾任过领侍卫内大臣，宫廷侍卫多受鳌拜影响，而且在鳌拜转任辅臣之后又将其子那哮佛安插在领侍卫内大臣任上，对宫廷侍卫控制甚严，康熙的一举一动都在鳌拜的监视之中。因此，康熙从各王府挑选百名亲王子弟组成"善扑营"，既做他的亲身护侍，又做他摔跤弄棒、玩少年游戏的陪伴，不到一年时间就训练得个个武艺精强。鳌拜却以为皇上年幼贪玩，对此并未放在心上。

康熙的表面文章做得天衣无缝，与鳌拜算总账的前夕，他不断地赏赐鳌拜，并晋封其为一等公爵。当鳌拜的亲信向鳌拜反映皇上近来的态度似乎有些反常，不像往日那样向他们发脾气时，鳌拜先吃一惊，紧接着则喜上眉梢。他分析了形势以后认为：他在朝廷上下党羽众多，康熙未动他们半分毫毛；宗室诸王一向看鳌拜的眼色行事，未见他们有异常表现；鳌拜控制着镶黄旗军队，却不见皇上在八旗调兵遣将；内廷侍班底基本未动，那些乳臭未干的毛孩子难道能把他这个武艺精强的疆场老将怎么样？再联系皇上最近对他问候和加封赏赐，他得出结论：康熙慑于他的淫威已经屈服了，今后他将玩弄康熙于掌上！

鳌拜想错了。康熙以下棋为名，诏索尼之子、自己的叔丈索额图进宫秘密商讨了制服鳌拜的具体方案。为了确保万无一失，康熙事先将鳌拜的亲信党羽陆续差遣出京，然后即召集善扑营健儿，朗声发问："你们惧怕皇上还是鳌拜？"他立刻听到一片整齐洪亮的童音："独畏皇上！"少年康熙威严的神色中露出一丝笑意，转瞬间就消失了。代之而来的是两道健儿们从未见过的目光，它似乎要扭转乾坤，带给他们从未有过的信任和鼓舞。

康熙八年（1669年）五月十三日，康熙召鳌拜单独进宫议事。鳌拜像往常一样昂首进宫，只见康熙端坐御椅上，身旁排列着威风凛凛的少年侍卫。鳌拜一看大事不好，便故技重演，先发制人，高声问道："皇上宣臣进宫，所议何事？"按照他的想法，这个娃娃皇帝一定会慑于他的气势，和往常一样地礼遇三分。不料康熙冷笑一声："鳌拜，你可知罪？"未等鳌拜分辩就将手中茶杯摔地，大喝一声："侍卫何在，还不拿下这个奸贼！"小侍卫们一拥而上，七手八脚就制服了这个平日骄横跋扈、不可一世的枭雄。紧接着，康熙谕令议政王大臣革拿鳌拜余党。几天以后，康亲王杰书奉命审讯了鳌拜，公布其结党营私、欺君专权、妄杀无辜等30多条罪状，依律本当问斩。康熙念其当年救护太宗有功，且效力年久，赦免死罪，革职削爵，籍没家产，囚禁终生。同时，将罪大恶极的鳌拜亲信死党班布尔善、济世等八人处斩绞决，其余则革职、降级、调任者不等。又为被鳌拜集团杀害的苏纳海、朱昌祚、王登联、苏克萨哈等人平反昭雪和追谥。以后，康熙对各级大员进行人事大换班，颁布《圣谕十六条》。所有这一切，都是要在思想上、组织上清除鳌拜的恶劣影响，切实保证康熙亲政后诸项政策法令的贯彻执行。

年仅16岁的康熙一举歼除鳌拜集团，又能妥当地处理善后事宜，充分显示出他的睿智超群和勇毅绝伦。然而，倘与日后康熙向世人展现的施政才华和人格魅力相比，亲政除奸尚不过牛刀初试耳。

运筹帷幄，平定三藩

亲政以后，康熙手书："三藩、河务、漕运"条幅悬挂宫中，以示解决三藩问题是国内目前要政之首。三藩乃前明降将吴三桂、尚可喜、耿仲明，他们为清兵入关和经略江南半壁河山父死子继，力效犬马之劳，分别被封为平西王、平南王和靖南王，镇守云南、广东和福建。他们各有自己的财政、军政和用人行政特权，逐渐成为割据一方、威胁中央集权和国家统一的藩镇势力。尤其是吴三桂，他坐镇云贵，广敛钱财，拥兵自重，时刻准备举旗反叛。

尚可喜年老多病，将藩务交给儿子尚之信主持，不料尚之信残忍狂暴、酗酒嗜杀，深更半夜无缘无故，即以佩刀刺杀侍者，尚可喜对他已毫无制服之法，既害怕儿子早晚出祸，也不甘心忍受逆子挟制，便在康熙十二年（1673年）三月上书奏请回辽东养老。早有撤藩之意但审慎未决的康熙将奏折交给议政王大臣会议后，决定将平南王藩下官兵全部撤回辽东安插。

吴三桂和耿精忠（耿仲明孙，已袭靖南王爵位）听到消息后，也于是年七月假意奏请上交藩王印信，请求撤藩，实则试探朝廷动向。康熙对此非常重视，立刻召集议政王大臣会同户、兵、刑三部会议研究撤藩奏折，重点讨论吴三桂的疏奏。年轻的康熙皇帝力排众议，作出最后裁决："从其所请"，将三藩全部撤往山海关外。

吴三桂接到撤藩谕令，气急败坏。他自负自从导引清兵入关以后，手不释刀，马不停蹄地追击农民起义军，消灭南明小朝廷，出湖广、下川陕、克滇黔，直至坐镇云南，劳苦功高，清廷会对他加意慰留，不料康熙却"近以地方底定，故允王所请，搬移安插"，语气之坚决，连一点回旋的余地都没有。在三藩之中，他的势力最大，野心也最大。他以平西王府的名义任命官员，吏兵二部不能干预；由他推荐的"西选"官员遍布各地，凡要害地方和部门，他都千方百计地安插亲信；世子吴应熊娶了顺治帝的妹妹为妻，算是康熙的姑父，也是吴三桂在京师的耳目。

吴三桂表面上接受了折尔肯和傅达礼带来的撤藩令，实则拖延时间，计划率部以迁移为名行至中原，突然举兵，一举叛变。于是，他秘密派人联络尚之信和耿精忠，约期策应；同时封闭所有入滇要道，往来行人只许进，不许出，严防走漏消息，傅达礼和云南巡抚朱国治不时催问搬迁情况，可每次得到的回答都是"缓商"。傅达礼知道这是吴三桂的拖延待举之计，为防日久生变，便回朝复命，行至中途就被截回。吴三桂也知道计谋败露，于康熙十二年（1673年）十一月二十一日召集麾下官兵蓄发易服，发动叛乱。他启封"天下都招讨兵马大元帅"，以崇祯帝三太子的监护人自居，打着"反清复明"旗号，传檄远近，声扬自己为了宗庙社稷和先君复仇，并诬称清朝入关三十年来的统一战争和政治统治造成中原"山惨水愁，妇号子泣，以致彗星流陨，天怒于上；山崩土裂，地怨于下"；鼓吹自己兴兵叛乱是"伐暴救民、顺天应人"。

吴三桂举兵叛乱后，闽、粤两藩也蠢蠢欲动，前明故旧孑遗虽不齿于吴三桂的行径，却为他能搅翻清室天下而称快，遍布各地的吴氏党羽纷纷响应，东南沿海一带又见偏安台湾的郑氏官兵，一向与前明相善的朝鲜也激动不安，一股强大的反清潮流波翻浪涌，各地告急文书频频传至北京。内宏文院大学士索额图敢擒鳌拜，却对三藩之乱张皇失措，竟然要求处死主张撤藩的明珠等人，以谢叛逆。但康熙皇帝处乱不惊，临危不惧，严厉痛斥这种论调，他认为：吴三桂是叛乱祸首，消灭了吴三桂，则其余乱党不攻自破。因此，他果断地召回闽粤撤藩使，对耿、尚两藩暂行安抚，拆散他们与吴三桂的三角联盟，而对吴三桂采取重点打击的战略。在军事上，康熙先派都统率6000满洲精骑以阻叛军东犯京都和湖广；命西大将军率精骑进驻军事要地，以保关中和中原后方的安全；次年二月，又以陕西战略位置重要，南通巴蜀，西控番回，东接中原，特遣刑部尚书莫洛进驻西安，会同将军、总督便宜行事，巡抚、提督以下地方文武悉听节制。可以看出，康熙的军事部署一开始就将平叛战争划分为两个主要战场进行。

战争初期，叛军凶锋正锐，一些清军将领庸懦畏死，常德、长沙、岳州、澧州、衡州等要地先后失陷，吴军直抵湖北、四川，迫使清军统帅困守荆州、武昌，畏葸不前。吴三桂一面亲自督战，猛攻川楚，一面通过西藏达赖喇嘛致书康熙，要求裂土罢兵，划江而治。战争的暂时失利丝毫未能动摇康熙的平叛决心。他处死吴应熊及其长子吴世霖以乱吴三桂的心志，并坚决回绝了达赖的斡旋，表示："朕乃天下人民之主，岂容裂土罢兵？但（其）果悔罪来归，亦当待以不死尸！"

和议不成，吴军兵分两路：一路由吴三桂亲自挂帅，从长沙进窥江西，连续攻克30多座城池；另一路由悍将王屏藩督率，经四川进窥陕西，接应吴三桂养子王辅臣叛军，吴三桂气焰嚣张，扬言将乘胜夺取荆州，会师西安，进攻北京。

王辅臣的叛变一下子将两个主战场变为六个，形势骤然紧张起来。康熙一方面派安亲王岳乐为定远平寇大将军出兵江西；派简亲王喇布为扬威大将军统师镇江；贝勒洞鄂为定西大将军策应莫洛由陕西进攻四川；康亲王杰书为奉命大将军、贝子赖塔为宁海大将军，由浙江会攻福建；令尚可喜与两广总督金光祖兵出广东，会攻广西。另一方面，康熙对王辅臣部采取了剿抚兼施之策：派王辅臣的儿子王继贞持上谕劝降，从而使王辅臣首鼠两端；同时又令陕西督、抚、提、镇坚守驻地，而派大军驰援宁夏、陕北和陇东；先后任命甘肃提督张勇为靖逆将军、大学士图海为定远大将军，节制西北诸路兵马，便宜行事。康熙十五年（1676年）春，图海集中兵力，采取调虎离山之计，攻克平凉，扭转了陕甘战局。到该年六月，王辅臣兵败投降；吴三桂悍将王屏藩部也节节败退。从关中到汉中直至逃回四川，陕甘全境告平。

南线诸战场，清军与吴军在湘、鄂、赣一带进行长期的攻守拉锯战。康熙十七年（1678年），清军平定闽粤，耿精忠、尚之信先后反正，江西也告收复，湘鄂一带吴军已成孤势。吴三桂恐部下解体，赶忙在衡阳草草修建了百余间庐舍，顶上漆以黄色权当宫殿。三月二十八日，吴三桂"郊天即位"，改国号为"大周"，年号昭武，封妻子张氏为皇后，立吴世璠为太孙。时值风雨大作，"皇宫"被风刮雨涮，东倒西歪，面目全非，登基仪式即潦草收场。之后，吴三桂为手下叛将加官晋级，又匆匆举行云南"乡试"，搜罗了73名"举人"装点门面。但是，吴三桂的登基、改号、"乡试"闹剧只是垂死挣扎。他自知大势已去，末日来临，死前要过一下皇帝瘾。这些丧心病狂之举使他的政治处境更加不利，军事形势加速恶化，前线清军攻势日益猛烈。是年八月，吴三桂急病交加，暴死衡州。

吴三桂死后，"皇太孙"吴世璠继位，改元洪化。这时的叛军已兵无斗志，一路溃退云贵。为了加快平叛进程，康熙下令：胁从叛乱，缴械投降者，宽大处理；反正立功者，将功折罪，论功行赏。这项决定从政治上瓦解了叛军士气，除少数死顽分子坚持与清军决战以外，大多数叛军已无心抵抗，一经接战即弃阵投降。于是，短短一年多的时间，湖北、湖南、四川等地很快落入清军之手。吴世璠只能龟守云贵老巢。

康熙十九年（1680年）十月，康熙命令清军兵分三路会攻云贵，勇略将军兼云贵总督赵良栋率领四川方面军镇压了反复不定的蜀地叛军后，于康熙二十年（1681年）九月与第一、第二路军会师昆明，将吴世璠叛军重重围困在城中。赵良栋身先士卒，诸军协同力战，直逼城下。十月，城中食尽，南门叛军投降，吴世璠服毒自杀，手下诸死党或持刀刎颈，或引火焚身。

历时八年，战火燃及大半个中国的三藩之乱终于宣告平定。平叛战争中，康熙运筹帷幄，处乱不惊，指挥若定，显示出超卓的政治远见和军事战略才华。在财政经济方面，康熙命令各地裁革浮费、核减田赋税额，同时又改折漕贡，增加盐课杂税。这些措施在一定程度上减轻了人民负担，增加了国库的实际收入，保证了平叛战争的物资供应。所以，平叛战争的胜利也是康熙理财有方的结果。总之，平定三藩叛乱的胜利使康熙皇帝无可置疑地载入了中国历史上最杰出的政治家和军事战略家的行列。

慧眼识才，收复台湾

顺治入关以后用兵中原和江南，巩固后方，民族英雄郑成功则驱逐荷兰殖民军，将台湾作为反清复明的基地。康熙元年（1662年），郑成功壮志未酬，暴病身亡。到清廷平定三藩时，台湾郑氏集团内争不已，政局动荡，数易其主，势力衰落，不但在福建沿海不能立足，且在台湾岛内惶惶不可终日。

郑氏集团在台湾的存在一直是清政府安定东南海疆的大障碍。康熙曾对其实行剿抚并用策略。在三藩之乱以前则以抚为主。康熙元年至八年（1669年），清廷先后4次派人与郑经（郑成功长子）通信会谈。郑经凭恃海峡天险，仍自成独立王国，不登岸、不剃发、不易衣冠。平定三藩期间，清廷又派人数次与郑经和谈。康熙十九年（1680年），贝子赖塔致书郑经，许诺郑"如朝鲜故事"，是否称臣纳贡，均听自便，只是以后不要再骚扰沿海，荼毒百姓。郑经报书接受，唯请留海澄为双边贸易公所。清不准，双方和谈再无进展。

康熙二十年（1681年），郑经病逝，郑氏嗣位之争复起，经内讧厮杀，由郑经次子郑克塽继位。时三藩乱平，康熙接受福建总督姚启圣等人的建议，决定乘台湾郑氏内乱之机，武力收复台湾。

政策已定，但选择挂帅出征的主将却成为当务之急。姚启圣多次向康熙保举投诚过海的郑氏旧部、现署理福建水师提督施琅。由于施琅子侄正在台湾供任军职，清廷对施琅心存猜忌。康熙力排众议，于康熙二十年七月郑重任命施琅为福建水师提督、加封太子少保，统率征台之师。施琅不仅是员出色的将才，而且很有政治谋略。他深知朝中对征台之举意见不一，对他出任征台主将持怀疑态度者为数不少，这些都极有可能影响他和康熙的关系并最终影响征台军事行动。于是，他在受命伊始就上书奏请派内廷侍卫随军监征。后来的实践证明，施琅的见解和做法是非常明智的。侍卫是皇帝的亲信，他的随军行动对加强前线与首都的联系，对施琅及时获取康熙的指示和理解，对调处施琅和福建地方大员之间的关系起了重要的沟通平衡作用。这种作用是不可替代的。

施琅上任以后立即整顿器械战船，训练水师。为了等待有利时机，出征时间一拖再拖。康熙对此颇为不满，而且在具体军事行动计划问题上，施琅又与总督姚启圣发生意见分歧。在这种情况下，施琅三次上奏康熙，要求授予他专征大权，极言："澎湖不破，台湾无取理"，若得澎湖则台湾不攻自溃；"请以战舰三百，水师二万，（琅）独往讨贼，而留督臣（启圣）于厦门济饷"。由于随军监征的侍卫内大臣吴启爵从中疏通，康熙考虑到海宽浪急，征台难度确实很大，而施琅不但熟悉台情水路，他整训水师的成绩证明，他也是不可多得的水师战将。因此，康熙遂任人不疑，同意了施琅的军事计划，并授以专征大权，可会同监征侍卫便宜行事。

台湾郑氏得知施琅出任福建水师提督后，也加强了戒备。对于台湾的门户——澎湖列岛，施琅通过情报系统，对澎湖貌似戒备森严、守如铜墙铁壁、固若金汤，实则军民离心、外强中干的情况洞若观火、了如指掌。

康熙二十二年（1683年）六月，施琅率20000多名官兵，分乘230多艘战舰直捣澎湖列岛。适值台风夜发，舰队前锋漂散，被敌船包围。激战中，提标右营游击蓝理被头炮击中，肠流出肚，稍加包扎即投入战斗。施琅也被弩矢射中眼睛，血流满面，然而，他仍奋不顾身，指挥舰队突围。初战失利，施琅及时吸取教训，分兵三路，战术上，每路各分三队，不列大阵，唯以5舰组成一个小的作战单位，互相配合，攻敌一船，称为"五梅花"战术。战斗从清晨持续到傍晚，矢石如雨，炮火连天，声震百里，焚敌舰190多艘，刘国轩几乎全军覆没，仅携随从数人乘小艇逃向台湾。

清军攻克澎湖即打开了取台门户，施琅乘胜进军台湾鹿耳门。此处滩浅，清军舰队游弋海面20多天不得靠岸，施琅正在焦急之间，突然，大雾弥漫，狂风刮起，浪涌潮涨，施琅不失时机地指挥舰队冲过海滩，开进鹿耳门。困守台湾的郑克塽大惊失色，哀叹道："先王得台湾，鹿耳门（潮）涨，今复然，天也！"遂遣使议降。

康熙接到降表，认为许诺郑氏投降，可招抚郑氏部下，免其流窜他方作乱。因此，他决定对归顺的郑氏大小官员善待安置。康熙的招降谕旨消除了郑克塽的最后疑虑。八月十八日，郑克塽、刘国轩、冯锡范（郑克塽侍卫大臣）奉前明"延平郡王"和"招讨大将军"金印两颗以及台湾、浙江、福建的地图、户籍、府库军粮册簿向施琅投降，清军在鼓乐声中开上台湾岛。至此，长期分裂海外的台湾宝岛又一次回归祖国。

为了表彰施琅收复台湾之功，康熙赐封他为定海侯，赏三眼花翎顶戴。康熙对出生入死的蓝理进行了特别嘉奖，诏至御前，亲自看视伤口，把盏劝酒、君臣双双动容落泪。康熙转身接过内侍呈递的四宝，奋笔疾书刚劲浑厚的"所向无敌"御字横幅赐给蓝理，凯旋庆功宴达到高潮，在一片万岁声中降下帷幕。

郑氏依照谕旨受降条件投降后，康熙实践诺言，诏封郑克塽为靖海侯，令其移驻京师，籍隶汉军，晋一等公；刘国轩、冯锡范等以下大小属员官兵各分封官爵，划拨官房土地，妥善安置。

消灭了台湾郑氏集团，清廷又围绕台湾的弃守问题出现了意见分歧，廷议结果竟以台湾孤悬海外，藏污纳垢，不若内迁台民，放弃台湾，专守澎湖诸岛。内阁大学士李光地竟认为荷兰人帮助攻击东南沿海郑氏势力有功，主张将台湾赏赐给荷兰，令其世守输贡，以示天朝恩威。康熙否决了李光地等大臣的诸多建议，决定设立台湾府治诸罗、凤山、台湾三县，直隶福建布政使司；以后加设彰化县和淡水、澎湖两厅，及巡台使，旋改为兵备道，派总兵率军8000人驻守台湾。这些措施加强了清政府对台湾和东南海疆的防务、治理和开发，促进了台湾社会与经济文化的发展。

反击沙俄，解决外患

平定三藩之乱以后，康熙皇帝一方面进行收复台湾之役、稳定东南海疆，另一方面则反击沙俄吞食侵略，稳定东北边疆。

山海关外的东北地区是满族的故乡。沙俄殖民主义者趁满族清兵入关争夺中央政权之机，将侵略魔爪伸向了白山黑水。顺治时期和康熙初年，中原多事，无暇顾及东北。康熙亲政以后密切注视沙俄的侵略动向，曾多次派人调查东北的地理交通和风土人情。长白山下，他率官兵围猎习武；松花江上，他泛舟检阅水师。半个月的巡视期间，康熙皇帝了解当地军民情况，批阅奏章文书，调整有关政策，减免当年正项地丁钱粮，革除兵丁繁重差役。回京后又于次年六月将隐瞒当地农业生产状况、不恤戍卒困苦的宁古塔（今黑龙江省）将军巴海革职。这些措施体现了康熙皇帝休息军民、建设和巩固反侵略战争大后方的战略思想。

当然，康熙并非穷兵黩武。他虽然在着手反侵略战争的准备工作，但始终没有放弃通过和平外交方式解决中俄边境问题的努力。康熙九年（1670年），清政府派遣沙兰出使已被沙俄占据的尼布楚，要求俄方停止侵略活动，并邀请俄方派遣使臣来中国谈判。同年，康熙又派孟额德到尼布楚，向俄方当局表达了清廷通过外交途径解决与沙俄边境纠纷和彼此和平相处的愿望。

俄国沙皇贪婪而狡猾。一方面，他派遣使臣赴华，名义上是进行和谈，实际上则肩负着谍报活动的使命。他们通过洋教士搞到一份机密地图。该地图上清楚地绘制着清朝在西伯利亚地区的所有城堡要塞和军事部署。另一方面，沙俄趁清政府倾全国之力平定三藩之际，加剧了对我国北方领土的扩张活动。

康熙二十一年（1682年），康熙皇帝在力平三藩之乱以后亲巡东北，又派副都统郎坦、彭春等以行猎为名，调查黑龙江，勘察雅克萨一带地形和沙俄兵力部署情况。郎坦回报：沙俄驻兵不多，雅克萨可以用兵。康熙遂定武装征俄之策。次年，康熙先派户部尚书伊桑阿赴宁古塔设厂制造战舰，筑瑷珲、呼玛尔两城以为屯兵聚粮基地，配置驿站以传递信息、运输饷械。康熙二十二年（1683年）又任命萨布素为黑龙江将军率兵屯驻瑷珲，以备长期守边。他命令理藩院和礼部分别从蒙古、朝鲜购买耕畜农具运送瑷珲，要萨布素带领屯田士卒"小心从事"。康熙还命令车臣汉与沙俄断绝贸易，派兵收割沙俄殖民地的庄稼——康熙皇帝下定决心，以军屯对付殖民，一定要将沙俄"挤"出中国东北。康熙二十二年，沙俄哥萨克自雅克萨出动开到黑龙江下游，一直进至瑷珲附近，萨布素以兵相迎，边地各族部众纷纷配合，痛击侵略者，俘60余名押送齐齐哈尔囚禁。

康熙二十三年（1684年），萨布素率清军开到雅克萨城下，雅克萨首领从叶尼塞斯克城引来大批援兵，与清军对峙。康熙二十四年（1685年）正月，康熙命令都统彭春率满洲八旗兵3000人分水陆两军北征。六月二十四日，北征大军对雅克萨形成夹击之势，逼得雅克萨守敌走投无路被迫投降，请求收兵撤回尼布楚。为了在气势上征服侵略者，彭春仍遵照康熙旨令，放还降敌一条生路，其中有45名自愿留在中国，彭春准许，后来将其编为"俄罗斯营"效力疆场。

那些在中国的土地上杀戮抢掠多年的"罗刹"夹尾鼠窜以后，清军彻底拆毁了雅克萨城即撤回瑷珲，萨布素则率师移驻新筑的墨尔根城总理黑龙江全境军政事务。但是，墨迹未干，沙俄军雅克萨降将亚历克西·托尔布津率残兵败卒和尼布楚援军卷土重来，又在原雅克萨旧址附近修筑城堡工事，增储饷械，企图永远占据这块向中国进行领土扩张的据点。消息传到北京，康熙立刻命令萨布素增修战船，移驻瑷珲，并增调乌拉、宁古塔水陆大军协力并进，同时任命副都统郎坦前往瑷珲参赞军务。他受命郎坦：对守敌要全歼，对降敌要克制；战役结束以后须驻兵守卫雅克萨。看来，为了保卫边疆领土，康熙皇帝决心与沙俄打一场军事外交持久战——直到缔约划界为止。

康熙二十五年（1686年）七月，萨布素督率大军8000人，战舰150艘，大炮400门围攻雅克萨。清军在城外挖掘工事，修建堡垒，长围久困，城中守敌多次突围求援均被拦击截回。到年底，雅克萨守敌饥饿病亡甚众，仅存60余人。清军在城南北两面修筑炮台，准备将雅克萨夷为平地。沙俄迫于清军的强大攻势，不得不同意通过外交和谈来解决中俄边界问题。十二月十日，康熙命令萨布素后撤三里以外，允许俄人自由出入雅克萨——但不得带来援军，否则即合围攻城，玉石俱焚！至康熙二十八年（1689年）《尼布楚条约》谈判正式开始，清军才完全解围，退回瑷珲和墨尔根两城。

谈判于八月二十二日开始。康熙二十八年（1689年）九月七日，中俄双方代表经过近一个月的唇枪舌剑和斗智斗勇，终于握手言和，签订了中俄东段边界条约——历史上著名的《尼布楚条约》。该约共6款，以满、汉、蒙、俄和拉丁等五种文字刻成界碑，明确规定：西自格尔必齐河，沿额尔古纳河、大兴安岭向东至海为中俄疆界，确认了黑龙江和乌苏里江流域为中国领土；中国将尼布楚削让给俄国。条约还就两国边境贸易、边民往来及逃人引渡等事宜做了具体规定。

康熙皇帝两次雅克萨自卫反击战，坚持主权、和平、互利原则，从休息军民和国内政治安定的全局着眼，适时地派遣使臣谈判，签订了中俄历史上第一个平等的边界条约。他在解决中俄东段边界冲突问题上的每一项战略举措，无不体现出一个伟大的政治家、军事家和外交家的气度。他领导他的军队和臣民有效地遏制住了17世纪沙俄侵略势力的东犯，维护了国家的领土主权，赢得中国东北边疆地区此后100多年的和平稳定，因此，他也作为一个伟大的民族英雄载入史册，活在人们心中。

千古圣君开盛世
——清圣祖康熙皇帝

三绝朔漠，安定西陲

康熙十二年（1673年），在西藏当过喇嘛的厄鲁特蒙古准噶尔部噶尔丹除掉异母兄弟及其子侄，夺取准噶尔部汗位。到康熙十六年（1677年），噶尔丹武力征战四年，统一了漠西厄鲁特四部蒙古。噶尔丹的野心更加膨胀，还想进一步吞并西藏、青海和大漠南北蒙古。长期以来，沙俄在中亚地区大肆扩张，也想伺机将侵略触角深入我国蒙古地区。噶尔丹为统一厄鲁特诸部，早就与沙俄进行勾结，从沙俄获取军用物资和粮食、布匹等生活日用品。这时为实现"大蒙古国"和成吉思汗梦，噶尔丹更加紧投靠和依恃沙俄侵略势力。

康熙二十三年（1684年）以后，漠北喀尔喀蒙古发生内乱。早有吞并之心的噶尔丹趁机挑起准噶尔与喀尔喀之间的矛盾冲突，扬言"借俄罗斯兵且至"，实际上却按兵不动。康熙二十八年（1689年），清廷遣阿尔尼敕谕噶尔丹罢兵和返还漠北蒙古侵地，又约请西藏达赖大喇嘛从中斡旋调停都没有成功。康熙二十九年（1690年），噶尔丹不但不听康熙劝谕和达赖喇嘛的调停，反而带领精骑2万自呼伦池南下，杀进内蒙古前锋直抵距北京不到千里的乌珠穆沁部落。阿尔尼组织的内蒙古诸部抵抗失利，被迫南撤，京师为之震动。

康熙皇帝一方面谕令噶尔丹罢兵息战，归还喀尔喀蒙古故地，同时也加强了口外兵力，准备武装平叛。经派人调查和喀尔喀诸部的反映，他明白噶尔丹的崛起和对蒙诸部的杀戮吞并，严重地威胁着西北边疆各族人民的生存与发展；其投靠沙俄、引狼入室也严重威胁中俄西段边界的稳定和西北边疆的主权。总之，噶尔丹不除，大清的江山社稷就永无宁日。所以，康熙皇帝毅然决定跨马亲征——他正当英年，37岁。

康熙二十九年（1690年）七月，清朝大军兵分三路：第一路，左翼军出古北口；第二路，右翼军出喜峰口迎击叛军；第三路，阿尔尼率部与盛京、吉林满兵及科尔沁蒙兵出击乌尔会河口，是为侧翼。计划三路大军会师乌珠穆沁草原。康熙自率亲军驻扎博洛河屯地，节制调度诸军。八月初，常宁会阿尔尼清军将噶尔丹包围在乌兰布通与之决战。清军猛烈的炮火摧毁了噶尔丹布下的"驼城"，清军大队精骑掩杀而进，叛军横尸遍野，溃散鼠窜。噶尔丹带领残兵败将，在夜幕掩护下突出重围，第二天一早遣喇嘛向清军阵前求和乞降。康熙不准噶尔丹乞和之请，谕令进兵围追堵截残敌，而昏庸懦弱的福全未接到谕令，竟擅自同意叛军之请，撤回军队，放出噶尔丹北逃归路。当他接到康熙进击手令时已是噶尔丹逸窜之后的第6天，派出的追兵一路马无草食，脚力不济，无功而返，错过全歼残敌之机。当时康熙身染重病，不能继续驻跸风沙怒号的塞外指挥战争，只得班师回朝。

为了防备噶尔丹再次进犯，康熙三十年（1691年），康熙亲率上三旗和八旗前锋、火器、护军各二营清军，身披甲胄，跨马出巡塞外多伦诺尔，会盟大漠，南北内外蒙古接受朝觐。此次出巡会盟对外蒙行政官制进行了改革，又在多伦诺尔附近修建了汇宗寺以安置喀尔喀喇嘛。此举加强了清朝中央政府与外蒙古地方政权之间的关系，也加强了反击噶尔丹内犯的力量。此后清朝皇帝巡塞会盟成为一项制度延续了数百年之久。民国时期虽无皇帝，但蒙古部众自动会盟的遗风犹存，可见康熙巡塞会盟影响之深远。

康熙皇帝对噶尔丹没有看错。噶尔丹逃回科布多老巢后，派人向清廷进贡请安，貌似恭顺，暗中则继续向沙俄求援，企图东山再起，卷土重来。康熙三十四年（1695年），康熙密谕内蒙古科尔沁诸部，要他们姑且伪降噶尔丹，诱其深入，然后清军云集，欲一战歼灭之。是年九月，噶尔丹果然鬼迷心窍，率精兵3万沿克鲁伦河东犯，且扬言将借俄罗斯6万鸟枪兵大举进攻漠南。康熙皇帝知道这是噶尔丹在故技重演，意在试探和麻痹漠南蒙古诸部，实则蹂躏漠北，观察动向，伺机南进。康熙是不会让噶尔丹得逞的，他要千里远征，深入敌后，给噶尔丹一个出其不意、措手不及的打击。

康熙三十五年（1696年）三月，康熙决定第二次亲征，他率领三支队伍出发。兵分三路，并命令东、中、西这三路大军约期会师瀚海（内蒙古呼伦贝尔湖）。由于风沙弥漫，路途遥远，中路军与其他两路大军失去了联系，康熙皇帝与将士们在茫茫的戈壁大沙漠风餐露宿，有一段时间连续几天滴水未见，要是再没有水，中路军将全军覆没。康熙皇帝学习过西洋地理学，他亲自相地寻找到了水源，使中路军度过了最危难的时期。后来，行军途中又风闻沙俄派兵支援噶尔丹，大学士伊桑阿即坚请康熙回銮，遭到康熙拒绝。康熙怒斥这种惧怕困难、遇敌畏退的论调，他心中考虑的是全局，是西路大军的安危，是此次整个军事行动的成败，遂命令加快行军速度，向克鲁伦河急驰而去。到达目的地后，康熙遣人告诉噶尔丹：御驾亲征到此！噶尔丹两耳一竖：什么？皇帝会远涉绝漠，千里亲征？可登高一望使他不得不信，只见夕阳之下，黄幄龙纛，旌旗猎猎，刀枪林立，盔甲耀日，人啸马嘶，军容雄壮，这种阵势完全不似千里跋涉的疲惫之师！噶尔丹心下暗暗吃惊：康熙果然厉害，治军有方，用兵如神！他未等交锋即连夜遁窜。康熙亲率健锐轻骑猛追三天，直至拖诺山下。

噶尔丹逃到昭莫多正要喘口气，却遇上了先期而至的费扬古西路军。英主麾下无庸将，费扬古所率西路军长途行军，士饥马疲，且多为绿营步兵，若是互相冲锋对杀肯定会吃亏。于是，他避短取长，采用反客为主之法，以绿营步兵占据昭莫多小山，大队骑兵埋伏在附近丛林，只派前锋400骑迎战噶尔丹，且战且退，诱敌深入。此役沉重地打击了噶尔丹势力，使他从此便一蹶不振。

为了根绝后患，安定西陲，康熙三十六年（1697年）二月，康熙皇帝率大军西渡黄河，进驻宁夏，开始了第三次亲征。他派大将军萨布素和费扬古兵分两路，横越戈壁大沙漠，会攻塔米尔河流域。三月初，噶尔丹流窜到阿察阿木塔台地方，身边的随从只剩下一百余人，境遇非常窘迫，以捕兽为食，人瘦马乏，已是末路。不久，噶尔丹身死，其死因说法不一，有说暴病而死，有说服毒身亡。康熙皇帝得到噶尔丹的死讯，验明其骨，即安抚了西陲蒙古回回诸部，勒石狼居胥山以记三次亲征事功，五月班师回京。

康熙皇帝三次亲征大漠草原，历时七年终于平定了噶尔丹所属准噶尔叛乱，粉碎了沙俄分裂蒙古诸部、入侵西北边疆的阴谋。后来，康熙五十五年（1716年），噶尔丹的侄子策妄阿拉布坦又在沙俄的唆使支持下，率准噶尔蒙古再次叛乱，骚扰西北边陲，袭据西藏拉萨。康熙五十七年至五十九年（1718—1720年），康熙又派皇十四子率兵深入青海西藏，平定叛乱。经雍正到乾隆时期，清政府才最终削平准噶尔部蒙古叛乱，但是，康熙皇帝在其英年时期对准噶尔部叛乱的三次亲征则起了奠基作用。清政府以后在蒙古诸部中实行的主要制度，绝大多数都可以在康熙三次亲征前后找到它们的原型，有些制度是传诸久远的。康熙皇帝三涉绝漠戈壁所表现的英杰之气和耐苦精神，在古代帝王中是十分罕见的。

千古圣君开盛世
——清圣祖康熙皇帝

勤奋不殆，学贯中西

康熙的一生是好学不倦的一生。

他从祖母孝庄太皇太后那里受到严厉的学习督促。在性格方面，他似乎是天生的爱好学习，加上他博闻强记、聪明过人，学习效果是十分出色的。

亲政以后，康熙皇帝谕令礼部和翰林院词臣专门为他讲习四书五经——"经筵"，开始系统地研讨儒学，除非身体有病，无论是严冬盛夏，还是巡游、行军打仗，他都坚持"经筵"或别的学习项目——总之，学习是不能停息的。儒学中他最钟情的是汉儒董仲舒的"三纲五常"与宋儒的"存天理、去人欲"等一套学说。凡是儒学中鼓吹他不喜欢的所谓"邪说"都在他的批驳之列（例如夷狄说），对于有些东西又反复琢磨（例如民本学说），他对诸子百家、文学艺术都广泛研究并有相当造诣。他能诗善文，工于绘画，写得一手漂亮的毛笔字。中国古代才子的看家本事琴棋书画他样样在行，很善于鉴赏，也善于教育臣工，与臣工进行切磋。比方说，有些臣工奏折上的字很漂亮，他在奏折上的朱批谕旨总能见到很潇洒自如的楷、行、草体毛笔字。若其奏折的字写得不好，而且潦草，则朱批多为楷体以暗示臣工：奏事要认真，写字也要认真。

康熙对西方的科学知识也进行了认真学习，其中涉足最早的是天文和数学。康熙八年（1669年），中西历算的优劣和职位之争对康熙触动很大，他觉得自己不懂西洋学问不足以明辨是非。此后，由南怀仁为启蒙老师，康熙开始认真系统地学习西洋天文学和数学，以及地图测绘等地理学知识。正是康熙对西洋天文历算的钟情，在他的倡导下，由钦天监负责组织测绘了《皇朝全览图》，费时三十多年，于康熙五十五年（1716年）完成。这是有史以来由天文、地理、数学、地图测绘等学科结合绘制的最完整、最精确的中国地形图和行政区划图。不但有全国总图，而且有各省份图，是中西学合璧的结晶。

康熙曾先后师从南怀仁、张诚、白晋等人学习几何、代数和三角等数学课程。他冲破语言障碍，悟性极高，对于一些未听明白的问题反复听讲，反复练习，直至掌握为止。他知道数学的价值，所以组织钦天监的传教士翻译西洋数学，从康熙二十九年（1690年）开始，至康熙六十年（1721年），由大数学家梅文鼎之孙梅瑴成等汇编完成《数理精蕴》53卷，成为清代前期介绍西洋数学的百科全书，为传播西方数学作出了重要贡献。

除西洋天文、数学、舆地等学科以外，康熙还研究学习了西洋医药、人体解剖以及音乐、雕刻、绘画等科学艺术。他兴趣广泛，性情高雅，多才多艺。

不过，康熙皇帝学习西洋科学文化并未上升到治国决策层面上，只是他学习儒家为中心的传统文化的一个小小扩展而已。至于西方的宗教、哲学、文学和社会政治学说等思想文化是康熙无法接受的，因为这些东西一方面是地缘关系没有条件接受；另一方面，也是最重要的，这些东西与中国传统文化、当时的社会需求以及康熙所追求的封建专制主义统治方式是有矛盾的。一旦这些东西涌入中国，则中国社会的动荡变化是康熙不能理解、不愿看到并坚决抵制的。也正因如此，康熙在平定三藩和收复台湾之后将紧紧封闭的国门微微开启，不到30年，发现情况不妙又急忙关闭。这一关闭就是风雨不透的一个多世纪，这固然关来了封建的"康乾盛世"，却窒息了资本主义的"东方巨龙"！

英帝驾崩，储位空悬

作为中国历史上享国最久的封建帝王，康熙皇帝嫔妃成群，子孙满堂，如果处理得当的话，在其中选一个满意的继承人还是不太困难的。可是，英明一世的康熙皇帝在这件事情上犯了一个不小的错误，早年立储不当，操之草率，几经反复，晚年一提起传位就脾气大发，有时竟食不甘味，睡不安寝。

康熙诸皇子中最年长的直郡王胤禔，不是皇后嫡出，故未立他为皇储。孝诚仁皇后赫舍里氏嫡出而长者是理密亲王胤礽，所以，康熙十四年（1675年）将尚不满两岁的胤礽立为皇太子。太子很聪明，亦勤奋好学，文武全能，在这点上似乎很像乃父。可是太子自小娇生惯养，非常任性，既顶撞老师，也顶撞皇父，这使康熙很恼火。由于康熙自小缺乏父爱，所以他对自己选定的太子宠爱有加，不怎么训斥，总希望太子年长以后可能变好，太子的老师张英训斥太子遭到他的责罚。康熙二十五年（1686年）以后，他又先后委派了三个太子师傅，结果三人均以失仪罚俸，不久又都自请罢归。从此就无人再愿意教太子读书。

太子终于为他的不思收敛、侮辱廷臣、鸠聚党羽、图谋不轨的行为付出了代价。康熙四十七年（1708年）九月，康熙出猎塞外木兰围场中途驻跸布尔哈苏台，召集王公大臣和文武百官突然宣布废掉太子，将胤礽囚禁在咸安宫。

太子废掉之后，诸皇子争夺储位已经表面化，八皇子胤禩最为急切。

他指使外戚佟国维、大学士马齐等在大臣中为推举他为太子进行活动。康熙早就知道胤禩诡谲奸诈，广结党羽，久怀异志，企图谋害太子。因此，他将马齐、佟国维等人臭骂了一顿还不解气，抽出随身佩剑要杀掉胤禩。五皇子胤祺连忙抱住康熙，为胤禩苦苦求情，这才避免了父子相残的悲剧。但是胤禩的贝子爵位被废去，降为闲散宗室。

诸皇子对储位的争夺日趋激烈，康熙饱读史书，自然清楚这种争夺的残酷无情，他们都是自己的亲生骨肉，无论谁为太子都会成为众矢之的，无论谁今后嗣位，都将对先前的竞争对手痛下杀手。一想到可能出现的手足相残的惨烈，康熙不由得心生战栗，迟迟不能决定皇储人选。为了暂时平息诸皇子日趋激烈的皇储争夺，同时破获了胤禔用"邪魔之术"咒害太子，他怀疑太子行为乖戾是由此引起的精神病，所以，本来就对胤礽花费过很多心血、寄予厚望的康熙觉得太子似乎有了悔改表现，又对先前废太子之举后悔起来。康熙四十八年（1709年）三月，康熙复立胤礽为太子。但是，康熙发现太子自复立以后，行为性情依旧，毫无改进，而且诸皇子对皇储的争夺也未停止。康熙五十一年（1712年）十月，康熙又以"胤礽行事乖戾，断非能改"再次废掉太子，从此就不提立储一事了。

立储在帝政时代被认为是决定"国家根本"的大事。康熙本人不提此事，可宫廷上下、朝廷内外，皇子臣僚却为此结党勾斗，忙得不可开交，康熙看到这种状况，觉得诸臣工在忙着投靠新主子，为自己的荣华富贵奔走，和他已无君臣之情；皇子忙着与朝臣勾结，为储位争斗，和他没有父子之情；宫中嫔妃们在为他身后之事寻找依靠，忙着帮助儿子争夺皇位，与他已无夫妻之情。身为一国之君的康熙皇帝英雄一世，老年却倍感孤独，他丰富的内心世界无法向人打开。臣子中如果有谁向他推荐太子人选，他就怀疑此人与所推荐的皇子结党谋篡，立即火冒三丈，怒气冲天，动不动就处治建言立储之人，甚至声称为此将不惜大开杀戒！就这样，康熙皇帝从接受中原立储的做法又走回清朝不立储的习惯老路上去了。他驾崩前到底将皇帝的权柄传给谁？后来继位的雍正皇帝声称是父皇传给他的，依据却是口传遗诏。这个依据的可靠性成了历史上众说纷纭的话题。

一生勤勉只务实

——清世宗雍正皇帝

清世宗爱新觉罗·胤禛，即雍正皇帝，生于康熙十七年（1678年），是康熙的第四子。康熙六十一年（1722年），45岁的胤禛继承帝位，在位13年，死于圆明园，庙号世宗。

雍正是在康乾盛世前期至康熙末年社会出现停滞的形势下登上历史舞台的。复杂的社会矛盾，为雍正提供了施展抱负和才干的机会。他有步骤地进行了多项重大改革，高瞻远瞩，又励精图治，13年中取得了卓有成效的业绩，为后代的乾隆打下了扎实雄厚的基础，使"康乾盛世"在乾隆时期达到了顶峰。他的历史地位，同乃父康熙和乃子乾隆相比，毫不逊色。尽管他猜忌多疑，刻薄寡恩，统治严酷，但比起他的业绩来，毕竟是次要的。

九子夺嫡，尔虞我诈

康熙四十七年（1708年），太子胤礽被废。胤礽本来很得康熙喜爱，导火索是皇十八子胤祄在出巡途中的意外病亡，康熙悲痛不已。众皇子骤失同胞手足，也都十分悲戚，唯有皇太子胤礽若无其事，依然谈笑风生，毫无悲痛之意。康熙帝对此深为气恼，指责胤礽身为皇太子，却没有仁爱之心；身为兄长，却不怀手足之情。不料，胤礽竟愤然发怒，当面顶撞君父。随后康熙帝还发觉，每当夜幕降临，胤礽总是逼近行宫大帐篷外探头探脑，从缝隙向内窥视。这引起康熙帝的高度警觉，感到被杀害的危险正向自己逼近，于是决定先发制人，命胤禔严密保护自己，然后召集诸王、大臣，历数太子的罪状，宣布废去太子之位。

太子位一空，萧墙祸起，众位阿哥都开始觊觎太子位。

皇长子胤禔最先迫不及待地跳了出来。胤禔当时已经36岁了，但因为不是正宫娘娘所生，所以没能当上太子。但废太子时，胤禔护驾有功，康熙帝还让他监管胤礽的所作所为。这一安排使胤禔误以为自己时来运转，他悄悄地向康熙帝表示要替父皇杀死胤礽。康熙帝当即识破了他的诡计，也看透了他的心狠手辣。胤禔见立储无望，遂找道士出谋划策施行巫术，以期卷土重来，事泄后被康熙帝圈禁高墙。

"八爷党"是所有朋党之中势力最强的一支。胤禩的生母良妃卫氏地位十分低下，不太受康熙帝的重视，但胤禩不甘就此认命，废太子后，他企图谋位的活动更加频繁。但与胤禔谋夺嗣位的杀气腾腾相反，胤禩以仁爱好礼出名，人称"八贤王"，表面上礼贤下士，实际上却在结党营私，笼络了九阿哥胤禟、十阿哥胤䄉、十四阿哥胤禵以及侍卫鄂伦岱、内大臣阿灵阿等人为其卖命。但康熙帝明确让胤禩死了这个心思，说他"系辛者库贱籍之妇所生，自幼心高阴险，听信相面人张明德之言，大背臣道，雇人谋杀胤礽，与乱臣贼子结成党羽，密行险奸，因不得立为皇太子恨朕入骨，此人之险百倍于二阿哥也！"并宣称"朕与胤禩父子之恩绝矣！"胤禩谋夺嗣位无望，不免怨恨父皇，使父子间的感情出现了裂痕，甚至到了反目的地步。康熙帝出塞狩猎回京，胤禩不但不恭迎，反而派太监送去两只快要死的鹰，以表示对父皇狩猎之事的藐视，康熙帝非常生气，大骂胤禩不孝不义。在众人举荐胤禩为皇位继承人之后，胤禩自己谋夺嗣位之心也溢于言表，试探地问康熙帝："我该怎么办？要不然我就装病，免得再有保举的事发生。"他希望康熙帝能承认这种推举的事实。康熙大怒，下令圈禁胤禩，废了他的爵位。

这时，康熙帝的第三子胤祉也跳了出来。与胤禔、胤礽、胤禩等人与康熙帝的紧张关系不同，胤祉和康熙帝的关系较为融洽。康熙帝虽然对这个儿子很喜爱，但认为他缺乏统领全局的才能，所以并没有表现出要把治理天下的重任托付于他的意思。

至于五阿哥胤祺、七阿哥胤祐、十二阿哥胤祹明白皇位轮不到自己，加上他们也无此奢望，于是安安稳稳地当着自己的亲王，跟谁也不掺和。

对于众皇子的明争暗斗，康熙深感无奈，为根绝诸子间的夺位之争，只好释放了废太子和皇八子，恢复皇八子的爵位，并于康熙四十八年（1709年），再次立胤礽为太子。胤礽虽然被废过一次，仍然没有学会谨慎，他为获罪的步军统领托合齐通风报信，于康熙五十一年（1712年）再次被废，被永远幽禁于咸安宫。皇太子第二次被废后，康熙帝就不再预立皇储，储位空虚长达10年之久，其间，势力上升最快的是皇十四子胤禵，

他是雍正帝的同母弟。胤禵与皇八子胤禩很说得来，称得上情投意合。在胤禩因夺嫡而被锁拿时，胤禵拼命保胤禩，随着时间的推移，胤禩离太子的宝座愈来愈远，胤禵也开始积极谋取储位。康熙五十七年（1718年），西北战事的发展，给了胤禵在政治上大显身手的机会。他被康熙帝任命为大将军，带兵出征西北。在西北战场上，他继续招贤纳士，对自己的前途多方经营。胤禵主持西北军务四年，康熙帝称赞他"有带兵才能"。但康熙绝无立其为储的意思，因此尽管封他为王，却没有赐予封号，而且在西北战事已定之后，让他待在西北，并未召他回朝。

这样直到去世，康熙也没有明确太子人选。

胤禛继位，众说纷纭

胤禛是康熙的第四个儿子，他的母亲姓乌雅氏，是满洲正黄旗护军参领威武的女儿。康熙十六年（1677年）进宫，初为常在，后封为德妃。

胤禛6岁进上书房，受到了严格而良好的教育。康熙三年（1664年），14岁的胤禛同内大臣费扬古的女儿乌拉那拉氏成婚。稍长，便跟随康熙帝四出巡幸，并奉命办理一些政事，得到了很好的锻炼。16岁，陪同其三兄胤祉往祭曲阜孔庙。19岁，随从康熙帝征讨噶尔丹，掌管正红旗大营，又往遵化暂安奉殿祭祀孝庄文皇后。21岁的胤禛受封为贝勒，大阿哥胤禔（27岁）、三阿哥胤祉被封为郡王。23岁，胤禛侍从康熙帝视察永定河工地，检验工程质量。25岁，随同康熙帝巡幸五台山，次年侍从南巡江浙，对治理黄河、淮河工程进行验收。32岁时，胤禛被封为雍亲王。在众多的皇子中，康熙只册封了三个亲王。

在众皇子拉帮结派，尔虞我诈，相互倾轧，都在觊觎皇帝宝座的时候，唯独胤禛八面玲珑，一直以一副中立面孔活动在政治舞台上。他既不攻击兄弟、不结派，也不落井下石，甚至还帮助众位兄弟，以争取兄弟们的好感和支持，建立、扩大了自己的力量。如对废太子胤礽，在众人都落井下石的时候，胤禛却"十分着急，想要救他"。康熙帝让胤禛对胤礽加以监管，胤禛在父皇面前为废太子讲尽好话，并奏请解掉胤礽脖子上的锁链，康熙帝称赞他"深知大义"。胤禛虽然对皇位火热渴求，手段却十分高明，靠着自己的韬晦之术，提高了自己的身份和地位，表现出了不平凡的政治才能。

康熙六十一年十一月十三日（1722年12月20日），畅春园传出噩耗，康熙帝驾崩。在一片哀悼声中，雍亲王胤禛被宣布为新君，是为雍正帝。至此，喧闹十余年的储位之争，终于有了结果。但众位皇子、王公大臣的怀疑也相继而出。

康熙帝是寿终正寝的吗？官书没有说明其死前的详细病情和病因，只是说他十月二十一日往北京南郊的南苑打猎，十一月初七身体欠安，到西部畅春园养病，初九身体不爽，命胤禛代他到南郊行冬至祀天大礼。以后的四天里，还自称"朕体稍愈"，但到十三日，康熙帝病情加重，当夜驾崩。据目睹当时情况的意大利籍传教士马国贤记载，康熙帝死前，有号呼痛苦之声。有人据此认为，康熙帝很可能是被雍正帝谋害而死的，"谋父夺位"传言从此而起。大多数的学者认为从当时的具体环境、周围条件分析，既违背史实，也绝无可能。像康熙帝那样坐了61年天下的皇帝，一饭一菜、一汤一茶入口都要经过极其严格的查验，何况在满朝官员注意力集中的时刻，为康熙帝进汤，能下药谋害，根本是不可思议的。而且有史记载，康熙帝是不喝参汤的。

雍正即位是正当的吗？雍正帝虽然登上了皇帝的宝座，但由于康熙朝

一生勤勉只务实

——清世宗雍正皇帝

89

太子两立两废，更由于康熙帝的几个皇子骨肉相争由来已久，自胤禛登基之日起，对他继位的合法性一直议论丛生。共有三种说法：遗诏继位说、改诏篡位说和无诏夺位说。流传最广、影响最大的是胤禛改诏篡位之说，不过此说早已被考证是不成立的。而其他两说也由于证据不足，至今没有定论。

秘密立储，雍正首创

雍正即位后，吸取以前的经验教训，结合自己争夺皇位时的亲身体会，始创了"秘密立储"制度。据《世宗实录》记载，雍正元年（1723年）八月十七日，他在乾清宫西暖阁召见总理事务大臣、九卿等朝中要员，讲了一桩关系百年大计的问题："我圣祖仁皇帝为宗社臣民计……于去年十一月十三日仓促之间，一言而定大计。……今躬膺圣祖付托神器之重，安可怠忽，不为长久之虑乎？当日圣祖因二阿哥之事，身心忧悴，不可殚述。今朕诸子尚幼，建储一事，必须详慎，此时安可举行？然圣祖既将大事付托于朕，朕身为宗社之主，不得不预为之计。今朕特将此事亲写密封，藏于匣内，置之乾清宫正中世祖皇帝御书'正大光明'匾额之后，乃宫中最高之处，以备不虞。诸王大臣咸宜知之。或收藏数十年，亦未可定。"

既预立皇位继承人，又不公开宣布，这就是"秘密立储"。雍正将一份亲书的继位书当众装入匣中，搁置在乾清宫正殿悬挂的"正大光明"匾后，另一份随身携带，明令死后才可取出，两份相对无误，才能对外公布，迎立新君。从此，"正大光明"匾便成了让皇子们仰视和惦念的地方了。

雍正七年（1729年）冬，雍正染病，寒热时发，饮食不常，夜不能熟寝。八年（1730年）六月，见允禄、弘历、弘昼和大学士、内大臣数人，"面谕遗诏大意"。九月，又将立储密诏示知张廷玉。十年（1732年）正月，再次密示鄂尔泰、张廷玉，"此时圣谕曰，汝二人外，再无一人知之"。

由于皇帝预立的皇太子是何人，除皇帝外人人不知，这样就避免了皇子们争夺储位，相对地保证了皇位继承的平稳过渡。而且皇太子已经册立，其名字放置在"正大光明"匾之后，皇子要想让自己的名字进入"正大光明"匾之后的密诏中，必须竭尽全力表现自己，从而防止公开册立可能造成的皇太子骄纵不法。

从实践来看，这种方法的确起到了一定作用。自从秘密建储以后，各朝均未发生像清初那样结党营私、争夺储位的现象。一直没有出现皇子觊觎储位以致形成争夺储位的现象，可以说秘密建储的形式在一定意义上起到了一些作用。

雍正选中的人正是传闻中为康熙看好的皇四子弘历。弘历本人在几个弟兄当中，不论在才华上或政治上都处于优越地位，其父死时，他25岁，有较好的文化基础，有一定的统治才能和几年参与军机事务的经验，所以极为顺利地掌握了政权。乾隆君临天下60年，开创出中国王朝史上的"黄金时代"，也即"康乾盛世"。应当说，雍正有眼力、有见识，看准并决定要乾隆继承、光大他的事业，确实选对了接班人。

一生勤勉只务实
——清世宗雍正皇帝

残杀兄弟，打击朋党

成功地当了皇帝之后，为避名讳，雍正下令，将众兄弟们的名字的头一个字"胤"改为"允"。为了坐稳皇帝的宝座，雍正采取了一系列雷厉风行的措施。

首先，他认为，七弟允祐、十弟允䄉、十二弟允祹的权力过大，应及时削夺。因为他们是八旗旗主，管理着旗务。在他看来，这些兄弟们受皇考之命管旗，与自己又是兄弟辈分，如果长期延续，必然会被认为是新的旗主，这样一来就会对维护专制皇权极端不利，必须改变现状。因此雍正即位第十天，就全面撤换了正黄旗满洲、蒙古、汉军三旗都统，以后又陆续撤换了正蓝旗、正白旗，甚至镶黄旗的三旗都统。直到雍正元年（1723年）五月，允祐、允䄉、允祹所管的旗务全部撤换。

除了允祐、允䄉、允祹，雍正还有兄弟多人，雍正把他们中的绝大多数当做劲敌，予以坚决打击。在剥夺旗主特权不久，雍正帝又谋划着对其他兄弟下手。

十四阿哥允禵是首先被雍正打倒的一个。雍正帝即位之际，允禵正在西北用兵，掌握着兵权，于是雍正在颁发委任四总理事务大臣上谕的同时，又命允禵回京奔丧："西路军务，大将军职任重大，十四阿哥允禵势难暂离。但遇皇考大事，伊若不来，恐于心不安。着速行文大将军王，令与弘曙二人驰驿来京。军前事务，甚属紧要，公延信着驰驿赴甘州，管理大将军印务。并行文总督年羹尧，于西路军务粮饷及地方诸事，俱同延信

大清帝王故事

管理。"这真是一条万全之策，既轻易地解除了允䄉手中的兵权，又博得了体恤兄弟的美名。

允䄉回到京城，赴康熙帝灵柩前哭拜，当时，雍正也在那里。看见哥哥当了皇帝，万分愤慨，本来自己大有希望坐江山，想不到今日却屈为臣下。但毕竟君臣有礼，勉强远远地给自己的对头哥哥叩了头，但不向新皇帝表示祝贺。雍正元年（1723年）三月，雍正帝送康熙帝灵柩至遵化县景陵享殿，并于此时传旨训诫允䄉，允䄉仍不服气。允祹生怕把事情闹大了，就命他跪下接旨，允䄉这才接受了。遵化的事情完毕后，雍正帝返驾回京，而留下允䄉看守景陵，并谕令副将李如柏，若允䄉要去陵寝外，除有重大的事情，否则都不准许，这实际上就是把他软禁起来了。

其实，雍正的第一目标是允禩，但他明白：允禩有心机、有才识，声望高，是威胁雍正帝皇位的最主要人物，要想铲除他必须深谋远虑。雍正帝即位后，并没有立即处置他，反而任命允禩、十三阿哥允祥、大学士马齐、尚书隆科多四人为总理事务大臣。此外还优待他的亲属，允禩的儿子弘旺被封为贝勒，在诸皇侄中地位和荣誉为最高，是除允礽之子弘皙外仅有的一个，允禩的母舅噶达浑，也被削去贱籍，升格为旗民，赐世袭佐领职务。允禩党羽苏努、佛格、阿尔阿松（阿灵阿之子）、满都护、佟吉图等，也都加官晋爵，弹冠相庆。可以说，允䄉、允祐遭受打击的时候，允禩及其追随者却青云直上，红得发紫。

这种策略，只要是玩政治的人，没有不懂的。允禩当然心里明白，而且想得更深。他认为这是欲抑先扬之法：先把你捧得高高的，再狠狠地摔在地上，那才是爬得高跌得痛。事实上雍正也一直在找允禩的碴儿，在朝堂上经常拿他开涮，故意叫他丢脸。允禩当然不能坐以待毙。他利用职务之便，给雍正帝制造了各种各样的麻烦，同时，继续进行结党营私活动。允禩的忠实追随者允䄉、允祺跟在其后面亦步亦趋，这一系列行动雍正都记在心间，后来连同他们及其党羽被革爵，交宗人府永远监禁。雍正四年（1726年）八月二十四日，允禟死在看守所。九月初一，允䄉也死于禁所。兄弟俩的死亡，相距不过六天。

雍正即位伊始，在着手处置自己兄弟的同时，对那些与诸皇子结成朋党，互相倾轧的宗室大臣，也正面表明自己深恶痛绝的态度，绝不姑息纵容。

雍正二年（1724年）七月颁发了一篇御制短文《朋党论》发给诸王和要员。文中谈古论今，旁征博引，列数朋党之害，强调臣子要与君王同好恶。雍正三年（1725年）三月，通令八旗严禁家人结党，否则交由步军统领处置。五城官员凡是大臣的家人，如有婚嫁办筵席宴请亲友等事，必须先行报知，然后才能举行。如果有私自结党、结拜兄弟、彼此宴请、借机钻营托情的，立即严加惩治。

革除弊政，开源节流

雍正一边巩固皇权，一边思索怎样充实国库。因为雍正帝继位之后，一个亟待解决的问题就是财政困难。

从康熙末年财政就严重亏空，威胁着封建统治，因此即位一个月后就给户部下达了全面清查的上谕。为了顺利完成清查亏空的任务，雍正元年（1723年）正月十四日，雍正帝发出了在中央设立会考府的上谕。所谓会考府，就是为清查政府亏空、打击官吏贪污舞弊现象而专门设立的一个官吏审查机构，其职责大致相当于现代的中央审计署。还特别对怡亲王允祥强调，要严格执行清查政策，不得有所松懈。

雍正帝限期三年，三年时间很快就过去了。总的来说，清查的成就显著。

在清查亏空中，难免会涉及贵族和高级官僚，对此，雍正帝一样不手软。不论何人，绝不宽贷。一些王公贵戚、达官显宦不得不通过典卖家产来赔偿亏空。康熙帝的十二皇子履郡王允祹和十皇子敦郡王允䄉也因赔银数万两，还不够数，被抄了家产。内务府官员李英贵伙同张鼎鼐等人冒支正项钱粮100余万两，由于没钱补足，雍正帝也毫不留情地抄了他们的家。

同时，还开展了地方的清查工作。

雍正帝反对贪污的工作仅仅开展了五年，国库储银就由康熙六十一年（1722年）的800万两增至5000万两。更重要的是，社会风气改变了，"雍正一朝，无官不清"的说法，也许夸张了点，但却是对雍正帝治理腐败的肯定。

在清查国库的同时，雍正革除前朝积弊的范围还在不断扩张，力度还在不断加大。

其中贱籍制度，是遗留了几百年的历史问题。贱籍就是不属士、农、工、商的"贱民"，他们世代相传，不得改变。他们不能读书应举，也不能做官。这种贱民主要包括浙江惰民、陕西乐籍、北京乐户、广东蛋户等。在绍兴的"惰民"，相传是宋、元罪人后代，男人从事捕蛙、卖汤等工作，女人做媒婆、卖珠等活计，兼带卖淫。

这些人"丑秽不堪，辱贱已极"，人皆贱之。安徽的伴当、世仆，其地位比乐户、惰民更为悲惨，他们有如奴隶，稍有不合，人人都可加以捶楚。广东沿海、沿江一代，有蛋户，以船为家，捕鱼为业，生活漂泊不定，不得上岸居住。江苏苏州府有丐户，也为贱民。

雍正帝以仁义治国，而贱民政策恰恰与仁义不符，况且此项政策也是使社会不安定的因素之一，于是雍正帝决定予以清除。

雍正元年（1723年）三月，监察御史年熙上书请除豁山西、陕西乐户的贱籍，得到雍正帝赞同，并令礼部议行。在四月发出第一道"豁贱为良"的谕旨。

雍正帝在下令开豁乐户贱籍的同时，又令各省检查，对历史上遗留下来的乐户、惰民、丐户、世仆、伴当、蛋户等，命令除籍，开豁为民，编入正户。

历代封建统治者在维护封建等级制的同时，因不敢过分触动等级制的尊严，因此即使想解决贱籍的问题，也都是小范围小规模地点滴"施恩"，不敢大刀阔斧地予以豁免。在这个问题上，雍正帝慨然而为，朝纲独断，气魄为历代君主所无。

政府财政困难，清查国库，查缺补失，这只是一时的权宜之计。长远来讲，雍正帝认为，解决财政困难的基本方法是开源节流。

除了重本务农外，还推行"摊丁入亩"。过去土地和人丁分开纳税。康熙五十年（1711年）后，实行"盛世滋生人丁，永不加赋"的政策，但此前出生的人丁还要缴纳丁银。雍正元年（1723年）七月，直隶巡抚李维钧上疏雍正帝，要求在直隶州内将丁银并入田亩之中征收。雍正帝把丁归田粮视为要事，主张小心处理，以期达到最好的效果。九月，户部复议，同意李维钧的主张。雍正帝还不放心，再次提出让九卿复议。

自从雍正帝批准在直隶实行摊丁入亩制度后，各地普遍开始推行。雍正二年（1724年）春天，黄炳开始在山东实行。雍正四年（1726年），河南、陕西、浙江、甘肃也先后实行了摊丁入亩制度。五年（1727年），江苏、安徽、江西相继实行。七年（1729年），湖北也实行了。至此，绝大部分省份均先后在雍正年间实行了摊丁入亩的土地制度。

摊丁入亩制度的实施经历了一个漫长的过程，是当时社会经济发展的必然结果，是明朝"一条鞭法"的深化和发展，是中国封建社会赋役制度上的一次有积极意义的重大改革，它对清代社会的发展产生了重大的影响。它的推行结束了清初双役制度的混乱局面，保证了清政府的钱粮收入。这一制度还从法律上取消了人头税，从一定程度上减轻了贫穷无地者的负担。同时，大大松弛了封建人身依附关系，加快了人口的迁移和流动，为劳动力市场的发展创造了条件。另外，由于不再按照人丁来收税，无地的农民再也不必像以往那样为了逃税而隐匿人口、四处逃亡了，这有利于社会的稳定，还促进了人口的迅速发展。

密折奏事，耗羡归公

所谓秘密奏折，就是折子不走正常的渠道上达天听，而是径直报皇帝亲拆御览，皇帝有什么指示意见，随手用朱笔批于折后，然后再密封发还给原奏人，所有内容除君臣二人外界不得而知，避开阁臣干预，特别是利于官员之间互相告密、互相监督，强化了皇帝专制权力。

在专制王朝，臣子给君主上奏折，这本来稀松平常，可是奏折秘密而至，这却要等到几位"天纵圣明"的清朝皇帝才能想到做到了。据专家考证，这种密折，肇始于顺治，推行于康熙，而大盛于雍正。雍正朝密折制度的推广和完善，首先表现在缴批制度的出台。雍正帝不仅下令回收圣祖朱批密折，而且也要收缴本朝朱批密折，明令期后密折朱批发回本人捧诵后，即乘便缴呈，不得私自存留，犯者必究。

继缴批制度出台后，很快又扩大了密折言事的内容。奏折的内容，几乎无所不包，诸如刮风下雨、社会舆情、官场隐私、家庭秘事、生计风俗等。

通过密折治国，雍正把政府机构牢牢握于手心，只要他大笔一挥，整个官僚系统乃至社会都应声起舞。这种治国术当然已臻"随心所欲"之化境了。在政权私相授受，政治被在上者视为禁脔的地方，人主能够这样随心所欲，予取予求，真是一种"理想"的境界。

国库亏空，除了采用清查、抄家的办法，让贪官的家人、亲友吐出来弥补外，它的另一个途径，则是用耗羡银来逐年弥补。

耗羡的征收和使用是明代及清代前期相沿数百年的一项弊政。清初，官吏薪俸低，不足以养家糊口，办公费不足，督抚索取节礼，而囊中羞涩拿不出钱。地方官吏便通过增加田赋来增加收入。这种收入就叫"耗羡"或"火耗"。这种任意加赋的做法，既助长了官吏的腐化，也增加了百姓的负担。

雍正二年（1724年）年初，河南巡抚石文焯折奏：该省共有耗羡银四十万两，给全省各官养廉银若干，各项杂用公费若干，下余十五六万两解存藩库，弥补亏空。由于办公费用都出在耗羡内，所以不用再从百姓身上打主意了。他的这一措施得到雍正帝的大力支持，于是，山西、河南两省率先实行耗羡归公的改革。

为保证这一改革能很好地广泛推广开来，雍正六年（1728年）七月，雍正帝令各省全面办理养廉，一面又严词禁止各种陋规。以后"火耗"一分为三：一份给地方官养廉，一份弥补地方亏空，一份留地方公用。这样，既增加了财政收入，又有助于廉政。

扫平叛乱，稳固青海

雍正元年（1723年）夏天，统治青海的罗卜藏丹津胁迫青海诸台吉（明末清初玉树地区各部头人为青海蒙古和硕特部，赠爵为诸台吉）会盟察罕托罗海，"令各仍故号，不得复称王、贝勒、公等爵"，自称达赖浑台吉，公开发动了武装叛乱。

针对罗卜藏丹津的叛乱，雍正帝作了两手布置。一方面派驻在西宁的侍郎常寿去罗卜藏丹津驻地沙拉图，宣布谕旨，令其"罢兵和睦"，"不从则惩治之"；另一方面，命川陕总督年羹尧办理平叛军务，准备用兵。

侍郎常寿至沙拉图，宣布了雍正帝旨意，说明若诸台吉不悬崖勒马，将举大兵来讨伐。可是罗卜藏丹津早已认定了此刻是失不再来的良机，复兴乃祖事业的欲望和初战的胜利早已冲昏了他的头脑，他表面上声称听从劝告，骗取常寿信任，将他诱至察罕托罗海，囚禁为质。后又勾结西宁附近塔尔寺大喇嘛察罕诺门汗等宗教领袖参与叛乱，叛军一时势力大增，随后西藏、青海、四川、甘肃的藏人也跟着暴乱。

雍正元年（1723年）十月初，雍正命川陕总督年羹尧为抚远大将军统兵进剿，以四川提督岳钟琪为奋威将军，参赞军务。

年羹尧为人聪敏，豁达，娴辞令，善墨翰，办事能力亦极强。后受到雍亲王的重用，各皇储争夺皇位时，他利用自己的精明才干，时时向主子出谋献策，奔波游说，深受青睐，更使主子高兴的是，年氏将自己的亲妹妹献给了他，以示忠诚，那时，主仆二人曾发誓，死生不相背负，从此交

一生勤勉只务实
——清世宗雍正皇帝

99

情更加深厚。君有情，臣有意，再加上年氏的才能，官阶越升越高，不到十年即升为四川巡抚，接着，又升为川陕总督，独掌军政大权，成为雍正心腹。

年羹尧一面指挥当地清军在西宁外围与叛军作战，一面加紧进行平叛部署，令大将驻守察木多（今西藏昌都）、吐鲁番、噶斯等地，以防叛军与外部首领勾结。布置就绪后，下令进攻西宁周边的镇南、申中、南川、西川和北川归德等地。雍正帝谕令年羹尧，表示坚持武力平叛，不许叛逆请和，罗卜藏丹津只好一路后退。

十二月，蒙古原持观望态度的诸贝勒、贝子、公、台吉等率胁从叛众投降了清朝。

雍正二年（1724年）二月，岳钟琪率军进击罗卜藏丹津，追奔一昼夜，迅速抵达叛军的老巢。罗卜藏丹津尚在睡梦中，听闻清廷兵从天降，仓皇惊起败逃。罗卜藏丹津衣着女装，逃往准噶尔。岳钟琪率兵穷追不舍，直至桑洛海，俘获了罗卜藏丹津的母亲和妹妹，以及阿拉克诺木齐、阿尔布坦温布和藏巴札布等叛乱头目。

三月初一，清军凯旋。雍正帝论功行赏，封年、岳为公爵，批准年羹尧提出的处理善后13条事宜。

雍正帝向青海派驻办事大臣，处理蒙藏民事务，把西宁卫改为西宁府，下置西宁县、碾伯县、大通卫，使青海这一重要地区直接隶属于中央政府，又把藏人活动地区的甘肃凉州卫改为凉州府，增设武威县，改镇番卫、永昌卫、古浪所为县。这一措施有利于稳定青海及其附近地区的少数民族。

僭越无度，年氏被诛

年羹尧受到进一步的信任与擢拔，是与他在青海战事中充分表现出的忠心与才干联系在一起的。但是他恃功骄傲、专权跋扈、乱劾贤吏和苛待部下，引起朝野上下公愤。而且，他任人唯亲，在军中及川陕用人自专，称为"年选"，形成庞大的年羹尧集团。更严重的是，他在皇帝面前"无人臣礼"，藐视并进而威胁皇权，甚至有自立为帝之心。

他在西安总督府时，令文武官员逢五、逢十在辕门做班，辕门、鼓厅画上四爪龙，吹鼓手着蟒袍，与宫廷相似。他还令雍正帝派来的侍卫前引后随，牵马坠镫。按清代制度，凡上谕到达地方，地方大员须迎诏，行三跪九叩全礼，跪请圣安，但雍正帝恩诏两次到西宁，年羹尧竟"不行宣读晓谕"。他在与督抚、将军往来的咨文中，擅用令谕，语气模仿皇帝。更有甚者，他曾向雍正帝进呈其出资刻印的《陆宣公奏议》，雍正帝欲为此亲撰序言，但年羹尧以不敢"上烦圣心"为借口，代雍正帝拟就序言，要雍正帝颁布天下，如此僭越无度，怎能令雍正帝不寒心？

雍正三年（1725年）二月，天象出现了所谓"日月合璧，五星联珠"的祥瑞之兆，各地大臣纷纷上疏祝贺，年羹尧也进一折，将赞美皇帝的"朝乾夕惕"写为"夕惕朝乾"，这非但不是赞扬，简直是在讥讽。雍正阅后大怒，此时，许多嫉恨年氏的同僚又纷纷上疏弹劾年氏。待舆论深入人心时，雍正三年九月，才尽革年氏所有职衔。此时，年氏本人已承认自己贪赃枉法的罪行，被带到京师。年羹尧被议政大臣罗织92款大罪，最后

令其在监狱里自尽。其子年富被斩，余子15岁以上者都去戍边。

得到类似下场的还有宠臣隆科多。隆科多，满洲镶黄旗人，姑姑是康熙的生母孝康章皇后，妹妹为康熙的孝懿仁皇后。隆科多在康熙晚年担任理藩院尚书、步军统领。雍正即位后被任命为总理事务大臣、吏部尚书，但他恃亲自矜，招权纳贿，笼络党羽，终于雍正五年（1727年）被钦定41款大罪，命在畅春园外建屋三间，永远禁锢。雍正六年（1728年）六月，隆科多死于禁所。

改土归流，平定西藏

在云、贵、粤、桂、川、湘、鄂等省的少数民族地区，主要由世袭土司对当地进行管辖。

在雍正帝执政期间，强横的土司是西南边陲稳定的最大隐患，废除造成西南人民处于水深火热的土司制度成了执政的当务之急。

雍正四年（1726年）九月，管云贵总督事鄂尔泰上奏折，建言改土归流，并拟定了实施方针："计擒为上策，兵剿为下策。令自投献为上策，勒令投献为下策。"对于投献者，"但收其田赋，稽其户口，仍量予相赡，授以职衔冠带终身，以示鼓励"。就是说改流的策略，既要用兵，又不专恃武力，争取波及面小，尽量减少阻力，以便迅速实现安定。在雍正帝的指导下，鄂尔泰、张广泗、哈元生等督抚提镇努力推行改流政策，到雍正八年（1730年），云贵地区基本完成了改土归流。湘、鄂、川的改流准备得较充分，到雍正末年、乾隆初年亦告完成。整个改流的地区，以贵州涉及得最广泛，它新设的州县竟相当于原有州县的面积。改流的内容包括取消世袭土司、设置府厅州县、派遣流官、增添镇营、改革赋役制度、兴办学校等项。雍正末年，贵州古州地区发生破坏改土归流的叛乱，雍正帝派兵镇压，到乾隆初年获得成功，巩固了改土归流的成果。这一政策，对横行西南的少数民族中的利益集团土司土舍予以沉重打击，减轻了西南少数民族的负担和灾难，促进了这一地区社会经济与文化的进步。

青海问题解决、西南民族政策落实之后，清政府就把目光转移到西藏问题上来。

雍正帝即位后，于雍正元年（1723年）把康熙帝任派的留守驻藏的部队撤回内地，只在四川的察木多（今西藏自治区昌都）留少量军队驻守，放宽了对西藏的控制。雍正五年（1727年）六月，西藏地方长官阿尔布巴勾结隆布鼐等人，借众噶伦议会之机，于大昭寺中将康济鼐乱刀杀死，发动了武装叛乱，接着派兵进攻颇罗鼐。

雍正帝得知阿尔布巴叛乱后，立即命陕西各路及四川、云南的军队进入战备状态。经过充分准备之后，六年（1728年）五月初，雍正帝令清军取道八年前允禵入藏驱逐策妄阿拉布坦的路线，由西宁、打箭炉两地兵分两路，南北齐进，进入西藏。北路军由左都御史查郎阿、副都统迈柱率领，共8400人；南路军由四川总兵周瑛率领，共4000人。接下来又发生了对清廷更为有利的变化。六月十五日，周瑛接到马喇通知，得知颇罗鼐于五月二十六日占领拉萨，擒获了阿尔布巴，正等候清朝派官员入藏处理。

八月初一，南北两路会师进入拉萨，肃清了叛匪余部，诛杀首恶阿尔布巴等人，清政府遂封颇罗鼐为贝子，代替康济鼐，总管前后藏事务，还赐犒兵银3万两，以示奖赏。

西藏叛乱并没费清廷太大力气就宣告平定。

吕留良案，株连无辜

清朝的文字狱并非始于雍正，但在雍正执政时期，文网之密、文祸之重的确超过他的列祖列宗。在其临御的13年里查办的文字狱就有14起（其中处死案中人的案件有5起），数量甚至超过了其父康熙在位61年文祸的总和。

比较重大的文字狱事件主要有：钱名世案，汪景祺案，查嗣庭案，陆生楠、谢世济案，曾静、吕留良案。雍正前期文字狱以清理政敌集团及朝廷内朋党为主，是属于朝廷上层内部政治争斗借口。曾静案以后转向一般文字狱。

在文字狱的历史上，规模最巨的无过于雍正六年（1728年）的曾静、吕留良之狱。

吕留良字庄生，又名光纶，字有晦，号晚村，浙江崇德人（康熙元年崇德改名石门，故又称石门人，其地即今浙江桐乡县西南部）。此人先曾参加抗清斗争，顺治年间应试为诸生，后来懊悔，抛弃科举，隐居著书。康熙博学鸿词科吕留良被荐举，他誓死不赴，乃至削发为僧（法名耐可，字不昧，号何求老人），康熙二十二年（1683年）卒。

吕留良平生抱守程朱性理之学，尤重"华夷之辨"，宣称"华夷之分大于君臣之义"，著作中处处表露憎恨清朝、思念明朝的思想感情。他的高卧事迹和所著《四书讲义》《语录》，所评选的八股文等，广为流传，在士人中影响很大，人皆尊称他为"东海夫子"。

他死后，人们立祠祭祀，对他颇为敬仰，连浙江总督李卫上任之初也前往瞻仰，题匾颂扬。

湖南文士曾静在一个偶然机会读到吕留良的文章，十分敬佩他的学问，于是遣派学生张熙打听他遗遗下来的文稿。张熙此次不但打听到文稿的下落，还找到吕留良的两个学生，相谈之下大有相见恨晚之感。张熙向曾静汇报后，曾静也约两人见面，四人议论当今朝廷统治之事十分愤慨，秘密商议如何能推翻清王朝。

讨论了半天，一个汉族大臣进入了他们的视线，他就是岳钟琪。岳钟琪讨伐边境叛乱立了大功，受到雍正帝重用，担任陕甘总督，掌握兵权。曾静派张熙拿着自己的亲笔书信去找岳钟琪。信中充满了对雍正帝的指责之词，并认岳钟琪为岳飞后裔，以岳飞抗金的事迹激励岳钟琪，劝岳钟琪掉转枪头指向金人的后裔满洲人，为宋、明二朝复仇。

通天大案，非同小可，岳钟琪六天内连上三道密折详细汇报案情。雍正帝震惊之余，怀着庆幸和感激的心情作朱批赞扬岳钟琪，指授办案机宜。

待岳钟琪把案情线索基本摸清后，雍正帝传谕浙江总督李卫捉拿吕留良亲族、门生，搜缴其书籍著作；派副都统海兰到长沙会同湖南巡抚王国栋捉拿曾静、诸"同谋"及各家亲属。雍正六年（1728年）十月，除已经去世的吕留良、吕葆中父子及吕氏弟子严鸿逵（名赓臣）之外，其余数十名重要人犯全部缉拿归案。十一月，雍正帝派刑部侍郎杭奕禄到长沙审问曾静等人，打算重新任用。要任用，必须得先感化。经过一番攻心战，没有骨头的曾、张果然被感化。曾静当场痛哭流涕，俯首认罪，后来照清廷的安排编定悔罪颂圣的《归仁录》，颂扬雍正帝得位之正和勤政爱民的圣德。

第二年（雍正七年，1729年），两省所有在押人犯解到京师对质定

一生勤勉只务实
——清世宗雍正皇帝

罪，等待最后处置。然而，雍正帝对此案的最终处理却是出乎人意料的"出奇料理"。那么，雍正帝到底是怎样"出奇料理"的呢？

第一个大动作是在雍正七年（1729年）十月，雍正帝命免罪释放曾静、张熙，同时宣布：将来继位的子孙也不得诛杀他们。

曾、张案件中牵涉到大量的"反面教材"，最触目的如曾静列举雍正帝10大罪状，如写雍正帝与父皇"为仇为敌"；说仁寿太后之死是被迫自杀；说允礽、允禩、允禵之死是被杀害；说年羹尧、隆科多二案是"诛忠"；说雍正帝收纳了废太子的妃嫔，常带着大臣在圆明园饮酒作乐；说雍正帝私下派人从四川贩米到苏州发卖……

按理说，这类材料谰言应严格保密，防止扩散，可是雍正帝却有意公开，经加工后大作宣传。他下令编辑两年中关于此案的《上谕》，附以曾静口供及其《归仁录》，合成《大义觉迷录》一书，大量"反面材料"充斥其中（当然都经过《上谕》批驳），堪称古今一绝。

雍正帝这样做的目的，是为了显示自己光明正大，问心无愧，不怕人们对他的种种贬毁，使谤言不禁而止。对于谤言的制造者，他下令彻底追查。

"出奇料理"的第二个大动作是对吕留良、严鸿逵等人从严处罪，为风俗人心立戒。

吕留良在其著作中宣扬"华夷之分大于君臣之义"，把元灭宋、清灭明看做历史上的大灾难。他的笔下称清朝为"燕""彼中"等，而不依功令称"大清""圣清""国朝"等。他还对康熙时政表示不满，雍正帝在连篇累牍的《上谕》中，狠狠地批驳了吕留良等人的上述思想言论。

他把吕留良视为"教唆犯"，认为浙江之所以"风俗浇漓，人怀不逞"，之所以出现汪景祺、查嗣庭等"悖逆"之徒，都是吕留良流毒作怪。为浙江一省的"风俗人心"着想，雍正帝示意要对"名教中之罪魁"吕留良处以极刑。有司秉承他的意旨，比照"大逆"律论拟吕留良身后之刑。

这时雍正帝又进行了第三个动作：他命令各省学臣就吕留良该不该照"大逆"律治罪这一问题，向所有生员征求意见。生员必须就这一问题明确表态，向学臣出具结状，再由学臣汇总上报。同时还规定：如果生员还有别的话要说，可以自行出具呈文，独抒己见，然后交学臣转奏。

这样做，名义上是说要听取天下公论，其实是一种恐吓性的宣传。

征求公意的结果可想而知：全国的读书人都一致拥护照"大逆"律治罪，没有一人有异词（有异词也无人敢转呈）。既然"国人皆曰可杀"，雍正帝于是名正言顺裁决如下：吕留良、吕葆中开棺戮尸，枭首示众；吕毅中斩立决；吕留良诸孙从宽免死，发遣宁古塔给披甲人为奴；家产折银充本省工程费用；严鸿逵开棺戮尸，枭首示众，其孙发遣宁古塔给披甲人为奴；沈在宽斩立决；黄补庵（已死）嫡属照议治罪；刊印、收藏吕留良著作及崇拜吕留良的车鼎丰等4人判斩监候，另二人同妻子流放三千里外，还有11人受杖责，4人免刑释放。

雍正驾崩，死因成谜

与康熙帝一样，雍正帝勤于政事。他宵衣旰食，夙夜忧勤，按照今日事今日毕的原则办事。后人收集他13年中朱批过的折子就有360卷。

一个人若整日埋在这样繁重的政务中，日久天长，健康必然要受到损伤。雍正四年（1726年）他就承认自己的精力不足："皇考圣体康强，如天行之常健，春秋已高，犹不减壮盛之时，而朕之精力又不及皇考矣。"

也许正是因为如此，雍正开始信奉道教。从雍正四年（1726年）开始，雍正皇帝就经常吃一种叫"既济丹"的丹药。他还很注意研究丹药的药性，并且对他所服用的丹药已是确信不疑了。

雍正八年（1730年）的春天，雍正皇帝闹了一场大病。为了治病，雍正命令内外百官大规模访求名医和精于修炼的术士。雍正甚至在御花园建了几间房子专门给道士娄近垣等人住，以便随时安排这些道士祈祷修炼。

然而就在雍正死后第三天，新君乾隆皇帝下令驱逐这些道士。也许这就是乾隆帝想掩饰其父皇笃信道教、服用丹药的事实。宫中豢养僧道并非雍正一朝，几乎朝朝有之，何以在雍正死后三天就迫不及待将他们驱逐出宫？况且宫中僧道与国政大事并无必然的联系。这不能不使人感到，"宫中道士"与雍正之死有一定的关系，至少丹药可能严重损害了雍正的健康。

清宫档案《雍正朝起居注册》，记载了他死前几天的情况：雍正十三年（1735年）八月，时年58岁的雍正皇帝住在圆明园，十八日与办理少数民族事务的大臣议事，二十日召见宁古塔的几位地方官员，二十一日仍照常办公，这说明当时他的身体还挺健康。二十二日，雍正突然患病，当天晚上朝中重臣被匆忙召入寝宫，已是奄奄一息的雍正宣布传位给乾隆。第二天，58岁的雍正便在圆明园咽下了最后一口气。

皇宫档案只是如此简要地记下了雍正的突然死亡，并没有说明任何原因。这就很容易引起人们的猜测，于是雍正死亡之谜，至今仍然众说纷纭，莫衷一是。

好大喜功的皇帝

——清高宗乾隆皇帝

　　清高宗爱新觉罗·弘历，即乾隆帝，生于康熙五十年（1711年），卒于嘉庆四年（1799年）。他是雍正的第四子，在位60年，退位后又当了3年太上皇，终年89岁。

　　乾隆即位之初，实行宽猛互济的政策，务实足国、重视农桑、停止捐纳、平定叛乱等一系列活动中，充分体现了他的文治武功。乾隆帝向慕风雅，精于骑射，笔墨留遍大江南北，并且是一个有名的文物收藏家。清宫书画大多是他收藏的，他在位期间编纂的《四库全书》共收书3503种，79337卷，36304册，其卷数是《永乐大典》的三倍，成为我国古代思想文化遗产的总汇。

生而有福，顺利即位

  弘历的母亲钮祜禄氏，家境贫寒，13岁以秀女的身份选入雍亲王府。因雍亲王患病时，钮祜禄氏奉王妃命令，不分朝夕地服侍了五六十日，从而赢得了雍亲王的喜爱，成为雍亲王的侧福晋（庶妃）。19岁，康熙五十年（1711年）八月十三日生弘历于雍和宫东书院的如意室。弘历是雍正的第五个儿子。因第二个儿子夭亡，故排行第四。

  野史中关于弘历的出身有许多传说。其中流传最广、并似乎有根有据的有两种。一是说，弘历不是雍正的儿子，钮祜禄氏当初生的是女孩，是和海宁陈阁老的儿子互换所得。还有一说，弘历生母是一丑宫女，雍亲王有一次在承德木兰围场狩猎，喝了鹿血，和这名丑宫女苟合所生的私生子。

  弘历生来就不同于一般小孩，不仅一表人才，"隆准颀身"，而且"天资凝重"，聪明灵巧。6岁开始读书，受教于庶吉士福敏，过目成诵，11岁时，父亲带他在圆明园镂月云开拜见祖父康熙皇帝，弘历对答流利得体，模样又俊秀，赢得了康熙的喜爱。康熙令弘历祖母德妃把弘历带回宫中精心养育，后又让贝勒胤禧教他骑射。在一次跟随康熙的狩猎中，弘历面对迎面扑来的大熊，"神情自若"，毫不惊慌，勒鞍躲过，康熙对皇太妃说："这个孩子的命非常贵重，他的福气一定会超过我。"事实上弘历不管是统治时间还是寿命都超过了康熙，也的确是个有福之人。

  弘历不仅是康熙寄予厚望的爱孙，也是雍正的宠儿，是雍正的希望所在。雍正有鉴于清前几朝皇子为争夺储位而进行激烈残酷斗争的教训，在其继位不到一年的雍正元年（1723年）八月，对皇位的继承作了重大改革，创立秘密立储制度。雍正秘密立下的嗣君，正是那个受到康熙宠爱的、刚满13岁的雍正第四子弘历。

弘历被预定为嗣君后，雍正对他的要求更加严格，特旨命朱轼、张廷玉、徐元梦等名儒文臣为其师，后又特旨名臣鄂尔泰、蒋廷锡、邵基等陪侍皇子读书。这期间，弘历遍读了"四书"、"五经"及宋儒性理诸书和《通鉴纲目》等史书。他阅读《贞观政要》一书，对于唐太宗及其臣僚的"嘉言善行"十分赞赏。20岁时，弘历将自己写的诗文汇集成册，取名《乐善堂集》。雍正十一年（1733年）二月，弘历22岁，被封为和硕宝亲王，开始参与军国大事。

雍正十三年（1735年）八月，雍正突然死亡，顾命大臣庄亲王允禄、果亲王允礼、大学士鄂尔泰和张廷玉等齐集百官于太和殿，向诸皇子宣读从正大光明匾额后面取下的锦匣中的立储密诏，弘历即皇帝位，这年弘历25岁。同时，大赦天下，以第二年为乾隆元年（1736年），弘历就这样顺利地开始了他长达64年的统治历程。

理国有道，宽严互济

乾隆元年（1736年）二月，他下了一道诏书，阐述了他的治国之道，后来还多次下诏阐述。主要内容有三点：一是回顾了康熙、雍正两朝的历史经验；二是倡导执中之政策；三是主张宽严并济。

乾隆即位伊始，鉴于雍正之刻薄而采取了一系列措施，"济之以

好大喜功的皇帝
——清高宗乾隆皇帝

宽"。

体恤皇室。对列祖、列宗钦定的冤案，或予以平反昭雪，或给予宽待。如恢复被雍正残酷处治的两个叔父胤禩、胤禟的原位，并将其名收入皇室谱牒内，二人子孙也同时收入。

增加官员俸禄。在京官员加添双俸，外省大小官员也都发给一定的"养廉银"。

蠲免租税。如免除江南漕项芦课及学租杂税等银，宽免芜湖杂办江夫河蓬钱粮，免除泰山进香税等。乾隆在位60年，蠲免租税，史不绝书，因为"爱民之道，以减赋蠲租为急务也"。

革除开荒加赋之弊端。鼓励农民开垦荒地，是康熙以来的一贯政策，但各地官吏往往为了加赋，而谎报开垦荒地。乾隆以开荒是为满足人民生计而不是为了增赋为由，令各省督抚，查明确实的开垦荒地数，据实上报。

此外，释放被雍正监禁的岳钟琪、陈泰等人，把因文字狱而发往边地为奴的罪人汪景祺、查嗣庭等的家属放回原籍等。都体现了乾隆为政宽厚的一面。

上述这些措施，颇得人心，收到了很好的效果。乾隆初政的十余年间，社会经济稳步发展，府库充实，兴隆超过汉唐，成为"康乾盛世"的顶峰。

乾隆为政也有严的一面。

严惩贪官污吏。乾隆四年（1739年），庄亲王胤禄等结党营私，乾隆下令将胤禄、弘哲、弘昇、弘昌、弘晈等革职或收监，将弘哲的死党安泰处死。乾隆五年（1740年）提督鄂善受贿银一万两，被赐死。山西学政喀尔钦接受考生的贿赂，纵仆营私，寻花问柳，被处死。乾隆还下谕告诫各大臣以后各加儆省，毋蹈前辙。

裁汰僧道。雍正笃信道教，乾隆上台伊始僧尼泛滥，于是他下令实行度牒制，裁汰僧道。情愿出家者，必须领取度牒，才能"披剃"受戒。"应付"僧人，不愿受戒者，勒令还俗。"火居道士"俱令还俗。妇女年过40岁，准出家。领到度牒之僧人，只准收生徒一人。有效地减少了僧尼数量。

严禁宦官弄权。乾隆对宦官管理十分严厉，不许宦官干预政事。为了堵塞宦官干预政事的道路，他下令废掉教宦官读书识字的内书堂，认为宦官识几个字就行了，有文化是宦官弄权的原因之一。乾隆还下令当差奏事的宦官一律都改姓王，这样，外廷官员就难以分辨，而无法相互勾结。对于违禁的宦官，乾隆一律严惩，决不姑息。

武安天下，统一疆土

乾隆即位之初，西北有准噶尔之内乱，西南有贵州苗民起义。

乾隆考虑到雍正朝两路出师西北都劳而无功，准噶尔内部稳定，一时难以取胜，决定对准噶尔暂时采取守势，罢兵议和。集中力量镇压贵州苗民起义。乾隆派宿将张广泗为七省经略，统一指挥镇压苗民起义的部队，同时将平苗无功的张照等逮捕下狱。张广泗便分兵三路进攻生苗苗寨，所向克捷。乾隆元年（1736年），又增兵分八路，围攻生苗据点牛皮大箐，杀死一万多人，接着又乘胜搜剿熟苗，烧毁了1224寨，杀死7600多人，俘虏2万多人。苗民起义被清军的血腥屠杀彻底摧毁。乾隆闻报大喜，命张广泗总督贵州。苗民的诉讼，仍按苗俗习惯审理。云贵边境，从此平靖。这是乾隆即位后的第一次用兵。自此之后，乾隆多次用兵边疆，成为乾隆

好大喜功的皇帝
——清高宗乾隆皇帝

君主生涯的重要内容。

平定准噶尔叛乱。乾隆十八年（1753年），准噶尔内部因争夺汗位，互相攻杀，分崩离析。他认为，施军威于远方，震武功于域外，彻底解决准噶尔割据势力的时机已成熟，国库充实，中原安定，天时、人事皆对我有利。但在朝诸臣中，除大学士傅恒赞同外，多数大臣都反对出兵。乾隆力排众议，决定第二年春天两路出兵伊犁，一举荡平准噶尔部。乾隆二十年（1755年）二月，以班第为定北将军，阿睦尔撒纳为副将，出北路；以永常为定西将军，准噶尔另一降将萨赖尔为副将，出西路。兵分两路，各25000人，五月，两路大军，长驱直入，进抵伊犁。乾隆二十三年（1758年）彻底平息准噶尔叛乱。

平定回疆之乱。乾隆二十二年（1757年）南疆发生大小和卓木之乱。乾隆二十年（1755年）清军攻克伊犁时，大小和卓木相继叛清。二十三年（1758年）清廷在平定准噶尔后，乾隆令兆惠等移师南进平叛。大小和卓木率兵抵抗，并在库车大败清军。清军领兵将领靖逆将军雅尔哈善等被乾隆处死。十月，兆惠、富德率兵收复库车、阿克苏，进军叶尔羌。双方相持达三个月。乾隆二十四年（1759年）正月，富德率兵增援。在清军内外夹击下，小和卓木部土崩瓦解。

在先后平定了准噶尔和大小和卓木的叛乱后，乾隆为加强对新疆的管辖，设置伊犁将军一职，统辖全疆军政，建立军府统治。在塔尔巴哈台（今新疆塔城）、喀什噶尔（今喀什）各置一参赞大臣，受命于将军，分统天山南北路。在南疆叶尔羌、和阗、库车、阿克苏等11个城市置办事大臣或领队大臣，管理一城之事。在北疆移住满洲、锡伯、厄鲁特、绿营等军兵垦荒屯田，为久驻之计，并移民入疆，陆续建置州县以管民事。这块长期处于割据状态的地方，从此牢牢置于中央政府的管辖之下。

加强对西藏的管辖和降服廓尔喀。乾隆十五年（1750年）珠尔墨特那木札勒勾结准噶尔发动叛乱，杀害驻藏大臣。乾隆派清军入藏，在达赖的协助下，平定了叛乱。乾隆在达赖之下设置了处置地方行政的噶厦，以四噶布伦分理政事，俱隶属于驻藏大臣和达赖。

乾隆五十三年（1788年），廓尔喀（今尼泊尔）入侵西藏。次年又派兵入侵，进占西藏首府日喀则，大肆烧杀抢掠。达赖、班禅飞章向乾隆告急。乾隆命福康安为将军、海兰察为参赞率军入藏。清军入藏后，六战六克，尽复失地，并越过喜马拉雅山，全线深入廓尔喀，进迫其首都加德满都。廓尔喀统治者被迫求和，表示永不侵犯西藏，归还掠夺的金银珍宝。乾隆答应了廓尔喀的求和条件并命福康安率兵返回西藏。

乾隆五十七年（1792年）乾隆颁布《钦定西藏章程》，把民政、财政、军政、外交大权都集中于驻藏大臣手中，达赖、班禅的重大决定需经驻藏大臣同意。同时，创立了金瓶掣签制度。由驻藏大臣把灵童的姓名写在牙签上，投入金瓶之中，然后由喇嘛诵经抽签，中签的"灵童"就成为合法继承人，大贵族及蒙古贵族都不能参与掣签。大活佛之继承开始处于清政府的监督之下。从此西藏政局稳定，中央对西藏的政令也得以顺利贯彻执行。

平定大小金川。大小金川在四川北部，是藏族定居地区。"万山丛蠡，中途洶溪"，地形险恶。乾隆十二年（1747年）大金川土司莎罗奔势力强大，兼并小金川并侵掠邻近土司，清巡抚派兵阻止，莎罗奔便起而反叛。乾隆派云贵总督张广泗率兵镇压，莎罗奔负隅顽抗，清军毫无办法。十三年（1748年）乾隆又加派大学士纳亲前往督师，并派岳钟琪为提督，赴军效力。三十一年（1766年）大金川再次叛乱。乾隆命四川总督阿尔泰率军联合九土司进剿。多年无功，阿尔泰被乾隆免职赐死。直至四十一年（1776年）大小金川才被压服。乾隆以小金川为美诺厅（四川懋功），以大金川为阿尔古厅（懋功西北），直接由四川省统辖，四川西北部诸土司

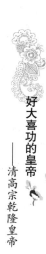

逐渐改土归流。

　　乾隆通过多次征战讨伐，镇压了叛乱势力，统一了疆土，完成了对新疆、西藏行政体制的改革，加强了对这些地区的管辖，使我国的版图最后确定下来。乾隆时期国土的辽阔和国势的强大，国内各族人民经济文化联系的紧密，都是以往任何朝代所不能比拟的。这是清王朝的最大历史业绩，也是乾隆个人的最大政绩。

闭关锁国，大国衰落

　　乾隆在位时，中国的一些邻邦如印度、锡兰、菲律宾、印度尼西亚已先后沦为殖民地，其他一些邻国也成为西方列强掠夺、殖民的目标。自视天下第一的中国已经感到西方列强的威胁了，北方的沙俄虎视眈眈，西方殖民势力也不断进行试探。处在这样一种环境中，乾隆的对外政策，一方面，对一些周边国家的侵略行为进行坚决的反击，另一方面，对西方列强和北方的沙俄，则在坚持维护主权，拒绝它们的无理要求之同时，采取闭关自守、严格限制对外交往的政策。这虽可使中国保全于一时，但却也使中国处于封闭状态，远离世界潮流，日渐落后。

　　征缅甸。乾隆三十年（1765年）缅王孟驳派兵入侵我普洱府境，攻占车里等地，云贵总督刘藻发兵三路抵御，皆败。乾隆命大学士杨应琚为云贵总督征缅甸。乾隆三十四年（1769年）乾隆派傅恒为经略，阿桂、阿里衮为副将军，明德为总督，哈国兴为提督，分率水陆军六万三路征缅，大败缅军于江口。但清军不服水土，死者近半。缅王遣使议和，双方罢兵。乾隆五十三年（1788年）缅王派遣使者来京通好，请开关市与缅贸易。乾隆五十五年（1790年）缅王派人向乾隆祝寿，乾隆赐印，封缅王为缅甸国王，定十年一贡之制。

征安南。乾隆五十一年（1786年）阮文岳、阮文惠统一越南，驱逐黎氏王族。乾隆以保护黎氏为借口，派兵侵入安南，攻陷东京（今河内），后因清军军纪败坏，奸淫妇女，激起越人反对，阮文惠大举反攻，收复东京，并派人"奉表入贡"，要求建立正常邦交。乾隆考虑到清军连年征战，国库空虚，同意阮光平（即阮文惠）求和。乾隆五十五年（1790年）三月，阮光平亲至北京，乾隆同意他为"越南国王"。

征缅甸和征安南纯属侵略性战争，消耗了军费银两达千万两，死伤了数万将士，给中国和缅甸、安南人民都造成了重大损失。

闭关自守。乾隆对西方各国基本上采取闭关政策，也就是限制对外贸易、限制对外交往的政策。乾隆二十二年（1757年）乾隆谕令封闭宁波、泉州、松江三海关，只准洋商在广州一口通商。外国商人对此极为不满，要求清廷开放宁波，并控告粤海关贪污勒索等弊端。乾隆派钦差至广东调查，确认所控告的粤海关的情况属实。乾隆令将海关监督李永标革职，家产入官。两广总督李侍尧向乾隆奏陈防范外夷规条，即"防夷五事"，乾隆批准颁布执行。《防夷五事》：第一，禁止外国商人在广州过冬；第二，外国商人在广州必须住在政府指定的行商的商馆中，由行商负责"管束稽查"；第三，不准外商向中国人借款或雇用中国人；第四，不准外商雇中国人打听消息；第五，在外国商船停泊处派兵"弹压稽查"。严格意义上的闭关自守政策，实际上就是从乾隆规定一口通商和《防夷五事》开始的。

风流皇帝，巡游四方

皇帝没有不好色的，这是中国皇帝的共性。

乾隆的女人没有确切的统计数字。他的正式的妻妾，有封号的后、妃、嫔、贵人就有40多人，其中12位是他50岁以后陆续选进的，新选进的女子称秀女，年龄一般在十三四岁左右，最大的也不超过十八九岁。没有封号而被他召幸过的宫女更不会少。

乾隆的第一位皇后富察氏出身名门，11岁时就和仅有16岁的宝亲王弘历结婚了，成了弘历的嫡福晋，21岁被乾隆册立为皇后。史称富察氏贤淑节俭，孝顺太后。乾隆和富察氏少年结合，非常恩爱，后来乾隆虽多有拈花惹草的风流事，但对富察氏却似乎仍一往情深。乾隆十三年（1748年）富察氏陪乾隆东游，突染风寒去世。乾隆异常悲痛，又是写诗，又是作赋，颂扬妻子的淑德，"圣慈深忆孝，宫壸尽称贤"；抒写自己的悲痛之情，"廿载同心成逝水，两眶血泪洒东风"，"纵糟糠之未历，实同甘而共辛"，"念懿后之作配，廿二年而于斯，痛一旦之永诀，隔阴阳而莫知"。

乾隆的第二个皇后乌拉那拉氏，是在富察氏去世后第三年册立的。后来就废后为尼。乌拉那拉氏忧愤成疾，勉强延续了一年多，便命归黄泉，乾隆命以贵妃的规格埋葬。

乾隆巡游，猎艳也是目的之一。乾隆乘船过扬州时，在运河两岸之支港河汊、桥头村口，设卡封锁，禁民舟出入。令男子都从村内退出，但不禁民妇。扬州妇女，素有艳名，龙舟过处，村女民妇，跪伏瞻仰，吴侬轻语，花柳娇态，别有一派风光。

乾隆喜欢巡游，山庄之旷逸，江南之秀美，对于久居宫廷之乾隆来说，吸引力是无限的，因此，车驾时出，记不胜记。据统计，主要的巡游有：西巡五台五次；告祭曲阜孔庙五次；东巡谒三陵四次；巡游中州及京城附近，至嵩山开封一次，正定一次，天津两次；南巡江浙六次。至于秋天到木兰狩猎，夏天到山庄避暑，则自乾隆六年（1741年）开始，隔一年去一次，而从乾隆十六年（1751年）以后，每年夏秋都要到热河避暑狩猎。

避暑山庄初建于康熙四十二年（1777年），完工于乾隆五十七年（1792年），大部分建筑完成于乾隆朝，费了大量的钱财，仅须弥福寿寺和普陀宗乘之庙的鎏金铜瓦就用去黄金3万两。乾隆每年都要带一大批人到木兰狩猎，至山庄避暑，并常在山庄接见或宴请少数民族王公贵族或外国使臣，美其名为"习武功于边境，盛王会于远来的藩臣"。乾隆行围避暑，游乐无度，但承德离京城不远，而所用之物品，也大多数是宫廷内的东西，对人民还没造成什么大的危害，而因游乐耗尽民财，败坏风俗，影响达数省的，则当首推六度之南巡了。

乾隆自己写了《南巡记》一文，记南巡之事，说他南巡的最大的目的是督促河臣修治河堤。这完全是假话，康熙南巡，确实为了治黄河，而乾隆南巡，则是另一回事。乾隆朝，黄河缺口达20余次，乾隆没有一次亲临其地视察。督促河臣修沿河堤，从何说起？乾隆至苏杭观海潮，用数千万库银改筑浙江海宁石塘，对于人民毫无好处，不过是便于自己观海潮而已。

乾隆南巡之奢靡，达到了惊人的程度。每次南巡，动用巨舟达千余艘，浩浩荡荡，沿河南下，沿途都有戏台、彩棚、龙舟、彩船点缀，乾隆和后妃等乘坐的御舟的纤夫就有3600人，分成六班，轮流拉纤，还有马匹

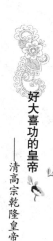

好大喜功的皇帝
——清高宗乾隆皇帝

6000匹，骡马车400辆，骆驼600匹，征脚夫役近万人，搬运帐篷、衣物、器具。自北京至杭州，往返近6000里，途中建行宫36处；每隔二三十里设尖堂。沿途街道都铺上锦毡，露天也要蒙以绸帐，地方官要进献山珍海味，土产方物，还要从全国运来所需食品，连所饮之水都是从北京、济南、镇江等地运来的著名泉水。沿途购置备用的木炭堆积如山，顷刻间就使用一空。为供纤夫小便用，沿河塘放置大盆，口加木盖。每县都安放上万个，御舟一过，没有完好的。行宫的陈设更是极尽奢侈之能事。以致痰盂都是用缕银丝造的。康熙时，每处所费，只需一二万金；乾隆时，每处行宫的供设，二三十万金都挡不住。后来八国联军攻陷北京，慈禧太后西逃至太原，见保存完好的乾隆巡游五台置办的供应物后，也发出感叹："宫中都没有这样好的东西。"巡游除劳民伤财外，还助长了奢侈之风，地方的官吏富绅，为讨乾隆的欢心，无不挥金如土，竞相奢靡，务求一切供应设置都尽是精品。

中国人历来重视寿宴，乾隆更是把祝寿活动办得无比奢靡。乾隆十六年（1751年）十一月二十五日，皇太后60寿辰，中外臣僚，群集京城，举行大庆，自西华门至西直门之高梁桥，十余里中，张灯结彩，两旁遍设戏台。寿礼有以色绢做的山峦，有以锡箔做的波涛，有的蟠桃，竟有几间房屋那样大。广东献的翡翠亭，长二三丈，全用孔雀尾作屋瓦。浙江用镜子做台榭，大的镜子直径达二丈，嵌在藻井口，墙是用几万面小镜子砌成的，人进入台榭中，一身映出百亿个像来。其他各省的礼品，也都竞奇斗巧，无一不是工巧精致的旷世稀珍，皇太后都感到太浪费了。乾隆二十六年（1761年）皇太后70寿辰，祝寿的规模仍然如此。乾隆晚年，还举行过两次"千叟宴"。乾隆五十年（1785年）乾隆70岁大寿，下令召60岁以上者3000人，赐宴乾德宫，并准子孙扶持他们来入宴，实际上入宴者共3900余人。乾隆六十年（1795年）他80岁大寿，又举行了一次"千叟宴"，规

大清帝王故事

模更大，入宴者达5900余人。乾隆两次千叟大宴，估计每次所花银两不下几百万两乃至上千万两。所耗费财力、人力、物力巨大，乾隆以后，再也没有哪个皇帝能召开类似的宴会了。

盛世修书，功过参半

乾隆在文化上的最大功绩是组织编纂《四库全书》。乾隆三十七年（1772年），安徽学政朱筠奏请从《永乐大典》中辑录古代亡佚典籍。乾隆认为四库书目，以经、史、子、集为纲领，衰辑分储，是古今不变之法，下旨设置四库全书馆，集中力量以十年时间，编纂《四库全书》。乾隆三十八年（1773年）四库全书馆成立，编纂工作也正式开始。乾隆任命了宗室郡王永瑢、大学士刘统勋、于敏中等16人为总裁，任命尚侍等官为副总阅官。实际校纂的是总纂官纪昀、陆锡熊、总校官陆费墀，其中出力最多的是纪昀。另有抄写人员3826人。乾隆五十二年（1787年）《四库全书》缮写完毕，历时15年。以后又反复检查书籍内容，校对错误缺漏，并补充一批书籍，直至乾隆五十八年（1793年）编纂工作才完全结束。

《四库全书》是我国历史上最大的一部丛书，它把我国历代的重要著作，分编于经、史、子、集四部44类之下，共收图书3457种，74070卷，包罗宏大，丰富浩瀚，为我国古代思想文化之总汇，使古代许多有价值的典籍得以保存和流传下来。

《四库全书》著录的书，除小部分御制作品和奉旨撰述的官文外，都是历代典籍。编纂过程中，纪昀等著作《四库全书总目录提要》，共200

好大喜功的皇帝
——清高宗乾隆皇帝

卷，对著录的3457种书籍以及未著录而存其目的6766种书籍都作了介绍和评论，简要地叙述每部书籍的内容、作者生平，评论其优劣得失，探讨其学术渊源和版本异同，是一部重要的目录学著作。

乾隆编纂《四库全书》的目的，他自己说是崇儒重道的需要，要以文载道，而不仅仅是为博取重文的名声，是要像张载所说的那样，"为天地立心，为生民立道，为往圣继绝学，为万世开太平"。其实乾隆的目的只有两个，一是借编纂《四库全书》显示自己重视中国古籍，笼络读书人；二是搜集销毁"悖逆"和"违碍"的书籍。二者皆是出于实行文化专制的需要。乾隆要在编纂《四库全书》的同时，对全国书籍作了一次全面的大规模的检查，销毁了那些被认为不利于其统治的书籍，也即"悖逆"和"违碍"的禁书，包括明末清初的一些包含有不利清代的文字的史书和诗文集。乾隆对清人入关前的历史讳莫如深，有提及清人曾向明称臣、受明册封，甚至"建州卫"和"女真"的书，都要烧毁，以后查禁书籍的范围越来越大。

《四库全书》完成后，仍进行了多次抽查，乾隆五十二年（1787年）纪昀把从《四库全书》中最后清查出来的应撤出销毁和语言可疑的书及所开列的清单一起进呈乾隆。清查之严格挑剔，到了可笑的地步，如朱彝尊《曝书亭集》中《谭贞良墓表》一文有"百折不回，卒保其发肤首领，从君父于地下"，这样被认为有语病的文字，也予抽毁。经过这样大规模的反复查禁，乾隆共销毁了书籍3000余种，6万卷以上，种数几乎和四库所收的书一样多，这是中国文化无法挽回的重大损失。

文网密布，思想禁锢

　　文字狱是以文字作品定罪，是专制皇帝用以震慑官吏和知识分子的重要手段。清代文字狱是从康熙朝开始的。目的是为了扼杀当时十分流行的民族思想和反清意识。雍正时，文字狱愈演愈烈，乾隆朝初期，文字狱几乎绝迹。乾隆朝中期，文字狱骤起，形成高潮，先后共发生了130起左右的文字之案，不仅数量多，其株连的广泛，惩治的严酷也都大大超过前两朝，形成清代文字狱高峰。乾隆朝末期，文字狱逐渐减少，最后终于绝迹。

　　乾隆时的文字狱，除少数几起是追查清初文人著作中流露的反满思想外，大部分是望文生义、捕风捉影，有不少案件，甚至是因为向清朝统治者歌功颂德、献书献策中马屁拍得不得法，犯了忌讳而遭杀身之祸的。有个秀才安能敬考试时写了一首诗，歌颂清朝，其中有"恩荣已千日，驱驰只一时。知主多宿忧，能排难者谁"四句，被考官认为是有意咒骂皇帝有忧有难，无人辅佐，而将安能敬交总督衙门治罪。安徽和州人戴移孝和戴昆父子是明末清初人，著有《碧落后人诗集》和《约亭遗诗》，其中有"长明宁易得，短发反长恨"之类的句子，便认为"长明宁易得"，是对亡明的怀念和眷恋，"短发反长恨"是对清代剃发蓄辫的怨恨。这种文字狱，纯属望文周纳，滥杀无辜，显示了皇帝生杀予夺的淫威，在知识分子中造成浓厚的恐怖气氛。

　　重大的文字狱，不仅严惩犯案者，而且还要追查地方官的"失察"

好大喜功的皇帝
——清高宗乾隆皇帝

罪，王锡侯的《字贯》案就是如此。王锡侯，江西新昌举人，曾九次进京会试落榜，在仕途无望的情况下，发愤著书。晚年编了十本字典《字贯》，在自序中有批评《康熙字典》的话，有人借此告王锡侯"狂妄悖逆"。江西巡抚海成认为王锡侯对《康熙字典》的批评是"狂妄不法"，但不能算"悖逆"，并把案情上报乾隆。乾隆四十二年（1777年）乾隆命将王锡侯从宽判处斩立决，其子孙斩监候，秋后处决，妻媳及未成年之子孙给功臣之家为奴。海成被判斩监候，秋后处决。海成是查办禁书以来第一个被判处死刑的封疆大吏，目的在于"使封疆大臣丧良负恩者戒！"这样一来，地方官唯恐犯"失察"或包庇罪犯之罪，因此一旦发生文字狱案件，便如临大敌，株连宁多毋少，处理宁严毋宽。江浙等文化发达地区很快陷入了人人自危的恐怖状态，挟仇诬陷的告讦之风愈演愈烈，地方官吏一见检举他人收藏逆书，便立即立案严办。许多文字狱都是因查办禁书而起，所以当时文字狱就有"书祸"之称。文字狱实为查办禁书的组成部分。乾隆的目的是要彻底消除汉人的反清民族意识，但文字狱的受害者，真正反清的很少，大多数都是无辜的，甚至精神病人也逃不了文字之狱，乾隆朝文字狱的疯狂、残酷和荒唐都达到了登峰造极的地步！

乾隆大兴文字狱，禁锢思想，钳制言论，后果是严重的，造成政治上和学术上沉寂窒息的局面。直到19世纪初，龚自珍仍发出"避席畏闻文字狱，著书都为稻粱谋"和"万马齐喑究可哀"的叹息。

宠臣和珅，国之硕鼠

乾隆即位初期，为纠正雍正过于严刻之弊，政崇宽大，但对贪官污吏绝不轻纵。不过贪赃枉法是封建官场不可能治愈的痼疾,乾隆虽严惩贪官却没有使吏风好转,晚年吏治更加腐化,贪污公行,整个统治机器都呈现没落的景象。

乾隆曾严厉惩办了一批贪污巨款的不法官僚。其中包括诸如总督、巡抚、布政使、按察使这样的大官都被处以极刑。官场的贪风并未因此而收敛,其根本原因当然是封建制度本身的问题。但乾隆长期宠用最大的贪官和珅也是原因之一。

乾隆后期,和珅任职最长、权力最大、贪名最著。和珅是满洲正红旗人,姓钮祜禄氏,少年家贫,以官学生身份被选为銮仪卫的校卫。因机灵善辩,仪表俊美,声音清亮悦耳,受乾隆宠爱,不断加官晋爵。乾隆四十三年(1778年)以后,享用益专,其子丰绅殷德和公主订婚,势焰更炽。

和珅天性贪婪,任军机大臣24年,以聚敛财物为唯一目的。他贪得无厌,征求财富,急不可待。那些任督抚司道的地方大员,害怕受他倾轧陷害,不得不用车运载金银珠宝上门行贿。乾隆对于贪官的惩处,不能说不严,国泰、王亶望、陈辉祖等都是和珅的人,贪污罪状败露,和珅也无力解救,相继伏法。但杀的贪官愈多,贪风愈烈。因为贪官害怕陷于法网,便千方百计搜刮,然后贿赂和珅,以求自保。和珅常指使各路统领、将帅私报战功,以邀奖赏,然后以此为由,向他们勒索重贿,致使他们克扣军饷。各省奏折,必须写一个副本,先交到军机处,实际是先给他过目。科举取士,也成了他敛财的一条途径,他可以任意增减录取名额,也可任意颠倒录取名次。和珅受乾隆宠眷,经常出入宫禁,看到自己喜欢的东西,就私自拿走,从不向乾隆奏明。四方进贡之物,最好的都被和珅占为己有,差一点的才送进宫去。和珅的专权和贪婪,臭名远扬,连当时来中国的外国使者都知道。英国马戛尔尼使团来华后有如下记载:"这位中堂大

好大喜功的皇帝

——清高宗乾隆皇帝

人（指和珅）统率百僚，管理庶政，许多中国人私下称之为二皇帝。"和珅的贪婪和权势由此可知达到何种程度。乾隆严惩贪官，独不惩和珅，因而"诛极愈重而贪风愈甚"，"明为惩贪，其实纵贪"。

乾隆一死，嘉庆帝颙琰立即宣布和珅二十大罪，将他逮捕，并查抄了他的全部财产。查抄的家产共有109号，其中已估价者仅26号，值银二亿二千多万两，尚有83号没有估价，以比例推算，和珅的家产不下八亿两白银。甲午、庚子两次赔款总额，和珅一人的家产就足够了。当时政府岁收入仅七千万两，和珅当了20年的内阁大臣，其积累起来的财产比国家20年收入的一半还多，赃物之多，财产之富，令人不可思议！乾隆极为反贪，却纵容和包庇了一个如此大的贪官，而且是乾隆晚年贪风大盛的根子，不能不说是个莫大的讽刺。有史学家认为，和珅的专权和贪婪是清朝由盛转衰的最大原因，不无道理。

乾隆并不是个无道之君，也不是个糊涂皇帝，为什么会如此倚重和信任，甚至纵容和珅呢？此中原因，令人费解。一说是，和珅为人诙谐，虽位极人臣，却没有大臣风度，喜欢讲街市上的一些俗言俚语来取笑。例如，有一次在乾清宫演习礼仪，王公大臣中有不少长相俊美的，和珅便开玩笑说："今天好像是孙武教女子练兵。"又如，安南进贡一座金狮子。和珅见其底部是空的，便说："可惜是空的，要是实的，可以多得多少黄金。"和珅的贪婪粗俗，外国使臣都不禁发笑。乾隆正是喜欢和珅的这种诙谐和粗俗，把他作为可在身边排忧取乐的戏子弄臣，而不是辅佐大臣。另一说是，乾隆年轻时，曾深爱其父的一位妃子，这位妃子因和乾隆调情而被皇后处死，乾隆一直把这位因自己而死的、曾经使自己着迷的妃子放在心里。和珅模样非常像这位妃子，乾隆便把对这位妃子的爱转移到和珅身上。这是一种常有的心理现象。

自愿退位，高寿帝王

乾隆晚年，阶级矛盾日渐尖锐，人民起义不断。乾隆三十九年（1774年）山东王伦起义掀开了一系列武装起义的序幕。乾隆四十六年（1781年）甘肃循化（今属青海）发生苏四十三领导的撒拉族人民起义；乾隆四十七年（1782年）田五领导回民起义；乾隆五十一年（1786年）台湾林爽文领导汉族、高山族农民起义；乾隆五十九年（1794年）湖南、贵州苗民起义。乾隆就是在人民起义声中和吏治败坏的情况下迎来了他即位的第60个年头。但他自己却说："六十年间，景运庞洪，版图式廓，十全纪绩，五代同堂，积庆骈蕃，实为史册所罕觏。"在这里他完全无视人民的不满和反抗，也闭口不提吏治的败坏和他做的种种"无益害有益"的事。然而，也不能否认，60年间，他的确颇有作为，这是和他的才能和勤政分不开的。他大权独揽，勤于政事；他有较高的文化素养，他热爱汉文化，并有一定的造诣；他懂得蒙文、藏文、维吾尔文等多种民族文字，召见各少数民族王公贵族可不用翻译；他对喇嘛教经典也有研究；他精于骑射，直到78岁时才不骑马射箭。如果撇开他对西洋科学知识的无知，可以说，他是个文武双全的人才。他自己认为，在位60年，虽已85岁，仍精神康健，不至倦勤。但因他在即位时曾焚香告天：圣祖康熙在位61年，如果自己能在位60年，便传位嗣子，不敢达到祖父在位之数。这样，他便于乾隆六十年（1795年）九月在勤政殿召见王子、王孙和王公、大臣，下诏宣布册立皇十五子颙琰为皇太子，以次年为嘉庆元年，传位太子。次日，太

好大喜功的皇帝

——清高宗乾隆皇帝

子及文武大臣奏请等乾隆归天之后，太子再接位。乾隆回答自己曾焚香告天，不能更改。但归政后，军国大事，当然不能置之不问，仍要亲自指教。嘉庆元年（1796年）正月六日，举行授受大典，乾隆御太和殿。颙琰跪着从乾隆手上接过宝玺，即位为嘉庆皇帝，乾隆退位为太上皇。这时颙琰已经37岁了。

乾隆的权力欲望并没因退居太上皇而消失，仍紧紧抓住军国大事和用人行政大权，并不时御殿受朝，或以主人身份赐宴群臣，颙琰徒有皇上的虚名，实际上只是个陪侍的角色。颙琰还常常要去乾清门听乾隆教导。每月初一和十五还要去朝拜太上皇。颙琰还要"朝夕敬聆训谕"。中国历史上有好几个皇帝晚年成了太上皇，但像乾隆这样自愿退位又拥有不下于皇上的权力的，却是唯一的一个。乾隆当了三年太上皇，嘉庆四年（1799年）正月初三，卒于养心殿，终年89岁，谥曰纯皇帝，庙号高宗，葬于河北马兰峪裕陵，有子17人，女10人。

有心振作难回天

——清仁宗嘉庆皇帝

　　清仁宗爱新觉罗·颙琰，即嘉庆帝，是清高宗弘历的第十五子。生于乾隆二十五年（1760年），乾隆五十四年（1789年）被封为嘉亲王，1795年登位，改元嘉庆，在位25年。卒于嘉庆二十五年（1820年），终年61岁。庙号"仁宗"。

　　嘉庆帝是一位勤政图治的守成君王。他亲政后采取的一系列政策、措施，对于改变乾隆后期的种种弊政起了一定的作用，但没有也不可能从根本上扭转清代中衰之势。从嘉庆帝个人来说，他始终开不出一个根治日趋严重的腐化和怠惰的药方，对一大批"尸禄保位"的官僚只能警告、恫吓，最终徒呼奈何而已。他对西方殖民主义者的侵略有一定的认识，但是他所统治的这个日趋衰弱的、封建的古老国家，不可能真正有效地对付外来侵略者，此后只能沿着衰败的道路滑下去。

和珅跌倒，嘉庆吃饱

乾隆皇帝在位60年，先后立过三个皇太子。第一个是皇后富察氏所生的皇次子永琏。乾隆认为"永琏乃皇后所生，朕之嫡子，聪明贵重，气宇不凡"。他亲书密旨立永琏为皇太子，藏在乾清宫"正大光明"匾额后，但永琏9岁死去。第二位皇太子是富察氏所生皇九子永琮。

乾隆在永琏病故后，又立皇九子永琮，但永琮2岁时又因痘症早殇。第三位皇太子是皇十五子颙琰，这就是嘉庆皇帝。嘉庆四年（1799）正月，乾隆病逝于养心殿。当了3年嗣皇帝的嘉庆，从乾隆手中接过了那根梦寐以求而又十分沉重的权杖，开始亲掌政权。

嘉庆亲政后，为了遏制清王朝走向衰败的趋势，扑灭已成燎原之势的白莲教起义，他打起"咸与维新"旗号，广开言路，整肃内政，使嘉庆初期出现了一些新气象。

嘉庆对内政的整饬是从诛杀和珅着手的。嘉庆早在做皇子嘉亲王时，就对和珅不满。后来嘉庆被定为储君，和珅密知此事，于乾隆公布嘉庆为皇太子的前一天，送给嘉庆一柄如意，暗示自己对嘉庆继位有拥戴之功。嘉庆笑在脸上，恨在心里。但因和珅是乾隆的宠臣，老奸巨猾，朝廷上下，各种关系，盘根错节，不便动手。

嘉庆继位后，太上皇还健在。面对深受太上皇宠爱的老贼，嘉庆下了狠心，开始实施扳倒和珅的计划。嘉庆首先采取了欲擒故纵的策略。和珅的一举一动，他看在眼里，不动声色。有些大臣在他面前批评和珅，他却

大清帝王故事

为和珅说好话，说要靠和珅帮自己治理国家。嘉庆向太上皇奏报的军国大事，也经常让和珅去代奏、转奏，以此稳住和珅。

嘉庆四年（1799）正月初三，乾隆驾崩于紫禁城养心殿，嘉庆亲政。嘉庆在办理大行皇帝乾隆大丧期间，断然采取措施，惩治权相和珅。初四，嘉庆发出上谕：谴责在四川前线镇压白莲教起义的将帅玩嬉冒功，并借此解除和珅死党福长安的军机处大臣职务。

同时，嘉庆还命和珅与福长安昼夜守灵，不得擅离，切断他们与外界的联系。这实际上削夺了和珅的首辅大学士、领班军机大臣、步军统领、九门提督的军政大权。

正月初八，给事中王念孙等官员上疏，弹劾和珅弄权舞弊，犯下大罪。嘉庆当天没有采取行动，次日在公布乾隆遗诏时果断宣布将和珅、福长安的职务革除，下刑部大狱。同时，嘉庆命仪亲王永璇、成亲王永理等，负责查抄和珅家产并会同审讯。

皇帝的这一大胆举动在朝野掀起轩然大波，嘉庆解释说是和珅得罪了先皇，所以要在皇父大丧期间，处治这个先皇的罪臣。

初十，嘉庆御批"实力查办以副委任"，全面清查和珅大案，十一日，在初步查抄、审讯后，嘉庆宣布和珅二十大罪状：主要有欺骗皇帝、扣压军报、任用亲信、违反祖制、贪污敛财等。

十八日，在京文武大臣会议，奏请将和珅凌迟处死，将同案的福长安斩首。嘉庆谕示"和珅罪有应得"，就是说怎么严惩和珅都不过分，但考虑到他曾任领班军机大臣，为了朝廷体面，以康熙诛鳌拜、雍正诛年羹尧为例，赐和珅三尺白绫自裁。

在乾隆死后短短的15天里，嘉庆就把一个被先帝恩宠30年的"二皇帝"加以惩治，动作迅速，干净利索，宽严适当，十分成功。和珅被诛后，其余党皆惶恐不安，有朝臣上疏，力主穷追其余党。

嘉庆在除掉和珅后，马上收兵。嘉庆宣谕："凡为和珅荐举及奔走其门者，悉不深究。勉其悛改，咸与自新。"嘉庆的这道上谕，在顺利处置和珅案件中起了重要作用。

正是嘉庆宣布的"不肯别有株连"的明智政策，才做到了在以极端手段处理了和珅之后，"皇城之内，晏如平日，少无惊动之意"。嘉庆认为："求治之道，必期明日达聪，广为咨取，庶民隐得以周知。"故嘉庆即位之初，在"咸与维新"的旗号下，大力实施诏求直言、广开言路、纠错平冤、祛邪扶正的措施。

嘉庆亲政之日即颁发谕旨，要求"九卿科道有奏事之责者，于用人行政一切事宜，皆得封章密奏，俾民隐得以上闻，庶事不致失理，用副集思广益至意"。嘉庆还作了不会治罪直言者的保证："朕即令人尽言又复以言罪人，岂非诱之言而陷之罪乎？"

为了表明广开言路的诚意，嘉庆下诏重新处理了乾隆中后期两起因直言获咎的案件。其中一件是曹锡宝案。曹锡宝于乾隆初，以举人考授内阁中书，充军机处章京。乾隆二十二年（1757年）成进士，改庶吉士，历任刑部主事、郎中、山东粮道、国子监司业、陕西监察御史等职。

曹锡宝对飞扬跋扈、贪赃枉法的和珅深为痛恨，就以弹劾和珅的亲信刘全的方法，准备碰一碰这个权势熏天的"二皇帝"。由于乾隆的一力维护加上和珅得到风声后的销赃匿迹，所以步军统领派遣的官员到刘全家去搜查的时候，什么也没查出来。结果，曹锡宝被乾隆以"未察虚实，以书生拘迂之见，讦为正言陈奏"的罪名，将其革职留任。后来，曹锡宝一直没有翻过身来，于乾隆五十七年（1792年）郁郁而终。

嘉庆亲政后，对曹锡宝的所作所为及人格品性大加赞扬，指出："故御史曹锡宝，尝劾和珅奴刘全倚势营私，家资丰厚。彼时和珅声势熏灼，举朝无一人敢于纠劾，而锡宝独能抗辞执奏，不愧诤臣。今和珅治罪后，并籍全家，资产至二十余万两。是锡宝所劾不虚，宜加优奖。"嘉庆不但下令加恩追赠已含冤而死的曹锡宝副都御史衔，还破例给"其子江视赠官予廕"，"以旌直言"。

嘉庆下诏重新处理的另一桩案子是尹壮图案。

尹壮图，乾隆三十一年（1766年）进士。不久，授礼部主事，再迁郎中。后又考选江南道监察御史，转京畿道，再迁至内阁学士，兼礼部侍郎。尹壮图正直敢言，不畏权贵。他在和珅处于鼎盛时期，对由和珅一手经办、乾隆非常重视的"议罪银"制度提出了反对意见。议罪银是乾隆要那些犯有过失或根本没有过失的地方督抚、盐政、织造、税关监督等握有财政大权的官员，不断地向封建王朝和皇帝本人输送钱财的一种制度。这种议罪银的数额一次动辄以数万两、数十万两计算，主要由和珅经理议罪银的出入，通过专门的办事机构"密记处"检查议罪银的执行情况。和珅在大饱私囊的同时，通过监督实行议罪银制度，也为乾隆开辟了一条生财之道。

但是尹壮图可能并不知道乾隆与和珅的猫腻，大胆地在上疏中指出实行罚银充公的后果，一是纵官贪污营私；二是对真正犯有过失的官员也起不到任何惩戒作用，日久必然导致吏治的进一步败坏。尹壮图因此而请乾隆"永停此例"。乾隆对尹壮图的直言忠谏大为反感，以咄咄逼人的口气要尹壮图拿出因实行议罪银制度产生严重后果的证据来。常常以盛世之主自诩的乾隆，看了尹壮图的奏折，对尹壮图立即由反感转为了愤恨，责令刑部将其治罪。刑部比照"挟诈欺公、妄生异议律"判其坐斩决。后来乾隆可能觉得做得有点过分了，就又大发善心免了尹壮图死罪。尹壮图侥幸留得一条活命，但经此次磨难，已心灰意冷，无心从政。不久，即以母老乞归，退隐故居，退出了乾隆时期的政治舞台。

嘉庆十分清楚尹壮图一案的底细和来龙去脉。他认为像尹壮图这样的

有心振作难回天

——清仁宗嘉庆皇帝

"敢言之臣"是应该加以重用的。因此，他亲政后，立即令"尹壮图来京候旨擢用"。尹壮图内心的伤痕尚未平复，对乾隆的怨恨也未稍减，对嘉庆的动机也持怀疑态度，故仍以"母老乞归"，拒绝应召。嘉庆不仅没有因此加罪于尹壮图，反而赐其母大缎两匹，加尹壮图本人给事中衔，还赐其奏事折匣，"命得上章言事"。嘉庆的诚意消释了尹壮图的疑虑，终于应召至京。

不久，尹壮图即疏请嘉庆"拔真才，储实用"。为制止科场舞弊，尹壮图建议将"房考落卷送主司搜阅"。尹壮图的奏疏得到嘉庆重视，马上下令军机大臣议，只要是合理的建议，基本都得到了采纳。嘉庆在诏求直言时，不但果断地重新处理前朝冤案，大胆重用前朝弃臣，甚至还要求对他自己在用人行政方面的过失"随时进言，以资采纳"。并保证：听言一节"非徒博纳谏之虚名，言行相顾，始终不渝"。当时，嘉庆对大臣的当面谏诤尚能保持面不改色，以平和的态度接受。

嘉庆亲政后，以这些实际行动，表明了诏求直言、祛邪扶正的决心。这样，在亲政后的一段时间里，出现了"下至末吏平民，皆得封章上达，言路大开"的局面。

神武遇刺，事变频生

嘉庆八年（1803年），皇帝在自己的家门口遇刺了。谁也没想到凶手居然是一个八竿子也戳不着的平民百姓陈德（一说成得或成德）。

陈德一生被压在社会的底层，跟官服役，饱尝人间辛酸，亲眼看到了皇宫贵族的腐朽生活，更加认识到社会的不公平，从而激发了反抗情绪。

恰逢他被主人解雇，断绝了一线生路，"心里愈觉气愤"。又看见街上以黄土垫道，得知嘉庆二十日斋戒回宫，决心届时进宫谋刺皇帝，他打算"犯了惊驾之罪，必将我乱剁死，图个痛快，也死个明白"。

这天早晨，陈德怀揣小刀，带着年仅15岁的儿子陈禄儿潜赴神武门，隐蔽在西厢房南山墙后，只等嘉庆的到来。不久，皇帝在大队人马的簇拥下进了神武门，下轿后正待步行至顺贞门时，陈德猛地冲出，手持小刀，直扑嘉庆。

这突如其来的袭击，吓得嘉庆皇帝匆忙逃入顺贞门，不敢回视一眼。守护在神武门内东西两侧的100多名侍卫、护军，个个竟呆若木鸡。只有御前大臣定亲王绵恩、乾清门侍卫丹巴多尔济等数人上前拦挡捉拿。

皇帝以失察的罪名，把护卫守候在神武门和东华门的17名文武官员分别给予罚俸、发往热河披甲当差的处分。

后来，紫禁城又发生了一件遇袭的事。

话说天理教属于白莲教支派，是京畿大兴县人林清和河南滑县人李文成、冯克善等联合成立的一个民间秘密宗教。基本教众是贫苦农民和小生产者，也有少量的小地主和下层官吏入教。

嘉庆十六年（1811年）秋天，西北天空出现彗星。钦天监说这象征着会有战争，于是报告嘉庆将嘉庆十八年闰八月改为十九年闰二月。天理教教徒因此附会说，闰八月不吉利。又因为天理教的经书中有"二八中秋，黄花落地"之说，于是天理教教徒更将其神秘化，说根据星象应在九月十五日午时，乘嘉庆去木兰秋狝时，占领京城。

嘉庆十七年（1812年）正月，各地教首聚会于滑县的道口镇，决定"以十八年九月十五日午时起事"。嘉庆十八年（1813年）八月底，由于滑县天理教铸造军械机密失泄，李文成被知县强克捷逮捕入狱，打断双腿。李文成的党羽因为事情紧急，没有等到约定的期限，就在九月初七那

天聚众3060多人，一举攻下滑县城，救出李文成等人，提前造反，知县强克捷被迫自杀（一说被杀）。

直隶的长垣、东明，山东的曹县、定陶、金乡等县同时起来杀死官员，包围县城，成功拿下曹县与定陶县城。嘉庆在途中听到造反的消息，当即命令直隶总督温承惠派兵前去镇压。由于清军的堵截拦阻，起义队伍未能迅速北上。

而林清此时在北京，对滑县之变毫无所知，仍然按照原定计划进攻紫禁城养心殿。此时，正在上书房读书的皇次子旻宁（即后来的道光帝），闻变戎装上阵，登城垣，"发鸟铳殪之，再发再殪"。皇三子绵恺紧随其后，冲到苍震门，也发枪射击。午后，留京的礼亲王昭琏等人带兵由神武门增援，又临时将准备派往滑县镇压李文成起义的1000多名火器营官兵调入宫内狙击起义军，终把这一小支起义军镇压下去。

嘉庆帝正在热河围猎。闻讯后，曹振镛劝嘉庆一定要保持冷静，内阁大臣董诰极力请求嘉庆回京，甚至掉了眼泪（这就是"庸庸碌碌曹丞相，哭哭啼啼董太师"的由来）。嘉庆马上启程回京，并派吏部尚书英和先行处理善后事宜。

十八日，嘉庆帝草拟了"罪己诏"，哀叹这次"变生肘腋，祸起萧墙"，实为"汉唐宋明未有之事"。然后说："旻宁系内廷皇子，在上书房读书，一闻有警，自用枪击毙二贼，余贼始纷纷潜匿，不敢上墙，实属有胆有识。朕垂泪览之，可嘉之至，笔不能宣。宫廷内地，奉有祖考神御，皇后亦在宫中。旻宁身先捍御，护保安全，实属忠孝兼备，著加恩封为智亲王。"

十九日，嘉庆帝回到北京，诸王大臣迎驾于朝阳门内。皇帝感慨地说："我大清以前何等强盛，今乃至有此事！"众大臣也都呜咽痛哭。

这次起义使清朝的最高统治者第一次认识到，自入关170年来，清朝

大清帝王故事

的统治已经开始潜藏着巨大的危机。嘉庆回宫后颁布"罪己诏"，承认这次起义"祸积有日"，但又把"当今大弊"归因于"因循怠玩"四字，同时声称要把起义者斩尽杀绝。

九月二十三日，嘉庆亲往中南海丰泽园审讯了林清和太监刘得财、刘金。廷讯开始，嘉庆先命将刘得财、刘金二人带来，斥问为何"萌此逆谋"，并将二人夹打后处决。接着提审林清，林清在重刑面前毫无畏惧，坦然承认此次进攻紫禁城的目的就是要把皇帝赶回关东。

嘉庆皇帝在遇到上述两次变故之后，为了吸取教训，防患于未然，决定加强京师特别是紫禁城的防卫措施，以保证"大内"更加"固若金汤"。他的主要措施是：严密保甲法；搜缴1000本"奸盗邪淫"书籍，披阅后于殿廷烧毁；对太监严加管束，禁止随便走出紫禁城；不准八旗宗室、旗人居住城外；在京师城内及紫禁城、圆明园增设哨卡，添置、整修防御工事和设备，增加驻防军队；严格紫禁城内值班大臣的交接班制度；等等。

十月，嘉庆将温承惠撤职，派陕甘总督那彦成取代。那彦成、杨遇春到达卫辉，攻打道口，将道口占领了。同时山东运使刘清、代理直隶总督章煦也把境内"教匪"肃清。而滑县城墙坚固，粮草充足，一时攻不下来。那彦成便与工部侍郎护军统领庆祥、陕西提督杨遇春、西安将军穆克登布、副都统富僧德、徐州总兵徐洪率领各路人马围攻滑县。十一月，李文成出走辉县司寨，想招集党羽，扰乱官兵后方，但被总兵杨芳追上，便放火自焚。十二月滑县县城被攻下，活捉"教匪"牛亮臣等人，将他们处死。

三省刚刚平定，陕西南山木商的工匠又因饥饿而罢工、抢劫，聚众数千，将城镇焚毁。巡抚朱勋向嘉庆报告"教匪"再度闹事，嘉庆命令长龄、杨遇春率兵前去镇压。

以后各地又陆续发生多起起义暴乱。

有心振作难回天
——清仁宗嘉庆皇帝

整顿吏治，收效不大

太上皇乾隆犹在时，嗣主嘉庆就面临着兵事、河漕、吏治三大困境，其中又以吏治首当其冲。

只要吏治搞好了，兵事不难成功，河漕亦不难理顺。对于这个关乎全局的核心问题，嘉庆心里很清楚，他之所以迅速诛除和珅，就是要为整饬吏治开路。他之所以公开承认白莲教起义是"官逼民反"，也同样是为整饬吏治造成一种舆论声势。

与此同时，许多有识之士对整饬吏治的呼声亦很高。像洪亮吉在《平邪教疏》里，就"吏治宜肃"列为四大要务之一，他尖锐指出：虽稍有"邪教"，州县府官们既不能化导于前，及事已萌发，又借"邪教"之名诛求之，不逼至为"贼"不止。

清朝俗例，凡督抚大臣进京觐见，必呈献贡物，借此邀宠，京中大吏亦循此例。于是，海内奇珍，充陈内府，阉寺权奸从中渔利。乾隆朝曾两次明令禁止。然而，由于乾隆帝自身的逸侈、宠臣和珅的揽权受贿等诸多原因，煌煌圣训，形同具文。

为了遏制奢侈之风，嘉庆遵循老师朱珪"君心正而四维张，朝廷清而九牧肃。身先节俭，崇奖清廉，自然盗贼不足平、财用不足阜"的教诲，"躬行俭德为天下先"，企图为各级官员作个榜样。

嘉庆十四年（1809年），嘉庆在为巡幸五台山颁发的谕旨中规定，不准在途中及山下设置诸如戏台、杂技、假山、假亭一切点缀，庙前不准设戏台演戏。

嘉庆十六年（1811年），嘉庆已年满50岁，御史景德奏请按例在他的万寿节时，城内演戏设剧10日。嘉庆帝十分不满，降谕训斥，并将景德革职，发往盛京派当苦差，同时，嘉庆帝严令各地不许在他寿辰之日广陈戏乐，亦不准办理庆典。

嘉庆在亲政时，还降旨永远禁止于内城开设戏园。

嘉庆帝当政20余年，始终节俭如一。他力图以自己的行动，使海宇渐还吕朴，用心可谓良苦。无奈，他的所作所为并没有感动文武百官，奢侈之风历嘉庆朝而有增无减。他在给皇子旻宁的密谕中，痛陈自己无力除却奢侈之风的不能以言之的苦衷。他告诫子孙："必当力除此弊……后世子孙若能体朕之心，法朕之行，成朕未竟之事，造次无忘不迩声色之谕，即我大清万世、天下臣民之福也。"

乾隆中叶以后，吏治的败坏除了奢侈、粉饰升平，还表现为各级官员的怠惰偷安、萎靡不振、尸禄保位。

当时，"政以贿成，人无远志，以疲软为仁慈，以玩愒为风雅，徒博宽大之名，以行徇庇之实"。各部院衙门，"诸臣全身保位者多，为国除弊者少；苟且塞责者多，直言陈事者少。甚至问一事则推诿于属员。自言堂官不如司官，司官不如书吏"。各督抚，"或于应办事件借口行查，经年累月尚未完结，其废弛积习尤为牢不可破"。

嘉庆帝视各级官员的怠惰疲玩、萎靡不振为国家之隐忧，因此力戒怠惰偷安的官风。嘉庆身体力行，勤于政事，"一日万机，罔敢暇逸"，"勤求治理，唯日孜孜"。他每天一大早就起身批阅奏章，早饭后还召见大臣。关于政务，对拖拉延搁的现象严惩不贷，即便是耽搁一两日也不允许。嘉庆十三年（1808年）四月，皇孙出世，内阁考虑到嘉庆帝正为此高兴，怕送奏章影响他，但嘉庆帝知道后就对这种做法进行了斥责。

有心振作难回天
——清仁宗嘉庆皇帝

嘉庆还对不负责任造成巨大损失的事件进行了查处。嘉庆十一年（1806年）八月，直隶布政使庆格具奏，揭出司书王丽南等私雕假印、舞弊营私的情况。嘉庆帝闻悉，令协办大学士费淳、尚书长麟驰驿往查。九月，费淳等调查结束，查明自嘉庆元年起至十一年（1796—1806年），地丁、耗羡、杂款项下俱有虚收虚抵、重领冒支等弊，计有24个州县共侵盗银310600余两。

　　查清直隶官员司书串通舞弊案，使嘉庆帝十分震惊。其作案手段的恶劣，州县官吏的目无法纪、肆无忌惮，实在到了令人吃惊的地步。他决心对此案从严加重办理。最后各以其任内虚收数目的多寡，将直隶历任督抚颜检、瞻柱、胡季堂、梁肯堂、陈大文等分别治罪。嘉庆十四年（1809年）五月通州粮仓吏胥舞弊，白米多有亏缺。十五年（1810年）正月嘉庆帝斥责部院衙门因循怠玩。二十三年（1818年）十一月，嘉庆帝又下令查部院疲玩现象，十二月初九规定了部院行查时间逾限处分：嗣后逾限1120案，罚俸6个月；逾限2140案，罚俸2年；逾限4060案，降一级留任等。二十五年（1820年）兵部失印，他下令追查，处置了犯罪人员。

　　嘉庆在亲政之初，雄心勃勃，锐意进取。在"咸与维新"旗号下，对朝政多所更张，这对于遏制清王朝的衰败是必要的。不过，从总的方面来看，嘉庆的"咸与维新"，没能解决各种社会弊端，清王朝也没有因嘉庆的"咸与维新"而重新显露生机。究其原因，首先是封建社会衰落疲败的历史必然性，注定了嘉庆"维新"失败的命运；其次，嘉庆对"维新"的首鼠两端、三心二意，则是导致"维新"失败的主观原因。

　　尽管嘉庆是个失败的"维新"者，但嘉庆初年的"咸与维新"，在对嘉庆朝政进行总评价时，是不能视而不见的。同时，嘉庆初年失败了的"维新"活动，也为后人提供了一些重要的借鉴。

整顿河防，治理漕运

河防日坏，河患愈烈，这是乾隆皇帝扔给嘉庆帝的又一大难题。

嘉庆元年（1796年）六月，河决丰汛，冲开南运河佘家庄堤，由丰、沛北注金乡、鱼台，漾入微山、昭阳各湖，穿入运河，漫溢两岸，江苏山阳、清河等多处被淹。南河总督兰第锡拟导水入蔺家山坝，引河分达宿迁诸湖，泄水仍入河下注，于漫口西南挑挖旧河，引流东趋入正河，并绘图上奏。

与此同时，嘉庆了解到山东布政使康基田经理河务有年，治河成绩尚著，便派康基田"前赴工所会勘筹办"。

嘉庆八年（1803年）九月十三日，黄河在河南封丘衡家楼段决口，这可以说是嘉庆期间河工的一件大事。这次决口来得十分突然，因当时"已过霜降，水落归槽，方期各工巩固"，水势来得非常凶猛，"南岸滩咀逼溜北趋，以致堤根刷陷"，开始时过水30余丈，数日间塌宽竟至500余丈，"势如建瓴，以致掣动大溜，甚为浩瀚"。东北由范县一直到张秋，穿运河东趋盐河，经利津入海。直隶长垣、东平、开州等地都是洪水泛滥成灾。

当嘉庆帝接得署东河总督稽承志的飞报后，非常重视，立即采取了特急措施，委派吏部尚书刘权之、兵部右侍郎那彦成驰赴河南勘办，于一切有关溜势、抢筑、堵口、灾情以及蠲赈的奏报，均破例许以五百里奏闻。

事实证明，决口之所以能顺利合龙，与嘉庆帝亲自部署抢修关系重大。在这段时间里，嘉庆帝几乎全力以赴，监督饬令抢险救灾的相关事宜。

嘉庆帝曾自称是"宵旰系怀，无时或释"，难怪他的部署安排，考虑得如此细致具体。

在认真治理黄河的同时，嘉庆帝还对漕务之弊进行了认真的处理，这主要是围绕漕粮浮收问题展开的。

乾隆中期以后，漕政日趋腐败，勒索陋规的问题严重，漕务之弊：一是对农民的敲诈，如收粮时用大斛克扣外，又有如"淋尖""踢斛""捉猪""样盘米""贴米""水脚费""花户费""验米费""灰印费""筛费""廒差费"等诸多名目的勒索，"总须二石五六斗当一石"。二是漕务官员肆意贪污，勒索漕规，"每办一漕，额多之州县官立可富有数十万之巨资"。因此人民所受额外剥削极为繁重。

至嘉庆初年，漕粮浮收问题更加严重，有"每石加至数斗及倍收者，所收未至三分之一本色已足，则变而收折色。小民不肯遂交折色，则稽留以花销其食用，呈验以狼藉其颗粒，使之不得不委曲听从。虑上司之参劾也，则馈送之；又虑地方讼棍之控告也，则分饱之"。又承办采买之弊，上司发价既克减于前，纳仓又浮收于后，美其名为出陈易新，核其实则倍出倍入。上司知其然也，领价则多方扣之；吏胥利其然也，交价又从中侵之。当时，"利归州县十二三，利归丁胥差役十七八。每办一漕，以中数言之，门丁、漕书各得万金，书伙以十数，共二三万金，粮差正副三五十人，人二三百金。又一二万金粮书二三百人，人一二百金，又三四万金受规上下诸色人等在外，民膏安得不竭，国课安得不亏！"因此，漕粮浮收问题成为引起江南社会矛盾激化的一个重要原因。

嘉庆二十年（1815年）九月，陶澍奉旨巡视江南漕务。陶澍离京后，

大清帝王故事

沿途明察暗访。一个月后，他抵达江苏清江浦。一听说巡漕大臣来了，办理漕政的官吏大都前去拜访送礼。陶澍以旅途劳累为由，一个也不接见，但将礼物全部收下了。10天后，陶澍已掌握了漕官的清廉或贪贿状况，宣布接见所有办漕官吏。升堂后，师爷宣读了送礼官员名单和礼品礼金后，贪官们满头大汗，不敢抬头。宣读完毕后，陶澍一拍惊堂木，针对送礼的官员说："尔等凭俸禄哪有上千银两送礼，分明是敲诈勒索、贪赃肥己。今日暂不治尔等之罪，但所送财礼全部没收，发回地方作为修建书院经费。"然后，他对全体漕官说："各处所欠漕粮，限一月之内交割清楚，违者从严惩办。"一个月后，陶澍再次升堂议事，宣布将所有官员分为三等：凡漕粮任务如期完成，又未送礼的，定为上等，申报朝廷，官升一级；漕粮任务完成好，但送了礼的，记过一次，定为中等，不奖不罚；对两名自认为有后台、称病不理漕务，又有贪贿行为的官员，定为下等，革除官职，强令变卖家产，赔偿历年贪污亏欠的漕银。这样一来，漕务大有起色。据记载，陶澍巡漕"仅半载而办五百万石之米，为前后十余年所未有"。特别是漕官不敢再贪污勒索，这大大减轻了老百姓的负担。

但漕粮浮收之弊最终没有得到根本性解决，失败的原因是多方面的。尽管嘉庆的出发点很好，采取的措施应该说也系统全面，之所以仍不能杜绝漕粮浮收问题，自然有其制度方面的根本缺陷，这就是漕运制度的不完善或违背价值规律所致。

有心振作难回天
——清仁宗嘉庆皇帝

加强海防，查禁鸦片

　　嘉庆帝在当政的20多年中，除了着力于内政的整饬和全力扑灭农民起义外，由于西方资本主义势力的东侵，他也不得不处理棘手的同资本主义国家的关系问题。

　　嘉庆十年（1805年），英国有4艘护货兵船来到了广州，同时还给大清皇帝带来一封英王书信，信中表示英国愿意出兵帮助大清剿除起义军。嘉庆帝对英国的这个举措表现出高度的警惕，对英王文书中的出兵意向，他明智地加以拒绝，表示："海洋地面，番舶往来，原应内地官兵实力查缉，焉有借助外藩消除奸匪之理？"同时，嘉庆还谕令粤督倭什布严密防范："护货兵船向来必有湾泊处所，总当循照旧规，勿令任意越进为要。"

　　嘉庆十三年（1808年）九月，英国又借口帮助澳门葡人抵御法国，将带有炮械火药的4只兵船停泊在香山县属鸡颈洋面。随后这些兵船的300名英国士兵，公然在澳门登陆，占领了澳门东西炮台。后来，英舰见广州毫无准备，竟将兵船驶进澳门，停在黄埔，有一些士兵驾坐着三板船至省城外，总兵黄飞鹏一看有外国士兵乘船靠近，便向那几条船开炮示警，轰毙英兵1名、伤3名，英军被迫陆续撤退。嘉庆帝接到澳门传来的奏报十分重视。为此，他严正声明："葡人与法人互相争杀，是他们之间的事，只要不妨碍我大清国，我们并不过问。但是，无论是中国还是外藩都各自有一定疆界，我大清的兵船可从来没远涉外洋，到你们那屯兵驻扎。"

嘉庆十四年（1809年），贸易季节来临时，嘉庆帝指示新任粤督百龄：英吉利"素性强横诡诈"，"于本年该国货船到时，先期留心侦探，如再敢多带夷兵欲图进口，即行调集官兵相机堵剿"。

　　这件事过后，英国护货兵船并没有把嘉庆的警告当回事，仍不遵定制，不仅不停泊外洋，有时甚至将兵船驶至虎门。十九年（1814年）二月，嘉庆帝令现任粤督蒋攸铦：如果英船再违定制，就向他们开炮。同年，他批准了蒋攸铦提出的防备方案，采取"坚壁清野"的措施；对中外贸易交往作了以下规定：严禁民人私为夷人服役；洋行不得搭盖夷式房屋；铺户不得用夷字店号；清查商欠不得滥保身家浅薄之人承充洋商；不准内地民人私往夷馆。在加强广东方面防备的同时，对居住京师的外国人也加强了管理。这些措施都是在英国兵船屡犯广东之后采取的，因而具有正当的防卫性质。

　　对于外敌入侵，嘉庆帝一直态度鲜明：人不犯我，我不犯人；人若犯我，我必犯人。对于从乾隆朝以来已逐渐成为社会公害的西洋鸦片流毒，嘉庆帝更是主张严加禁止。他对鸦片流毒造成的危害有清醒的认识。嘉庆十五年（1810年），广宁门巡役查获身藏鸦片烟6盒入城的杨姓烟贩，嘉庆帝严谕指出："鸦片烟性最酷烈，食此者能骤长精神，恣其所欲，久之遂致戕贼身体，大为风俗人心之害，本干例禁。该犯杨姓，胆敢携带进城，实属藐法，着即交刑部严审办理"，并要求各部门及粤海关严行稽查。他根据当时"嗜食者颇多，奸商牟利贩卖接踵而来"的严重情况，采取一系列严厉措施加以禁止。

　　十六年（1811年）三月，因湖北巡抚钱楷上疏力陈烟害，嘉庆帝再次指出："鸦片烟一项，流毒无穷，无赖匪类沉迷癖嗜，刻不可离，至不惜以衣食之资，恣为邪癖，非特自甘鸩毒，伐性戕生，而类聚朋从，其踪迹殆不可问，大为人心风俗之害。"并要求各海关严加禁遏，一旦案发，

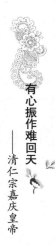

"失察卖放之监督及委员吏役人等一并惩办不贷"。

嘉庆十八年（1813年）七月，嘉庆"申禁私贩鸦片烟，定官民服食者罪"。

嘉庆二十年（1815年）春天，两广总督蒋攸铦和广东巡抚董教增联合建议制定《查禁鸦片烟条规》。

嘉庆帝对鸦片的严厉禁止，在当时对抑制鸦片的泛滥起到了一定的作用，对道光朝的禁烟运动也产生了深远的影响。

可惜的是，大批朝臣官员们在吸食鸦片中欺上瞒下，一边禁毒一边吸毒，禁烟运动就成为"贼喊捉贼"的官场游戏。除禁烟外，嘉庆对外商偷运白银出洋问题亦高度重视。嘉庆十九年（1814年），苏勒额奏称：洋商每年将内地足色银两私运出洋，复将低潮洋钱运进中国，任意欺蒙商贾，以致内地银两渐形短绌，请严加禁止白银出洋。嘉庆帝认识到，若将内地银两每年偷运出洋百数十万，岁积月累，于国计民生均有关系，于是命令粤督立即查明每年洋商偷运白银出洋的实数，订立章程，严密禁止。

一意守成，国运难兴

中国自古东临太平洋，北接荒无人烟的西伯利亚，西北是塔克拉玛干大沙漠，西南为喜马拉雅山，在这样一个封闭的环境之内生存，养成了国人含蓄内敛、保守中庸、消极忍耐的农耕性格。故历朝封建政府皆重农抑商，重伦理文采、轻科技实用，拒绝蓬勃的商业发展。

嘉庆自然也不例外。

嘉庆十四年（1809年）八月，直隶提督薛大烈等查获民人路成章私运大批生铜，据称系购自八沟那个地方，本来打算运到京城里去卖掉的。此事居然也惊动了日理万机的嘉庆，竟将此列为要案，亲自进行处理。他立即指示薛大烈即日赶赴八沟，尽快查明该地是否确有铜矿，是否有人违禁私挖，抑或是贩自别地。

薛大烈倒也聪明，他很快就联想到嘉庆六年平泉州四道沟曾呈请开采铜矿而未获准之事，随即查实这批私运生铜确实是从四道沟私挖之矿所得。薛大烈马上又跑到四道沟，将私采铜砂的徐振等人拿获归案。

此案从发现至审结，嘉庆一抓到底，突出地体现了一个"严"字。

嘉庆十一年（1806年）十一月，科布多参赞大臣恒伯奏称："洪果尔托洛海山产煤甚旺，民人内有情愿前往挖取者，请旨限以30人前往开采。"嘉庆则立即批驳说："所奏非是。关外蒙古地方，向无开挖煤窑之例。洪果尔托洛海山在扎哈沁牧界以北，伊等平日虽不在彼住牧，如准民人挖煤，相沿日久，民人积众，难免不滋生事端。所奏不准行，并着申饬。"

嘉庆的关外垦荒政策，与他的禁矿政策一样消极和僵化。虽然他很重视农业，但他只许百姓在关内耕地，而禁止流民到关外垦荒。

嘉庆十三年（1808年）九月，为了进一步严格控制内地民人出关耕垦，由盛京将军富俊负责制定了新的章程，规定关内民人出山海关至奉天所属各地，除得有原籍发给的关照一张，填注姓名及所住处所，到关验明放行外，还应有随身护票一张备查。若出山海关至威远堡法库边门外，则应有原籍关照两张，一照山海关存留，一照边门存留。经户部议复，准予施行。

至于章程规定，从嘉庆十四年（1809年）正月开始，将各处民人户口、地亩，责成通判、巡检、地保等分别立限详报，以防续有流民前往籍

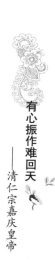

有心振作难回天
——清仁宗嘉庆皇帝

户诡添情弊。户部则认为此项规定尚不严密，应勒令该将军按每一季度派员清查一次，将有无增添之处，具结报部备查。

嘉庆立即批准了户部议复的章程，同时指出："盛京地方设立边门，原所以稽查出入，用昭慎重，若听任流民纷纷出口，并不力为拦阻，殊非严密关禁之道。嗣后着照该部奏定章程，交该将军严饬守口员弁，实力巡查，并出示晓谕各处无业贫民，毋得偷越出口私垦，致干例禁。"

这在嘉庆一朝禁止流民出关私垦诸章程中，属内容最为详尽、措施最为严密的一个。

如果禁止开矿、禁止关外垦荒等政策只是嘉庆重农抑商或防止流民作乱的手段，那么限制货物出口和进口则是闭关自守政策的继续，它保护了封建经济，隔绝了人民与外界的往来和交流。但这种保守、消极的对外贸易政策，既不利于社会经济的发展，也不利于国力的增强。

当然，这并非嘉庆的首创，而是乾隆以来所实行的"闭关政策"的延续，同时，自给自足的自然经济，就是这种保守政策的牢固基础。

嘉庆嗣位后，严守乾隆所定下的一口通商的僵硬政策，丝毫没有松动的余地。即使在广州港，也并非实行完全的自由贸易，除了由公行实行垄断外，还有诸多的清规戒律，一般是规定外国商船于每年五六月间抵粤，泊黄埔换货，限于当年九十月间回航返国，即使账目未清，亦须在澳门住冬结算。所以当时的广州港，充其量也不过是一个季节性的贸易市场而已。并且广州港的贸易对象，虽无明文规定，但实际上主要是对欧美商人开放，至于像北方的俄国等，则显然是被排除在外的。

嘉庆十年（1805年）十月，沙俄两艘商船经海道南航，先后驶抵广州港。这些不速之客的到来，给粤海关及当地官员出了一道难题。当时即将卸任的粤海关监督延丰，虽然知道"该国向在恰克图地方通市"，但鉴于船货已到，而且俄国商人的意图只在"省费图利"。恰好当时即将卸任的两广总督那彦成，远在潮惠一带巡视，不在省城，而新任粤海关监督阿克当阿又已到任，即将进行交接，延丰为避"意存推诿"之嫌，遂在征得广东巡抚孙玉庭的同意后，特意给予通融，在委派员弁的弹压稽查下，准令俄商在黄埔卸货。延丰觉得自己这样处理是尽职尽责的，又是合情合理的，只是对于以后如何处理类似事件，心中还没有多大的把握，于是上折奏闻，恳请嘉庆给予训示。

可是，他万万没有想到，嘉庆看到奏折后，大发雷霆，斥责延丰"专擅乖谬"，"所办粗率之至"，下令对此事严加追究。

没过几天，嘉庆急谕吴熊光："该商船如尚未卸货，即令停止纳税"，并晓该商，现奉有大清皇帝谕旨，通市贸易，本有一定地界，不可轻易旧章，着即将船只货物驶回本国，不许在广逗留，亦不许转往别处港口通市。

嘉庆所背的"处处防夷"的思想包袱极重，以至于疑神疑鬼，把一些在普通商业贸易中出现的问题，也作为对外的政治问题去处理，致使君臣之间的处理意见严重脱节。因此，过错并不在于粤省地方官员，而在于嘉庆的指导思想过于保守。

嘉庆十六年（1811年）十二月，嘉庆帝颁布了《御制守成论》，文中称："后世子孙，当谨循法则，诚求守成至理，以祖宗之心为心，以祖宗之政为政，率由旧章。"嘉庆帝谨守他父亲的闭关自守政策，这虽然有利于封建专制主义的维护和巩固，但对于中国社会的发展却起着严重的阻碍作用，影响了中国学习世界先进的思想文化与发达的科学技术，致使中国在世界前进的行列中逐渐落伍，处于被动挨打的地位。

嘉庆二十一年（1816年），英国以阿美士德为首的使团来华，嘉庆因为对方没有向自己三拜九跪就把人家撵走了，还写信给英王说，不懂礼仪就不要再派使团来，他不稀罕奇巧礼物。

有心振作难回天
——清仁宗嘉庆皇帝

嘉庆帝在位时期正是18世纪末19世纪初，当时英国的工业革命已经进行几十年了，但嘉庆帝对此一无所知，继续严守先君之制，重本抑末，闭关自守，压制各地工矿业，清朝只能沿着衰微的道路继续走下去。

　　嘉庆二十五年（1820年）七月，嘉庆帝在西部边陲不断传来的张格尔叛乱的报警声中，病逝于避暑山庄，享年61岁。

炮声打断中兴梦

——清宣宗道光皇帝

　　清宣宗爱新觉罗·旻宁，即道光帝，是清朝入关后的第六代皇帝，生于乾隆四十七年（1782年9月16日），卒于道光三十年正月十四日（1850年2月25日）。在位30年，终年69岁。庙号宣宗，葬慕陵。

　　才智平庸的道光帝徒以俭德著称，他处于历史转折的关键时刻，"守其常而不不知其变"。来自东南海上的鸦片流毒和英军入侵，使他寝食不安。他想严厉禁烟，也曾下决心抗击侵略者，但他不知道英国来自何方，不知殖民主义为何物。平素无知人之明，临危无应变之策，以致战守茫然，毫无方略，只能在自恨自愧中顿足叹息，结果忍辱接受英国的城下之盟，签订了近代史上第一个不平等条约——《中英南京条约》。

　　道光帝柄政30年，朝纲独断，事必躬亲，但内政事务，如吏治、河工、漕运、禁烟等均无起色。勤政图治而鲜有作为，正是他一生的悲剧所在。

新帝登基三把火

　　嘉庆二十五年（1820年）七月，嘉庆帝病逝后，经过一番周折，近侍找到了藏在大行皇帝身边的镭匣御书。八月十二日，嘉庆帝的灵柩从避暑山庄起运回京。八月二十七日，旻宁正式即位于太和殿，颁诏天下，改第二年为道光元年。

　　即位之初，道光就利用文字疏漏，动手收拾前朝勋旧权臣，调整军机大臣班子。道光抓住机会先收拾了托津和戴均元。军机大臣托津和戴均元二人是嘉庆遗诏的撰拟者，又是公启镭匣者。他们在热河所拟的遗诏中，有乾隆帝生于避暑山庄之语。此说与《清高宗实录》所载乾隆帝生于雍和宫不同，却与民间逸闻合拍。事发之后，道光龙颜大怒，令军机大臣明白回奏。军机大臣声言是根据嘉庆《御制诗文初集》的诗注撰写的。诗注称乾隆帝于辛卯岁诞生于"山庄都福之庭"。道光断然否定这种解释，他说，其语意"系泛言山庄为都福之庭，并无诞降山庄之句"，当日拟注者系误会诗意。于是，原来的军机大臣一律交部严议，托津、戴均元都受到处分，罢军机大臣、降四级留任。另两位军机大臣卢荫溥和文孚虽然留任，亦受到"降五级，六年无过，方可开缺"的处分。

　　经常出入宫廷、从事文字事务的臣子们见道光帝如此注意文字，均为之震惊。曹振镛是一个"历事三朝，凡为学政者三、典颖会试者各四"，"殿廷御试，必预校阅，严于疵累忌讳"的人，此时他提出"抽阅数本，见有点画谬误者，用朱管描出"的办法来抽查控制臣僚思想，这自然很容

大清帝王故事

易被道光接受，继而形成风气。这是道光即位后处理的第一件大事，然而却是一个不好的开头。

道光帝即位后第二桩大事是镇压张格尔叛乱。嘉庆时，随着吏治的日益腐败，清廷派往新疆地区的办事大臣、领队大臣及侍卫、章京人等，"或意存见小，子女玉帛，嗜欲纷营，又役使回人自恣威福"。这些满族大员，还与当地伯克相勾结，"敛派回户，日增月盛"，"赋外之赋，需索称是，皆章京、伯克分肥，而以十之二奉办事大臣"。清廷驻新疆各级官员和回部上层分子的倒行逆施，横征暴敛，激起回部人民的强烈憎恨，他们反抗贪官污吏的事件不断发生。张格尔（准确音译应为"江罕尕尔"）系乾隆时因叛乱被诛的大和卓木波罗尼都之孙。他起初匿居于浩罕，后在喀布尔。在英国殖民者的支持下，他长期以来即在南疆进行活动，"以诵经祈福传食部落"。

张格尔向浩罕汗国的玛达里汗透露，说他祖父波罗尼都当年撤离喀什噶尔时，曾在城西的"古勒巴格要塞"的地底下埋藏了无数的金银珠宝，企图以此引诱浩罕出兵助他复辟。但浩罕当局远不是那一点儿私人窖藏就能喂饱的，况且玛达里汗认为出兵清朝的时机也不成熟；为了不引起清朝的怀疑，便佯作姿态将张格尔扣押起来。但不久，却又听任张格尔"逃出"浩罕首府。

张格尔等不及了。玛达里汗对他明擒实纵，是对他行动的默许和支持。他立即着手网罗党羽，窜入帕米尔的深山老林之中。嘉庆二十五年（1820年）九月，张格尔利用南路参赞大臣斌静荒淫无度、回部离心的机会，纠众数百，袭击清朝卡伦（边防站）。清军有少量伤亡。

当时，喀什噶尔边境山区的柯尔克孜首领苏兰奇出于爱国之心，向喀什噶尔参赞大臣报告了这一敌情。参赞大臣斌静是个昏庸的贪官，听了之后并不在意。等到清军卡伦守军再次向他报警后，他这才感到事态严重，

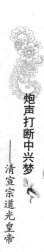

炮声打断中兴梦
——清宣宗道光皇帝

急忙派人火速飞报伊犁将军。

此时，张格尔已率领数百人顺利进抵图休克塔什卡伦，距喀什噶尔西北不过百余里，在山区村落烧杀掳掠，清军副护军参领音德布已英勇战死。

伊犁将军庆祥闻报后，日夜兼程亲自奔赴喀什噶尔。同时，喀什噶尔帮办大臣色普征额也率兵火速开赴边境御敌，与张格尔匪帮遭遇后，迅即获胜。张格尔仅率20余骑逃回浩罕。

道光四年秋至五年夏，张格尔伙同其弟巴布顶，集结200多人，自边界阿赖岭入境，进入乌鲁克仍伦（在今英吉沙县西依格孜叶）抢劫，伤清军官兵30余人，侍卫花三布阵亡。面对危局，清军游击刘发恒率卡伦守军奋力拒敌，张格尔与巴布顶抵挡不住，又退往边境山区。

道光五年（1825年）九月，领队大臣色彦图，以兵二百出塞400里追剿，无所获。色彦图竟纵杀无辜的游牧布鲁特妻子百余而还，部落头目汰劣克愤极，率所部2000人，追击官兵于山谷。张格尔叛乱势力益发猖獗。

道光六年（1826年）七月的一个深夜，张格尔又领着党徒200余人和浩罕汗国革职军官艾沙所带的60余名安集延士兵，第三次作乱。他们自开齐山入境，以最快的速度绕过清军卡伦，占领了喀什噶尔以北40余千米的阿图什。在喀拉汗王朝索图克·布格拉汗的陵旁，张格尔向民众宣布，他此行的目的只是要到喀什噶尔阿帕克霍加麻扎去，以祭拜先祖在天之灵。消息一传开，有不少白山派信徒信以为真，先后赶到阿图什参拜张格尔。

与此同时，喀什噶尔参赞大臣庆祥也已闻报，火速命令帮办大臣舒尔哈善与领队大臣乌凌阿等，率兵直奔阿图什围剿。张格尔忙带着由引诱哄骗而扩充为千余人的部队迎战。这些未经训练的叛军一战即溃。张格尔马上掉头就跑，先往东退往伽师，再向西悄悄迂回到喀什噶尔城东5千米处，占领了阿帕克霍加陵园。

庆祥闻讯，又派千余清兵前往包围了阿帕克霍加陵园。此时张格尔已派人混入喀什噶尔城内，串通内应发动了变乱，叛匪冲出东门，在清军外围又形成一道包围圈。清军受内外夹击，处于明显劣势。在一个雷雨交加的夜里，张格尔顺利突围。

短短的几天，张格尔疯狂地煽动宗教情绪与民族仇视，不断招兵买马加强攻势。喀什噶尔附近清军防线已无力再维持，舒尔哈善、乌凌阿等将领，甚至原先的代理喀什噶尔参赞大臣穆克登布等，都先后英勇牺牲。清军残部由庆祥带领退守喀什噶尔汉城（即徕宁城，其址在今喀什地区公安处驻地）。此后，英吉沙尔、叶尔羌、和阗等地清军，也相继被张格尔叛军包围。闻知张格尔已得手，浩罕汗国也应邀派出3900名侵略军赶来，企图与张格尔分享战利。两股强盗合兵，使塔里木盆地西南缘一带陷入一片硝烟战火之中。

张格尔探得喀什噶尔清军力量单薄，乃悔背前约。浩罕首领愤其背约，遂与张格尔叛军火并。这年八月，张格尔率部连续攻陷喀什噶尔、叶尔羌、英吉沙尔、和阗，西四城全陷敌手；张格尔叛乱，使回部城镇沦于战火，人民的生命财产遭受战火的浩劫，也危及清王朝在新疆的统治，道光帝于是任命伊犁将军长龄为扬威将军，着手部署征剿张格尔事宜。

总指挥官扬威将军长龄调乌鲁木齐提督达凌阿、伊犁领队大臣祥云保分统满汉官兵各数千，又封陕甘总督杨遇春为钦差大臣率兵5000，再调山东巡抚武隆阿统吉林、黑龙江马队3000骑一齐出关，在阿克苏集结兵力共3.6万余，开始向喀什噶尔挺进。然后，清军仅用5个月的时间，即收复了张格尔盘踞的西四城，基本上粉碎了张格尔的叛乱。清政府平叛的迅速胜利，除了由于张格尔"需索科派，人心离散"，"暴虐已极，众心怨恨"的客观原因外，与道光帝的正确调度，也有密切的关系。

清朝此次发兵喀什噶尔，旨在全歼叛匪、活捉张格尔。然而敌军虽已瓦解，祸首张格尔却漏了网。为此，清朝责令长龄等人限期擒拿张格尔归案。

张格尔逃出喀什噶尔后，流亡于木吉、阿赖、拉克沙、达尔瓦斯等帕米尔深处山区，后来又纠集了200余人逃窜到柯尔克孜牧区萨克雅部落的托古斯托罗一带，伺机卷土重来。

道光八年（1828年）春节前夕，喀什噶尔代理参赞大臣杨芳派遣细作至边境，放风说清军已全部撤离喀什噶尔，此地防务空虚。张格尔果然中计，带500余骑兵，于大年三十除夕夜偷越边境，连夜抵达阿图什，想乘清军过年无备，袭击喀什噶尔。

喀什噶尔一带百姓饱受张格尔战乱之苦，不仅当地黑山派信徒对其恨之入骨，就连素被张格尔视为依靠力量的白山派信徒们也不再追随他。各族人民主动向清军通风报信，组织民军沿途袭击堵截。加以扬威将军长龄与杨芳早率6000余清军设伏以待，张格尔见势头不对，未及一战，就掉头回逃。

长龄命杨芳与库车固山贝子鄂对之孙伊萨克等，率兵星夜追击至喀尔铁盖山，终于堵住张格尔。经过一场激战，张格尔余党被斩杀殆尽。张格尔仅带30余亲信弃马登山，妄图隐没在群山沟壑之中。杨芳手下副将胡超、都司段永福二将，率部全力追击，几乎未经格斗，就将张格尔生擒。至此，张格尔叛乱才算彻底平息。

道光八年五月庚戌（1828年6月22日），喀什噶尔六品伯克迈玛特和库车五品伯克斯迪克及部分清军押解张格尔到北京城，献俘于紫禁城午门之外，张格尔被判处死刑。

张格尔死后，道光帝综合臣下建议，实行了一系列善后政策，他谕令要"重抚绥"，力图妥善地解决各回城伯克自治问题，明文制定了各回城补放伯克章程。规定各城三品至五品伯克缺出，由本城大臣照内地体制，

大清帝王故事

造具四柱清册，一劳绩，二资格，三人才，四家世，出具切实考语，将应升应补之人开列四五员咨送参赞大臣验看。为杜绝边吏和伯克等对回民的需索贪求，道光八年，照那彦成等所议，道光帝令将过去边吏伯克等扰累之事勒石永远革除，一勒各城大臣衙门，一勒各城阿奇木衙门，同时通行刷印，分贴各回庄明白晓谕，明文规定，此后各城大臣或受已禁陋规或改易名目，仍有侵削，即照乾隆年间规定的办法，立行正法，所有滥应中饱之阿奇木等亦予正法。道光帝实行的这一系列善后之策，为西部边陲的安宁巩固提供了条件。

在平叛战争中，道光帝多次下达"殄灭丑类，俾无遗种"，"从逆者童稚不留"的残酷命令，因此，维吾尔族人民生命财产的损失自然十分严重。但是，道光帝领导的对张格尔叛乱的平定，无论是对防止西方殖民主义者的入侵，还是对维护国家的统一和领土完整以及西北边疆的和平安定，在客观上都有积极意义。

边疆之乱甫定，民族之乱又起。在嘉庆统治时期，蓬勃、迅猛发展的全国各族人民起义浪潮被残酷地镇压下去了，然而，封建社会内部的矛盾仍然在不断激化，道光年间，各族人民反封建的起义时有发生。其中规模较大的是湖南、广东、广西瑶族人民的起义。湖南衡、永、郴、桂四州郡，与广东连州、广西全州接壤，踞五岭之脊，是汉、瑶人民共居杂处之地。汉族地主阶级欺压瑶族人民，"掠攘侵侮"，而官府则"右奸民以朘瑶"。瑶族人民不堪封建统治者的欺压盘剥，奋而举起反抗的旗帜。

道光十一年（1831年）十一月，湖南永州江华县锦田乡瑶民联合广东瑶民六七百人，在赵金龙领导下，于两河口起义，迅速攻克两河口地区。道光十二年（1832年）正月，江华知县林先棵、永州镇左营游击王俊"带兵往捕"，为起义军所败。王俊滥杀无辜以泄愤，激起瑶民更激烈的反抗。起义军迅速发展，各寨响应起义的达1000多人，聚集于长塘夹冲，皆以红布裹首为号。永州镇总兵鲍友智调兵700人，永州知府李铭绅、桂阳知州王元凤各募乡勇数百合力进剿。赵金龙率军突围而出，至蓝山之王水瑶。起义军发展到两三千人，乘胜进至宁远地区。道光帝调遣总督卢坤、湖北提督罗思举赴剿，并令两广总督李鸿宾、广西提督苏兆熊各防边界。李鸿宾遣提督海凌阿率军进剿，海凌阿率宝庆协副将王韬以兵500余由宁远之下灌进攻。义军早有准备，一部分人扮成清军模样，混入军中，"伪充夫役，为官兵舁枪械"，大批义军则设伏于山沟陡狭之"池塘墟"。海凌阿率军至，义军四出冲杀，"乘高下突"，清军立即陷于混乱，王韬"披枪阵亡"，海凌阿亦被当场击毙。起义军声威大震。道光帝增调"久历戎行，身经百战"的贵州提督余步云至湖南，又布置各地实行"坚壁清野"，并令各瑶寨"自相团练"，使起义军"无食可掠，无人可裹"。官兵残酷征剿，到四月才镇压了赵金龙起义。但广西贺县、连州瑶民又分别起义，连败官军，清廷费了很大力气，才将义军镇压下去。

厉行节俭，惩治腐败

在平定叛乱的同时，为挽救清王朝的衰败，道光帝力图遏制奢靡之风，使整个社会能黜华崇实，因此刚一即位，便颁发《声色货利论》，说明声色"常人惑之害及一身，人君惑之害及天下"的严重危害，表示要谨遵嘉庆帝不迩声色之谕，力崇节俭，返朴还淳，告诫爱新觉罗子孙身体力行，概从朴实，勿尚虚文，竭力倡导在皇族、满族贵族中恢复满洲淳朴旧俗。

道光二年（1822年），他规定为皇子皇孙指婚之福晋，"父家置备

大清帝王故事

妆奁，不得以奢华相尚，一概务从俭约，复我满洲旧俗。将来进呈妆奁清单，如有靡丽浮费之物，经朕看出，不惟将原物发还，并加以议处"。道光十四年（1834年）九月，他在观看八旗前锋护军各营章京骑射时，发现各章京一体穿用蓝色袍服。他对这种"竞尚虚文"的做法极为不满，令管理八旗各营大臣晓谕所属官兵，"嗣后遇有射布靶及引见人员，惟期骑射娴熟，弓箭齐整，所穿袍服，细布俱可，不必再拘颜色……操练衣服毋尚奢华"。他又命八旗兵丁习射时俱穿用布衣布靴，不准穿用绸缎，六品以下旗员平时只准穿用布衣布靴，亦不准穿用绸缎。如有违反者，除将旗员本身斥革外，必将该管大臣严加惩处。

道光帝不好声色，生活节俭，曾大量缩减内廷承担演戏奏乐的机构南府（后改为升平署）的人员，从嘉庆末年的650多人，几经缩减剩下370余名。到了统治中期，道光尤崇节俭，经常穿旧衣服。相传曾经有一件御用的黑狐端罩，衬缎稍阔，道光便让内侍拿到缝衣匠那里，把四周添上狐皮，继续穿用。

遏制奢靡只在皇族、贵族中实施是不行的，因为当时社会奢靡之风无过于河工者。清朝漕运依赖运河，历朝十分重视河政。国家每年靡帑数百万，真正用于工程之费不及十分之一，其余仅供河吏挥霍而已。河督的奢侈，有帝王之所不及者，如宴客集天下之珍馔，为烧一碗猪肉要杀50余头猪，取其背肉一脔，余皆弃之。一盘驼峰肉，必得杀三四峰骆驼。参加河督宴会的人，很少有能终席者，因每次宴会往往历经三昼夜而不能毕。除了河吏的挥霍外，过往官员、举贡生员等皆欲染指分肥。新翰林携朝臣一纸书信谒总督，万金可咄嗟至；举人、拔贡携京员一纸书信谒库道，千金可立至。

道光帝对此早有所闻，于道光二十四年（1844年）下达上谕，严行禁止过往官员及举贡生监幕友人等分肥饱己私囊的卑污行迹。他说："河

炮声打断中兴梦
——清宣宗道光皇帝

工银两，丝毫皆关国帑，河员承领钱粮，均有购料修防之责。倘过往官员、举贡生员、幕友等视为利途，纷纷前往，该员等焉有自己出赀之理？无非滥请支领，克减工程以为应酬之费，于河务甚有关系，不可不严行禁止。"他命令南河总督潘锡恩对上述不法行为"一律严禁，嗣后查有持信往谒意在于求者，即将其人暂行扣留，指明参奏。其有向道厅求助，业经帮助银两者，即一并参办"。又令两江总督明察暗访，"倘此后仍有前项情弊，该河督未即举发，即行单衔奏参，庶几惩一儆百，力挽颓风"。

在遏制奢靡、纠改腐败的同时，为了整顿吏治，道光帝还对那些年老昏聩、诸疾缠身而又恋栈不肯退位者加以罢斥。云贵总督伯麟，年逾七旬，素患骨疾。道光帝将其调离总督任所，授以协办大学士衔，供职京师。回京不久，伯麟即要求外放，随即遭到道光帝严厉申斥："知总督之养尊处优，而不知任大责重。以伊衰暮之年，使加以简任，尚安望其称职？"他认为伯麟"欲以要君之举，坚其恋栈之心"，故毫不留情地将伯麟休致。

发几道上谕、罢几位老臣，能不能力挽颓风，做到弊绝风清，自当别论，但道光帝力挽奢靡之风的态度是坚决的。当然，随着整个封建制度的腐朽，要彻底解决封建官吏、满洲贵族、地主阶级中的奢靡风气是不可能的。

吏治的腐败是封建制度腐朽的必然产物。清中叶以后，吏治的腐败更甚于前代，这是清朝走向没落的突出表现。究其原因，其中与清代公开推行的捐纳制度有关。公开卖官鬻爵，使得仕途更加混乱，贿赂公行，官吏贪鄙成风，产生了大批腐败、昏聩的官吏和骇人听闻的贪污现象。道光帝即位后，深知吏治腐败所带来的严重后果，感到有必要加以整饬。道光二年（1822年），他下达谕旨："嗣后现任官员不准加捐职衔，着为例。"这表明道光帝起初是打算废除捐纳弊政的。然而，后来由于国势的衰弱，

大清帝王故事

尤其是国家财政的匮乏，他又无法摆脱财政困境，不得不仍旧求助于捐纳制度。自道光七年（1827年）始，捐例大开，道光二十二年（1842年）后，各省遍开捐例。

改革漕运和盐政

清中叶以后，社会经济积弊丛集，在整顿吏治的时候，也查出了地方政策的一些问题，其中尤以漕运和盐政最为严重。

漕运为"天庚正供所关"，过去从两江（江西、江南两省，江南省包括现今江苏和安徽）、湖广等地征来的漕粮（田赋中运送京师、通州部分）都是从大运河运到目的地，漕运官员经常利用手中的职务之便中饱私囊。加上运河受水患破坏经常遭到阻碍，运费又高，于是漕粮海运势在必行。清代的首次漕粮海运始于道光六年（1826年），这一变革的出现，是由诸多因素促成的。直接的催化剂，则是因道光四年（1824年）冬，江南高堰漫口，清江浦高家堰大堤溃决，江苏高邮、宝应至清江浦一段，运河水势微弱，清水宣泄过多，高、宝至清江浦一带，河道节节浅阻，漕船搁浅，河运漕粮已不可能，京畿地区的粮食供应面临严重危机。无奈之下，道光帝发布上谕，令群臣讨论有关漕粮事宜。户部尚书英和建言海运便利。

海运曾行于元代至明代永乐间及清代嘉庆时试行，后来由于部分廷臣及主持漕运的胥吏以风涛、海贼等理由加以反对而一直未能实行。道光帝在廷臣"有谓可以试行者，亦有谓断不可行者，迄无定见"时，让地方官员自己讨论处理，"似海道尚非必不可行，令漕运总督严检、江苏巡抚张

161

师诚、浙江巡抚黄鸣杰等各就所属地方情形，广咨博采，通盘经划，悉心计议，勿存成见"，将海运之事"一一熟筹"。但是，这些官员不愿承担海运风险，均以为海运窒碍难行，仍主张采用"引黄济运"，盘坝接运的办法。这种办法实行的结果，不仅不能从根本上解决漕运问题，还虚耗了大量资金。

道光五年（1825年）六月，道光帝分别给阻挠海运，又拿不出漕运办法的大学士孙玉庭及江浙有关地方官员以革职、降级、调用等处分，改派琦善为两江总督，并任命勇于改革、政绩卓著的安徽布政使陶澍为江苏巡抚，命他们切实筹措海运事宜。琦善、陶澍考察后，请求把苏州、镇江、太仓四府一州之粟全部海运。道光帝立即接受了他们的建议，由江苏布政使贺长龄赴海口同地方官一道雇商船，分两次运走。安徽、江西、湖广离海口较远，仍然河运。为杜绝经纪人的需索、无端阻留、刁难，道光帝还下令在上海设海运总局，在天津设立分局，由朝廷派遣官员验收。

道光六年（1826年）二月初一，第一批海运船只，装载漕米123.3万余石扬帆出海了。海船自吴淞口出海，东向大洋至佘山，北向铁槎山，历成山，西转芝罘岛，稍北抵天津，总计水程4000余里。道光帝派遣朝廷重臣赴津验米，米色滢洁，且时间缩短，运费低廉。此后，继续由海路运送漕粮。至六月初，江南漕米全部运完。这种运法坚持到光绪二十六年（1900年），由于各种保守势力的反对，并没能坚持实行下去。

在改革漕运的同时，关系到国家财政税收的盐政也受到了道光的重视。

清朝盐政向来采用明朝纲盐法，这种办法由固定的盐商凭"盐引"行销纲盐，而盐引完全为盐商垄断。盐商垄断盐业，又须维持庞大的销盐机构，导致盐价提高，引起销售困难。不照章纳税的私盐泛滥，盐引滞销，盐税减少，盐商遭受打击，纲盐法难以存在下去。

道光十年（1830年），两江总督陶澍以淮盐疲蔽已极，屡陈积弊情形，并请删减浮费，停缓摊补。不久，道光帝批准实施了革新盐政的措施，将两淮盐政裁撤，其盐务改归两江总督管理。

道光十二年（1832年），票盐法首先在淮北地区31个州县实行，这种制度，任何人只要纳税，都可以领票运销食盐，打破了食盐运销的垄断，降低了盐价，促进了盐的销售，增加了盐税，剥夺了官员利用盐政营私的途径。票盐制效果十分显著，不到4个月，清运30余万引（1引为400斤）场盐运销一空。凡富有之民，带资到淮北分司领取盐票，不论哪个省的人，也不限数额多少，皆可以纳引授盐，仍按引地行销。

贩盐之商又有票贩、岸贩之分。票贩验资纳课，赴盐场领盐，行盐河数百里，至西坝而售给岸贩。岸贩卖盐出湖，散售于淮北引地食盐之户，每年所售以36万引为额。一时间商情踊跃，西坝遂取代河下成为淮北食盐的集散中心。

从道光十三年（1833年）到二十七年（1847年）的15年间，西坝盐栈合计缴纳征税、"杂课""报效""经费"及代交淮南"悬课"银1350余万两。西坝因而"间阎相接，日以浩繁"，设置盐栈之处，每亩地价高达好几万钱。每栈都是栈门高阔，长垣缭绕，屋舍豪华。

与之形成鲜明对比的是，被剥夺特权和暴利的河下纲盐商们却顿时陷入困境。盐商们的破产不是逐渐的，而是瞬间的。盐商们交不起朝廷规定的重税，又没生意可做，于是家产被抄，屋舍园林一律充公。盐商家族子孙流离失所，甚至外出乞讨。扬州这个温柔富贵之乡亦随之山河暗淡，市井萧条。

票盐法受到和过去行盐之法利害相关的各种势力的反对，道光帝因推行票盐法阻力重重，也不得不使盐政的改革半途而废。

查禁烟毒，鼓励开矿

清中叶以后，鸦片烟毒的泛滥已成为严重的社会问题，吸食者遍布城乡各地，上自官府缙绅，下至工商优隶，以及妇女、僧尼、道士，均在吸食。鸦片烟毒，危害生灵，"势将胥天下之编氓丁壮，尽为萎靡不振之徒"，野有游民，国无劲旅，这是多么令人触目惊心的情景！

鸦片毒害国计民生，因此道光帝即位伊始，连连发布严禁鸦片的命令，查拿烟贩，禁民吸食，对地方官查拿鸦片不力者，订立议处失察条例，严饬地方官晓谕居民，不准私种罂粟，防止鸦片蔓延。道光十一年（1831年），他又命两广总督李鸿宾等"确加查核，如何使烟土不能私入，洋面不能私售……务将来源杜绝，以尽根株，勿令流入内地，以除后患"，当时广东有瑶民之乱，两广总督李鸿宾领军出击，但清兵多吸食鸦片，体弱力薄，不堪一击，几乎全军覆没。十二年八月，道光谕令各省督抚提镇严禁陆路水师将弁兵丁吸食鸦片。但是，这些禁烟措施并未能遏制鸦片流毒的汹涌泛滥。

道光十八年（1838年），鸿胪寺卿黄爵滋向道光皇帝上了《请严塞漏卮以培国本疏》。在这个奏折里，他从国家财政收入支出的严重困难出发，提出若要堵塞白银大量外流，"必先重治吸食"的主张。他列举近年来白银大量外流的数字，说：道光三年以前，每岁漏银数百万两；而自道光三年至十一年，每年漏银1800万两；自十一年至十四年，每年漏银竟达2000余万两；自十四年至今，又渐漏银至3000万两之多。此外福建、江苏、浙江、山东、天津各海口合之，也有数千万两。因此，他不胜忧虑地说："以中国有用之财，堵海外无穷之壑，易此害人之物，渐成病国之忧，日复一日，年复一年，臣不知伊于胡底。"他说"今天下皆知漏卮在鸦片"，认为"夫耗银之多，由于贩烟之盛，由于食烟之众"，倘若"无吸食，自无兴贩，则外夷之烟，自不来矣"。因此，从根本上说，"今欲加重罪名，必先重治吸食"。他主张对吸食鸦片者，限期一年戒掉，否则即"置之重刑"。

道光帝得到这个事关重大的奏折，立即命令各省督抚各抒己见，妥议章程，迅速具奏。在一年时间内，各省督抚纷纷遵命发表意见，其中绝大多数对黄爵滋的主张持反对态度，支持黄爵滋的为数极少。湖广总督林则徐早就力主严禁鸦片，而且已在湖南、湖北厉行禁烟。在道光十八年（1838年）九月的《钱票无甚关碍宜重禁吃烟以杜弊源片》奏折中，林则徐指出重治吸食的必要，痛陈严禁鸦片的迫切性。他说："当鸦片未盛行之时，吸食者不过害及其身，故杖徒已足蔽辜。迨流毒于天下，则为害甚巨，法当从严，若犹泄泄视之，是使数十年后，中原几无可以御敌之兵，且无可以充饷之银。"林则徐在奏折的后面，还附有详尽的戒烟药方，以说明在限期内戒绝烟瘾是可能的。

黄爵滋、林则徐等人有说服力的禁烟主张，给道光帝以极大震动。他在读到"数十年后，中原几无可以御敌之兵，且无可以充饷之银"时，挥毫"朱圈赞赏"。兵痼银竭的危险，终于使他下决心禁烟。

道光帝采纳禁烟主张之后所采取的最具决定性的步骤，是于十二月三十一日，颁给林则徐钦差大臣关防，令他"驰赴粤省，查办海口事件，所有该省水师兼归节制"。道光十九年二月初四（1839年3月10日）林则徐到达广州。第二天他就在辕门外贴出两张告示，《收呈示稿》宣明钦差大臣到广州的目的是查办海口事件；另一个《关防示稿》无异于钦差大臣此行的第一个宣言，是采取禁烟行动的先声，这个告示是林则徐作为钦差大臣向广州官员、百姓和外国人的首次公开亮相，它再次以清廉告白天下，并着手准备驾驭极其复杂的局面。林则徐的日记记载，他当天住在越华书院。广州处在暴风雨的前夕，不管是欢欣还是惧怕，期待还是仇恨，它总归要伴着雷鸣闪电，铺天盖地地来了……

为了实现"积习永除，根株断绝……为中国祛此大患"这一目标，道光十九年（1839年）三月至六月禁烟期间林则徐的一切措施，都得到道光帝的首肯和支持。他对于林则徐向外商宣示的"若鸦片一日未绝，本大臣一日不回，誓与此事相始终"的决心尤为赞赏，称誉林则徐"忠君爱国，皎然于域中化外矣"。道光帝屡次指示林则徐，应于各国船只出入经由要道的广东海口水陆严查，"务使外海夷船，不得驶进口门，妄生觊觎，内地匪船，不敢潜赴外洋，私行勾结……要期除恶净尽"。林则徐不负道光重托，采取有力措施，终迫使外国鸦片烟商缴出鸦片100多万千克。

缴烟获得了完全的胜利，但如此巨量的鸦片如何处置，外国人推测中国可能对鸦片实行专卖，从而使鸦片买卖合法化，但他们想错了。林则徐报告道光皇帝，要求验明实物数量，然后焚毁。道光对林则徐表示了很大的信任，令林则徐等"毋庸解送来京……即于收缴完竣后，即在该处督率文武员弁，共同查核，目击销毁。俾沿海居民及在粤夷人，共见共闻，咸知震慑"。六月三日，历时23天的虎门销烟，在林则徐的指挥下，向全世界宣告了中华民族决不屈服于侵略的决心。

道光帝接到林则徐虎门销烟的奏报，揽奏兴奋至极，提笔批曰："大快人心之事！"这样，从道光十八年年末开始，在皇帝的敦促下，一场轰轰烈烈的禁烟运动在全国展开。

除了禁烟，道光在执政后期还做了另外一件利国利民的好事——鼓励开矿。前朝各代基本都是重农抑商的，因此开矿一事始终被朝廷禁止。

清代前期，从康熙中叶到乾隆中叶，曾采取了开放矿禁的做法，使中国的矿业有了一个较大的发展。但自乾隆中叶以后，由于阶级矛盾的尖锐，清廷经常以"开矿聚集亡命，为地方隐忧"为由，不断下达一道道"严行封禁""永远封禁"的命令。嘉庆帝时仍延续这一政策，使国家大利坐弃，民生日困。道光帝即位之初，仍企图实行这种政策。道光六年（1826年），他曾以畿辅重地，有碍地脉风水为由，禁止商人于宛平等五州县开采银矿。但到了道光二十四年（1844年），他对开矿有了些新认识。当时漕粮北运受阻，府库款银被盗，京师官饷军饷要粮要钱，剿捕逆匪要钱，治理水患也要钱。为纾国困，解除矿禁被提上了日程。"为充盈府库，朕决定开源节流，诏谕广西、贵州、云南、湖南等省解除矿禁，准予开采。各地官员不得借故推辞、阻挠或压制勒索商民。"

后来，为使开放矿禁不成为一纸空文，道光帝又以实际措施鼓励开矿，他对借口办矿"累民扰民"，"人众易聚难散"而反对开放矿禁的官员进行劝导，告诫他们不能"因噎废食"。他严饬地方官员不得"畏难苟安，托词观望，游移不办"。他又根据过去官办矿政，"官吏因缘为奸，久之而国与民俱受其累"的弊病，提出"官为经理，不如任民自为开采"。由此看来，道光帝对开矿一事，提倡得力，措施亦得当，这对开发资源、提高人民生活起了积极作用。

道光帝当政30年，在改革内政方面，不无建树，绝非昏聩、贪鄙、淫暴之君，而是一个企图有所作为的皇帝，但是，他最终还是流于平庸，并未成为一个除弊起衰的中兴之君。从根本上来说，中国的封建君主专制制度，历经2000余年已百孔千疮，它的基础已朽烂动摇，任何修补粉饰已无济于事，唯一的办法只能是将整座大厦拆除。这一点，显然是作为封建君主的道光帝所不能做到的。他所能做的不过是粘补修理。他曾经对人说过："譬如一所大房子，年深日久，不是东边倒坍，即是西边剥落，住房

炮声打断中兴梦
——清宣宗道光皇帝

167

人随时粘补修理，自然一律整齐，若任听破坏，必致要动大工。"而道光帝所进行的粘补修理，往往也因为各种势力的反对而不能坚持到底。在他进行的所有改革中，没有一件是善始善终的，或者不了了之，或者恢复到原来状态。

战败缔约，南京签约

面对清政府的禁烟措施，英国资产阶级特别是其中的鸦片利益集团，叫嚣侵略中国。英国政府很快作出向中国出兵的决定。

道光十九年（1839年）六月，义律指示不法商人拒不出具具结，企图在澳门贸易，并欲偷卖鸦片。七月又发生了英国水手殴毙民人林维喜且拒不交出凶手的事件。面对英国侵略者的无理挑衅，道光帝支持林则徐"禁绝柴米食物，撤其买办工人"的做法，谕令林则徐等"不可稍示以弱"，"不得示弱长骄"。九月四日，英国舰艇向中国水师船只开火，遭到中国水师的有力回击，迫使侵略者狼狈而逃。林则徐将这次战斗的经过作了详尽的汇报，道光帝大受鼓舞，在林则徐的奏折上批示："既有此番举动，若再示以柔弱，则大不可，朕不虑卿等猛浪，但戒卿等不可畏葸。"道光帝试图给广东侵略者以坚决有力打击的方针，是十分明确的。

道光二十年（1840年），侵华英军总司令义律率舰只40余艘、士兵4000多名，陆续到达中国南海海面，随后封锁珠江海口，第一次鸦片战争正式爆发，英国侵略中国的战争正式开始。

英军攻陷定海，随后到达天津大沽口外，直逼京畿。道光皇帝害怕了，连忙撤去林则徐的职务，任命琦善为钦差大臣。年底，琦善在广州与英国侵略者谈判。英军却于道光二十一年（1841年）一月七日突然在穿鼻洋发动进攻，攻陷沙角、大角炮台。琦善被迫答允英国全权代表义律提出的割让香港、赔偿烟价600万元、开放广州等条件。

琦善私允英军条件，违背了清廷的指示精神，后来受到严惩。但在一月二十六日，英军却不待中国政府同意就占领香港。清政府得知沙角、大角炮台失守后立即对英宣战。二月下旬，英军攻陷虎门炮台，水师提督、爱国将领关天培与守军数百人壮烈牺牲。五月，英军逼近广州城外，清军全部退入城内。下旬，新任靖逆将军奕山向英军乞和，与英国订立了城下之盟——《广州和约》，和约规定清朝方面向英军交出广州赎城费600万元。

英国政府不满足义律从中国攫取的利益，改派璞鼎查为全权公使，增调援军，扩大侵华战争。道光二十一年（1841年）八月下旬，璞鼎查率英舰自香港北犯，二十六日攻陷厦门。九月英军侵犯台湾。十月攻陷定海、镇海、宁波。道光二十二年（1842年）五月，英军继续北犯，六月攻陷长江口的吴淞炮台，宝山、上海相继失陷。接着，英军逆江西上，到达江宁（南京）江面。

腐败无能的清朝政府命令盛京将军耆英赶到南京，于道光二十二年七月二十四日（1842年8月29日）与璞鼎查在英国军舰上签订了中国近代史上第一个不平等条约——《南京条约》，第一次鸦片战争到此结束。从此中国步入半殖民地半封建社会。

道光三十年（1850年）春正月，正当洪秀全在广西金田村起义之际，道光帝病逝于圆明园慎德堂，终年69岁，葬慕陵（河北易县永宁山），庙号宣宗。

道光帝资质不高，在用人、处事、应变、统御等方面相对平庸，与列祖列宗相比差距较大。

炮声打断中兴梦
——清宣宗道光皇帝

169

道光帝有两大弱点：一是谨慎过度，二是缺乏定见。由于缺乏定见，导致封疆大吏无所适从，难有作为，而有力者却敢于撇开朝廷，自行其是。这种情况发展下去就是同光年间地方势力崛起，从而内轻外重，枝强干弱。可以说，道光一朝实开晚清时期中央权柄下移的先河。

道光帝是个一只脚已经踏进了新时代，但头脑依然留在闭关锁国时代的旧君主。

鸦片战争之后，中国已经开始向西方开放。然而，道光帝不懂得自己的时代使命，依然是"安静以守之"，这种回避现实的"守成"实质上就是苟安！从时代命运的角度来看，道光帝是个带有悲剧色彩的皇帝。总之，一个王朝的命运已经铸成，非个人之力所能挽回。令道光帝治国之途雪上加霜的是，他与中国历史上任何一个衰世的君主不同，他偏偏又遇上了中国封建社会的末期，更加不幸的是他还面对立国以来史无前例的强大对手——西方列强的挑战。如果我们把道光朝的一系列失误都归咎于道光帝，把清政府不能战胜列强的劣势归咎于道光帝的个人品格与能力，难免要陷入英雄决定历史的唯心史观。

苦命天子遭变局

——清文宗咸丰皇帝

　　清文宗爱新觉罗·奕詝，即咸丰帝，道光十一年（1831年7月17日）生于北京圆明园。咸丰十一年（1861年8月22日）病故。在位11年。

　　咸丰即位时，以洪秀全为首的太平天国起义在广西紫荆山前金田村爆发。接踵而来的又有英法联军之役，迫使咸丰逃往热河承德。咸丰在位11年，民怨沸腾，战乱四起，"大局糜烂，不可收拾"，他往往中夜彷徨，一筹莫展，于是沉湎于声色，纵欲自戕，临死前两天还传谕"如意洲花唱照旧"。

　　志高才疏的咸丰帝陷于祖宗的框框之中，终未能跨过这一门槛，带着无穷的忧虑，去了那个没有忧虑的世界。

争储胜出，奕䜣即位

道光皇帝对于他的继承人考虑慎重，多年以来始终内心犹豫，举棋不定。鸦片战争结束那年，他已经过了60岁。国事的操劳，洋人的骚扰已经使他筋疲力尽。他认为选择皇位继承人问题应该提上议事日程了。道光帝有9个儿子。由于长子奕纬23岁已经死了，皇二子奕纲和皇三子奕继幼年就死了，立储只有在皇四子奕䜣、五子奕誴、六子奕䜣、七子奕譞之间选择。

道光二十六年（1846）正月初五，正当传统的新春佳节余兴未消的时候，65岁的道光皇帝突然降旨，宣布将皇五子奕誴过继给悖亲王绵恺为嗣子。这个决定，等于取消了他的皇位继承权。原来，道光认为皇五子奕誴言行浮躁不能担大事，不能考虑做继承人。从年龄来看，奕誴与奕䜣的生日只差6天，同是16岁，这是接近成年的年龄。在这个关键时刻宣布奕誴退出建储圈之外，无疑对他是个不小的政治打击。后来，奕誴一生愤世，嘲弄朝廷，放言无忌，与此事不能说没有关系。

当时，皇七子奕譞7岁。他的两个同母弟奕诒3岁、奕谟2岁，不仅在年龄上不占优势，而且他们的母亲庄顺皇贵妃地位较低，由常在进琳贵人，又进琳贵妃。她与奕䜣的母亲孝全皇后、奕䜣的母亲静皇贵妃相比较，占不了上风。奕譞兄弟三人在竞争中自然处于劣势。

继承人只能在皇四子奕䜣和皇六子奕䜣两人中选择。诸位皇子中，奕詝与奕訢从小在一起读书习武，关系最为密切。兄弟俩不仅成长为熟读经史、兼通诗文、擅长骑射的少年才俊，还共同研创出枪法二十八式、刀法十八式，这使得道光皇帝十分欣慰，特意将枪法赐名为"棣华协力"，刀法赐名为"宝锷宣威"，比喻兄弟二人协力同心。

奕詝10岁时，他的生母孝全皇后突然死去，他便由奕訢的生母静皇贵妃抚养，兄弟两人感情更深一层，如同一母同胞。兄弟俩感情很好，但是，皇帝既称"寡人"，皇位只有一个，究竟谁能成为皇位的继承人呢？

从实际情况看，奕訢的条件比较优越。奕訢的生母静皇贵妃在道光皇帝的后妃中居第二位，仅次于皇后。而且，当时孝全皇后已去世，静皇贵妃摄六宫事，又担起抚育奕詝的担子，很得道光皇帝信赖。这对于奕訢来说是"得天独厚"了。但奕訢的劣势也十分明显。他不是皇后的儿子，在正统观念占主导的时代里，嫡庶之别是严格的界限，突破传统观念困难很大，道光皇帝不能不有所顾忌。奕訢在年龄上又比奕詝小一岁。他虽然善于骑射，但少于心计，不如奕詝。其实奕詝的心计不是自己的本事，而是老师杜受田的主意。

在道光晚年的一个春天，他命皇子们随驾到南苑围猎。围猎是清朝推崇尚武传统的活动，通常也是检验皇子骑射才干的考试。奕訢果然武艺超群，在围猎中获得猎物最多。而奕詝却只是站在一旁，不发一箭。原来，奕詝知道自己骑射不如奕訢，于是事前请他的老师杜受田给他出了个高招。杜受田告诫奕詝说：阿哥到了围场，千万别发一枪一箭，而且要约束手下人不得捕捉一只动物。皇上如果问及原因，你便说现在正值春天鸟兽万物孕育的时候，不忍心伤害它们，也不愿用这样的方式与弟弟们竞争。奕詝照计而行，果然，道光皇帝听后非常高兴，赞叹道：

这真是具有帝王心胸的人说的话啊！于是，道光皇帝开始有了把皇位传给他的打算。

又有一次，道光皇帝传旨召奕詝和奕䜣入对问策，就是要问问他们对国事政务的看法。二人接旨后分别请教自己的老师。奕䜣的老师卓秉恬有才气，少年得志，办事认真，为人耿直，他告诉奕䜣：皇上如果问你话，"当知无不言，言无不尽"。而杜受田却告诫奕詝：如果谈国事政务，阿哥是比不过六爷奕䜣的。这时只有一条计策，只要皇上说自己快死了，不等他问国家交给你该怎么办时，你就只管趴在地上哭。奕詝对老师言听计从，他的一番表现，使道光皇帝深感这个孩子仁孝，铁了心让奕詝做皇位继承人。

道光三十年（1850年），被内忧外患困扰多年的道光皇帝终于走到了生命的尽头，奕詝和奕䜣的皇位之争也有了结果。正月十四日，道光帝病危，急召宗人府令载铨，御前大臣载垣、端华、僧格林沁，军机大臣穆彰阿、赛尚阿、何汝霖、陈孚恩、季芝昌，总管内务府大臣文庆，公启镭匣，宣示建储朱谕："皇四子奕詝立为皇太子。皇六子奕䜣封为亲王。道光二十六年六月十六日。"同时宣示了两份交代身后应办事项的遗旨。一份包封上写有"御前大臣军机大臣公同手启"，并贴有封条，上有签名。另一份包封上贴有封条，盖有"道光之宝"戳记和"封"字。此外，匣中还有朱谕一份："皇四子奕詝立为皇太子，尔王大臣等何待朕言，其同心赞辅总以国计民生为重，无恤其他。"这份朱谕是道光三十年（1850年）正月十四日道光帝临死前在圆明园慎德堂亲笔书写的，字写得很潦草。

道光皇帝的一纸朱谕，决定了奕詝和奕䜣的地位，从此奕詝黄袍加身，成为咸丰皇帝，而奕䜣作为亲王俯首称臣。兄弟俩的地位改变了，但斗争却并未结束。

奕詝当上皇帝以后，恭亲王奕䜣小心谨慎，曾一度得到咸丰皇帝的信任任领班军机大臣。但是到了咸丰五年（1855年），因奕䜣多次请求为其生母孝静皇贵太妃封后，惹得咸丰皇帝大为不快。后来，孝静皇贵太妃病重了，她在弥留之际的时候，咸丰皇帝去看望这位抚养自己有功的皇贵太妃，当他走到她寝宫门口的时候，恰巧碰见奕䜣从门里面走出来，兄弟俩在那碰了一个照面。

咸丰皇帝随口问道："额娘病得怎么样了？"奕䜣答道："已笃！意似等待晋封号方能瞑目。"仓促间咸丰皇帝不置可否，仅仅"哦、哦"了两声。没想到奕䜣听后立即到军机处传达咸丰旨意，礼部随后就上了一个奏折，请尊封皇贵太妃为康慈皇太后。为此咸丰皇帝非常生气，但苦于已经给人答应出去的印象，不得已批准了。9天后，七月初十康慈皇太后病逝。咸丰发泄心中怨气的时候到了，七月二十一日咸丰皇帝便以"办理丧事有疏忽"的罪名将奕䜣赶出军机处，并罢免了他的其他重要职务，从此再不重用他。同时，咸丰还降低了养母康慈皇太后丧礼的等级，创造了清代皇后丧礼的特例。这位太后的陵墓慕东陵也很特殊，它没有与皇帝的陵墓在一起，而是与16个妃子的园寝在一起。但是，中间还是用墙与妃子们的墓分隔开，用了黄瓦，以示区别。这种既有别于皇后又有别于妃子的处理，隐隐地透出了咸丰的用心：他要让弟弟知道，皇帝的亲生母亲和养母，就是有区别的。咸丰警告弟弟：别再想打皇帝宝座的主意。就这样，奕詝终于战胜奕䜣坐稳了皇位。

咸丰即位以后，展现在他面前的清王朝是政治混乱、财政匮乏、军队疲败、民不聊生的萧条景象。年少气盛、血气方刚的咸丰，颇有点进取的精神。他采取了一系列措施，调整对内对外的政策。咸丰知道，腐朽的官场习气大大降低了政府的功用，不利于自己的统治，必须改变这种状况。

为此，咸丰帝首先向军机大臣穆彰阿开刀。穆彰阿，满洲镶蓝旗人，历任内务府大臣、步兵统领、兵部尚书、吏部尚书、大学士等职，深得道光帝的信任和宠幸，任军机大臣20余年。他结党营私，排斥异己，压制群僚，无恶不作。咸丰即位10个月后，即亲笔朱谕，历述穆彰阿的罪状后，给予革职永不叙用的处分。对另一个大学士，曾任广州将军、签订《南京条约》的耆英，也因与穆彰阿狼狈为奸，先被贬官，后予处死。

与此同时，咸丰也选拔了一批他认为有才能的人。由于杜受田帮助自己登上皇位，咸丰自然对他感激涕零。甫即位，就任杜受田太傅兼署吏部尚书，不久又调任刑部尚书、协办大学士。杜受田死后赠太师大学士，入祀贤良祠，赐金五千两治丧，儿子升官，由检讨（翰林院史官，位次编修）升为庶子（太子属官）。在此前后，咸丰又分别擢升了穆荫、肃顺、匡源及怡亲王载恒、郑亲王端华等。尤其是肃顺，在清朝中算是出类拔萃。咸丰还用严刑整顿朝纲，打击贪官污吏，力图挽救腐败的世风，虽然也取得了一些成效，但并没有从根本上解决社会矛盾，因此农民起义一直在迅速发展。

南方内乱，生灵涂炭

道光三十年（1850年）十二月初十，咸丰即位不久，洪秀全等人在金田起义，建号太平天国，称天王。咸丰帝立刻调兵遣将，抓紧进剿，企图把太平军扼杀在摇篮里。令咸丰失望的是，清军未能实现他的就地围歼计划。相反，太平军在天王洪秀全、东王杨秀清的率领下，摆脱了清军的围追堵截，出广西，入湖南，进湖北，连克湖北重镇汉阳、汉口、武昌。不久，太平军顺江而下，于咸丰三年（1853年）二月十日占领了南京。太平军占领南京以后，改南京为天京，建立政权，颁布新的政策及纲领。太平天国起义的惊雷，使清朝统治者及一切大小地主阶级大为震撼，惶惶不可终日。咸丰的统治面临着一个新政权的直接威胁和挑战。

清政府为此调动大批军队进行围追堵截，但是清军连连失败。这使咸丰很头疼，当太平军攻城略地，从广西向湖南、湖北、江西和南京迅猛进军，清朝的经制兵不管是八旗还是绿营都不是对手。领军前去镇压的将领有广西提督向荣、巡抚周天爵，广州副都统乌兰泰，钦差大臣赛向阿等，在太平军面前都不堪一击。钦差大臣陆建瀛死于太平军刀下，钦差大臣德兴阿与和春的江北大营、江南大营都连遭摧毁。将庸兵弱，拿什么跟太平天国叫板？

咸丰帝思虑再三，终于接受了其他大臣的建议，重新使用古老的形式——办团练。这在镇压太平天国的过程中起到了关键的作用。其中最为著名的首推曾国藩的湘军。曾国藩治下的湘军，以"扎硬寨，打死仗"闻名。他的"多条理，少大言"，"莫问收获，但问耕耘"之说，被梁启超誉为"历百千艰阻而不挫屈；不求近效，铢积寸累，受之以虚，将之以勤，植之以刚，贞之以恒，帅之以诚，勇猛精进，坚苦卓绝"。因此，在与太平天国的战争中，湘军确实不同于骄惰的绿营和庸懦的团练，显得十分凶顽强悍。曾国藩还能选拔和任用人才。他善于察言观色，辨识部下的品质、才能。其日记记载有他对一些人的印象，如：朴实；眼圆而动，不甚可靠；语次作呕；明白安详，拙直，长工之才；等等。通过这种方法，曾国藩识别提拔了一大批能征善战的名将，使湘军最终赢得了这场战争的胜利。湘军出师德州之后，首先迎战入湘的太平军西征部队。湘军先败后胜，接着乘胜追击，攻占岳州，从此太平军势力退出湖南。咸丰四年（1854年），曾国藩率湘军主力出省作战，与太平军激烈争夺湖北、江西。

咸丰五年（1855年），湘军攻占湖北省城武昌，次年又夺得江西重镇九江。咸丰十年（1860年），曾国荃率领湘军精锐团团包围安庆，深沟固垒，外拒援军，内困守敌，经一年多的血战，终于攻陷安庆，从此太平军陷入难以挽回的困境。同治元年（1862年），曾国藩指挥湘军分三路向长江下游展开进攻。长江以南，为左宗棠率领的楚军自江西进浙江；江北，命李鸿章以湘军为基础组建淮军，出击江苏；曾国荃则率湘军主力沿江而下，直指天京。最终于同治三年六月（1864年8月）攻陷天京，将轰轰烈烈的太平天国运动镇压了下去。

战争需要坚实的物质基础做后盾，物质力量的强弱在很大程度上影响战争的胜负。咸丰为镇压太平天国，不惜一切代价。可是，在太平天国兴起前，清王朝的财政就已经十分困难，道光三十年（1850年）国库存银只有187万两，由于镇压起义和赈灾，到咸丰三年六月，户部连两个月的兵饷都发不出来了。为了解决军需，咸丰在其属臣的帮助和策划下，采取了一切可以采取的措施，广开财源，主要有：熔化内务府金钟、开捐例、卖官鬻爵、铸大钱、发行官票和钱票、推行厘金制度等，终于筹措到了1亿7000万两足够的军费。这些措施虽然为解决清政府的财政困难起了很大作用，但也增大了百姓的负担，进一步加剧了社会矛盾。

英法侵略，京津陷落

咸丰六年（1856年）九月下旬，就在农民起义如火如荼、咸丰为镇压太平天国使出浑身解数而心力交瘁的时候，英法联军又挑起了第二次鸦片战争（1856—1860年）。

第二次鸦片战争是英、法资本主义国家对清朝发动的一次侵略战争。这次战争是第一次鸦片战争的继续和扩大，因此称为第二次鸦片战争。

第一次鸦片战争后，英、法、美等国的资本主义经济有了进一步发展，迫切要求向外侵略扩张，以便寻找新的市场和原料产地。英国资产阶级原以为凭借《南京条约》就可以迅速打开中国市场，获取巨额利润。但由于中国自给自足的社会结构没有改变，对外国商品的进入有顽强的抵抗作用，英国的工业品没能占领中国市场。为了向中国倾销商品和掠夺中国的廉价原料，英国想通过扩大对中国的侵略战争，打开中国的市场。

咸丰四年（1854年），英国借口《望厦条约》中有12年可以修约的规定，援引片面最惠国条款，要求全面修改《南京条约》，以进一步扩大鸦片战争中所得到的权益，这得到法国、美国的支持。清政府拒绝了修约的要求。英、法、美未达目的，叫嚷要诉诸武力。但当时英、法正与俄国进行克里米亚战争，无力在中国开辟新的战场，美国也因国内局势不稳，不可能发动侵华战争，修约问题便暂时搁置起来。咸丰六年（1856年），美国借口《望厦条约》届满12年，要求全面修改条约，得到英、法的支持。清政府再次拒绝了这一要求。英国认为，只有采取强大的军事压力，才能从中国取得更多的权益。于是，英、法两国各自寻找发动对华战争的借口。

1856年，英国终于制造了一个"亚罗号事件"。"亚罗"号是一艘走私鸦片的中国船。英军占领广州时，两广总督叶名琛下令组织团练去驱逐训练有素的英军。1856年10月8日，广东水师在黄埔逮捕了船上2名海盗和10名涉嫌船员。他以为逮捕英国驻广州领事巴夏礼等人，夷人必乱，却不知道这是违背国际惯例，只会导致严重后果。巴夏礼借端生事，说该船是英国船，要求中国方面放还人犯并道歉。后来，叶名琛屈服于英国的压力，同意交还人犯。但巴夏礼拒绝接受。10月23日，英国军舰悍然开进内河，挑起战争。叶名琛不做任何准备，反而下令不准放炮还击，致使英军长驱直入，迅速攻占内河沿岸炮台，并一度冲入广州城内。广东人民和部分爱国官兵对进犯的英军进行了坚决的抵抗和打击，迫使英军于1857年1月20日退出珠江内河，撤往虎门口外等待援军。1857年春，英国政府任命前加拿大总督额尔金为全权专使，率一支海陆军前来中国，同时，建议法国政府共同行动。

在此之前，法国借口"马神甫事件"正在向中国交涉，进行敲诈勒索。于是接受英国建议，派葛罗为全权专使，率军参加对中国的战争。

1857年10月，额尔金和葛罗率舰先后到达香港。11月，美国公使列卫廉、俄国公使普提雅廷也赶到香港与英、法公使会晤，支持英法的行动。12月，英法联军5000多人编组集结完毕。额尔金、葛罗在27日向叶名琛发出通牒，限48小时内让城。叶名琛以为英、法是虚张声势，不做防御准备。12月28日，联军炮轰广州，并登陆攻城。29日，广州失陷，叶名琛被俘，解往印度加尔各答，1859年病死于囚所。英、法联军占领广州后，四国公使纠集北上。1858年4月，四国公使在白河口外会齐，24日即分别照会清政府，要求派全权大臣在北京或天津举行谈判。英、法公使限定6天内答复其要求，否则将采取军事行动。美、俄公使佯装调解，劝清政府赶快谈判。清政府不能正确判断英、法下一步的行动，又指望美、俄调停，既不做认真的战争准备，又没有同侵略军作战的决心。

　　咸丰八年，即1858年5月20日上午8时，额尔金、葛罗在联军进攻准备完成之后向清政府发出最后通牒，要求让四国公使前往天津，并限令清军在2小时内交出大沽炮台。咸丰帝"华尊夷卑"的传统观念和无知在此时暴露无遗。清政府未对英军的最后通牒作出回应，也未做好应战准备。上午10时，联军轰击南北两岸炮台，各台守兵奋起还击，打死敌军100余人。但是由于清朝官吏临阵逃跑，后路清军没有及时增援，致使炮台守军孤军奋战，最后各炮台全部失守。联军随即逆白河上驶，到达天津，还扬言要进攻北京。清朝统治者感到战守两难，立即派出大学士桂良、吏部尚书花沙纳前往天津议和。俄国还趁火打劫，在5月底迫使黑龙江将军奕山签订了中俄《瑷珲条约》，割去了黑龙江以北60多万平方千米的领土。

　　6月26日和27日，中英《天津条约》和中法《天津条约》分别签订。美、俄两国则在此之前就分别与清政府签订了《天津条约》，英、法、美、俄攫取了片面最惠国待遇，享有领事裁判权，降低关税，获取巨额战争赔款，这些条款对中国危害最大。咸丰帝对那些损害中国最大的条款不甚痛心，但对符合国际惯例的公使驻京这一条却是痛心疾首。他一再指示桂良争取取消这一条，以至不惜开战。他难以接受外国使臣可以面见皇帝，亲递国书，而不下跪，他觉得这对"天朝"来说乃非常之事。咸丰八年（1858年）六月五日，桂良与英、法使节谈判时说，咸丰帝宁愿用免去海关关税、允许鸦片进入换取公使不驻京。这不仅表现出他的"华尊夷卑"传统观念之深，还表现出他不顾国家利益却死守他个人和"天朝"的面子的迂腐观念。

《天津条约》签订后，英法联军退出天津，准备来年进京换约。1859年，英国派普鲁斯为公使到中国赴任和换约。普鲁斯和法国公使布尔布隆于6月中旬带领舰队和海军陆战队开到大沽口外。清政府安排英、法公使由北塘登陆进京换约，普鲁斯断然拒绝，坚持要清政府拆除白河防御、乘舰带兵入京的无理要求，并限期撤防。

1859年6月24日晚，侵略军炸断拦河大铁链两根。25日，英国舰队司令率10余艘战舰、炮艇突袭大沽炮台。此时大沽炮台经蒙古科尔沁亲王僧格林沁整顿，加强了兵力，改善了武器装备。面对侵略军的野蛮进攻，守军奋起反击，激战一昼夜，击沉、击伤英法军舰10余艘，毙伤侵略军600余人，英国舰队司令何伯也受重伤。联军受此挫败，狼狈逃出大沽口。

英法联军在大沽战败，使英、法政府大为恼怒。额尔金、葛罗再次率军气势汹汹地杀向中国。1860年4月，侵略军占领舟山，5月、6月占领青泥洼（大连）和烟台，封锁渤海湾，完成了进攻天津、北京的部署。

1860年8月1日，英法军舰30多艘，集结于没有设防的北塘附近海面。8月12日，联军在北塘登陆，迅速占领北塘西南的新河、军粮城和塘沽，切断了大沽与天津之间的主要交通线。8月21日，联军占领大沽炮台。僧格林沁所部退至北京东南的张家湾、通州（今通县）一带。联军乘胜占领天津。

清政府立即派人至天津乞和，英、法联军不予理睬，进逼通州。清政府又派怡亲王载垣、兵部尚书穆荫为钦差大臣，到通州求和，英、法联军提出极为苛刻的条件。9月18日，联军攻陷张家湾和通州，21日陷京郊八里桥。僧格林沁等撤往北京城。咸丰帝令其弟恭亲王奕䜣留守北京，负责求和事宜，自己从圆明园仓皇逃往热河（今河北承德）。逃跑这天，他只吃了两个鸡蛋。第二天吃了几碗小米粥，泪流数行。他到热河后一直不敢回京。

英法联军略经整备，即于10月6日进攻北京，同日，闯入圆明园，在大肆抢劫之后，将圆明园烧毁。大火延烧3天，烟雾笼罩全京城。接着，侵略军还抢劫了万寿山、玉泉山、香山等处许多著名建筑中所藏的大量文物珍宝。

10月13日，联军占据安定门，北京陷落。10月24日，中英《北京条约》签订；25日，中法《北京条约》签订；11月14日，中俄《北京条约》签订，割占中国领土140万平方千米。至此，第二次鸦片战争结束。中国再次损失了大量主权和领土，向半殖民地道路又前进了一步。其中，鸦片贸易合法化、华工出国及允许外国人前往内地传教，都使中国的社会矛盾更趋激化。

心力交瘁，病逝热河

即位十年以来，内忧外患，使得咸丰长期以来忧心忡忡，加上他本来体弱，又沉溺酒色，患上了肺病。后来仓皇逃至热河，咸丰明显感觉体力不支，健康状况更加恶化，经常痛泄呕血。

十一年（1861年）八月二十二日，咸丰终于在忧困中结束了多灾多难的一生，终年31岁。咸丰葬于河北遵化县昌瑞山定陵，庙号文宗。

咸丰帝即位之初，也有一番抱负，有振作之象。甫即位，即求贤才，

苦命天子遭变局
——清文宗咸丰皇帝

黜污吏。林则徐、江忠源、李棠阶等相继保举；罢免了穆彰阿、琦善等人职务，文渊阁大学士耆英降为五品顶戴。这个时期，他的生活也比较勤谨。但太平军起事后，咸丰帝心中便感到焦虑，以醇酒、妇人自戕。他先后有三位皇后，妃子12名，还不满足。咸丰十年（1860年），他命宫监四处觅汉女，充后宫。野史上记载，圆明园有四春：杏林春、海棠春、牡丹春与武陵春，又说他与陆御史争夺宠妓朱莲芳，还说他将山西风流姝丽曹寡妇召入宫内。咸丰死了，后宫发生政变。这场政变是由叶赫那拉氏一手导演的。

叶赫那拉氏是道员惠征的女儿，家人称她兰儿，外人叫她兰姑娘。她生于道光十五年（1835年）十月初十。咸丰元年（1851年），她年方16岁，虽然超过入选年龄，但仍有备选资格。

咸丰二年（1852年）五月初九，兰姑娘被皇宫派来的太监们慢慢地抬进了紫禁城。兰姑娘入宫之后住在储秀宫，这里院庭宽敞幽静，古柏挺拔。宫内装修精巧玲珑，陈设家具富丽堂皇。宫前两侧安置成对的铜龙和铜鹿，前殿高悬乾隆皇帝的御笔匾额："茂修内治"。兰姑娘一步登天，从此开始了崭新的生活。兰姑娘进皇宫以后，在内庭主位列第三名。咸丰三年（1853年），皇帝奕詝的后妃顺序是：皇后、云嫔、兰贵人、丽贵人、婉贵人、伊贵人、容常在、鑫常在、明常在、玫常在，共计10人。

皇后钮祜禄氏，是广西右江道穆扬阿的女儿，也就是后来所称的慈安皇太后，俗称东太后。她"温婉贤淑长厚，工文翰，娴礼法，容色冠后宫"，识大体，顾大局，处事宽厚，是一个有政治头脑的女人。她在皇宫宛如一个善于操劳的管家婆，朝中、宫内的事，她都默默地进行协调。她与叶赫那拉氏相处多年，始终保持着基本稳定的关系，除了她的正宫娘娘地位占优势之外，还在于她善于处理复杂的人际关系。兰贵人性格活泼，

"年十六时，五经成诵，通满文，二十四史亦皆浏览"。她还能草书，又能画兰竹。虽然文字写得不算好，间有错别字，但比那些不通文墨、一字不识的满洲女儿，可算是女中秀才了。入宫之后，为了讨人喜欢，她努力干活，任劳任怨，而且对人态度温和，乐于助人，人缘十分好。她更抓住一切可能的机会接近皇帝，能说会道，又善猜人意，很讨皇上喜欢，渐渐就得宠了，不久由贵人升为懿嫔。但在许多嫔妃中，奕詝最宠爱丽贵人。咸丰五年（1855年），丽贵人给皇帝生了第一个孩子，竟是个女儿，即荣安固伦公主。咸丰皇帝很不高兴。在庆贺孩子满月的赏赐物品中，减半发下去。这年咸丰皇帝已经26岁了，没有皇子继承大统是一件最苦恼的事。

这时，喜讯忽然传来，懿嫔叶赫那拉氏有了身孕。咸丰皇帝非常高兴，便下令把岳母请进宫来照顾自己的女儿。因为根据宫廷规矩："内庭等位有生母者，许进内照看。"咸丰五年（1855年）十二月二十四日，内殿总管太监韩来玉传旨："本月二十六日，懿嫔之母进苍震门至储秀宫住宿。钦此。"咸丰皇帝对她寄予希望，便不断给懿嫔各种赏赐和特殊关照。

三月二十三日，懿嫔叶赫那拉氏于下午2时前后分娩，生了大阿哥载淳。咸丰皇帝高兴极了，他信笔写起诗来。"是时，奕詝心喜甚，故有'庶慰在天六年望，更欣率土万斯人'之咏。"总管太监韩来玉奏过皇帝，急忙报告皇后，报告皇室众成员，喜讯传遍紫禁城。这一天，小太监平顺传送咸丰皇帝朱笔谕旨："懿嫔着封为懿妃。钦此。"叶赫那拉氏的地位立即得到提升。在储秀宫当差的太监们，由于大阿哥的降生，也都提了职，领了赏。

咸丰七年（1857年），叶赫那拉氏晋封为懿贵妃，她在皇宫后妃中的地位由第三位上升到第二位，仅次于皇后钮祜禄氏。皇后钮祜禄氏是咸丰皇帝为皇子时父母指配给他的。懿贵妃则是咸丰皇帝亲自过目挑选的，可以说是"百里挑一""千里挑一"了，她又为咸丰皇帝生了大阿哥，自然是青云直上。

咸丰皇帝的身体不好，他想到百年之后要由唯一的儿子载淳继位，而载淳年岁太小，这个重担自然落在载淳生母叶赫那拉氏肩上。懿贵妃心里也明白，她有责任帮助儿子处理军国重务。于是，她设法与闻政务，从奏折中了解朝廷内外局势，观察大臣言行，熟悉典章制度，学习处理政务的方法。她很快领会了驭下之道，熟悉了训谕款式，"时时披阅各省章奏"。她成为咸丰皇帝的得力助手，也慢慢滋长了野心。

咸丰帝死后，叶赫那拉氏与奕䜣发动政变，除掉八大臣，开始垂帘听政。

花天酒地无作为

——清穆宗同治皇帝

  同治皇帝，即清穆宗（1856—1875年），爱新觉罗·载淳，咸丰皇帝与叶赫那拉氏的独生子，生于咸丰六年。咸丰十一年（1861年）七月十六日，咸丰帝病危，召御前大臣怡亲王载垣、郑亲王端华、协办大学士户部尚书肃顺及军机大臣穆荫、匡源、杜翰、焦祐瀛代写朱谕，立载淳为皇太子，并命上述大臣赞襄政务。载淳生母叶赫那拉氏和钮祜禄氏尊为皇太后。第二天咸丰帝去世，6岁的载淳即位，年号祺祥，后很快改为同治，他是清朝第十任皇帝。

  同治一直受制于慈禧太后（叶赫那拉氏），没有什么作为，直到同治十二年（1873年）方才亲政，真正独立执掌大权的时间仅一年有余，次年病卒，年19岁，庙号"穆宗"。

辛酉政变，太后垂帘

咸丰十一年（1861年）七月十七日，咸丰帝驾崩了。他临终前做了三件事：

一、立皇长子载淳为皇太子。

二、命御前大臣载垣、端华、景寿，大学士肃顺和军机大臣穆荫、匡源、杜翰、焦祐瀛八人为赞襄政务大臣，八大臣控制了政局。

三、授予皇后钮祜禄氏"御赏"印章，授予皇太子载淳"同道堂"印章（由慈禧掌管）。顾命大臣拟旨后要盖"御赏"和"同道堂"印章。

十八日，大行皇帝入殓后，以皇帝名义，尊孝贞皇后为皇太后即母后皇太后，尊号为慈安太后；尊懿贵妃为孝钦皇太后即圣母皇太后，尊号为慈禧太后。

咸丰死后，年仅6岁的载淳继位，拟年号"祺祥"。可是，这个年号尚未正式启用，清廷内部就发生了一件重大的夺权斗争，这个斗争影响了小皇帝载淳的一生。

治丧期间，慈安太后住在东六宫的钟粹宫，后来被称为"东太后"；慈禧太后住在西六宫的长春宫，被称为"西太后"。八月初一，恭亲王奕䜣获准赶到承德避暑山庄叩谒咸丰的梓宫，同两宫太后会面约两个小时。然后，奕䜣在热河滞留六天，尽量在肃顺等人面前表现出平和的姿态，麻痹了顾命大臣。

奕䜣一回到北京，立即暗中紧锣密鼓地为政变做准备，尤其加紧做好

大清帝王故事

军事布置。初五，醇郡王奕譞为正黄旗汉军都统，掌握实际军权，初六，御史董元醇上请太后权理朝政、选亲王一二人辅弼的奏折。十一日，就御史董元醇奏折所请，两宫太后召见八大臣。肃顺等以咸丰遗诏和祖制无皇太后垂帘听政故，拟旨驳斥。两宫太后与八大臣激烈辩论。八大臣"哓哓置辩，已无人臣礼"。肃顺恣意咆哮，小皇帝吓得尿了裤子。两宫太后不让，载垣、端华等负气不视事，相持愈日，卒如所拟。八大臣想先答应两宫太后，把难题拖一下，回到北京再说。

当时，清廷的嫡系武装共有两支，分别控制在僧格林沁和胜保手中，他们都与肃顺嫌隙甚深，咸丰帝死后都无条件地站在皇太后和奕䜣的一边。咸丰帝一死，胜保即自行带兵回京，经与奕䜣密商之后，胜保在下达谕旨不许各地统兵大臣赴承德祭奠后，于八月初七赴热河祭奠咸丰帝，并乘机在京畿一带和北京、热河之间沿途布防。奕䜣还以太后命令示步军统领、神机营都统和前锋、护军统领，以把这些京城武装控制起来，为己所用。在此之前，手握重兵的僧格林沁早已不顾当时的政治体制，一再坚持奏折必书"伏乞皇太后、皇上圣鉴"字样，公然与肃顺等人对抗，表示自己坚定拥护皇太后的立场。

有了胜保、僧格林沁的武力作强大的后盾，奕䜣等人谋划的政变已是"万事俱备，只欠东风"。然而，此时肃顺等人却全然不知自己已成他人刀俎之上的鱼肉，依然得意忘形。自以为顾命制度既符合祖宗家法，又为大行皇帝遗诏所定，其合法性已不容置疑。奕䜣则一再以软弱谦卑之态麻痹肃顺等人，肃顺等人果然上当，毫无察觉。同时奕䜣通过心腹曹毓瑛的通风报信，对热河那边的风吹草动了如指掌。

正当慈禧和奕䜣磨刀霍霍的时候，肃顺等人又犯下了一个致命的错误。当时，端华系步军统领，统率在京八旗步军和在京绿营马步军3万人，掌京师九门管钥，身居要职，举足轻重。载垣兼銮仪卫掌卫事大臣、上虞备用处管理大臣之职，掌管皇帝的侍卫队与仪仗队，负有随侍皇帝渔猎、率领三旗侍入值之责，肃顺兼任响导处事务大臣，掌管着一支皇家侦察部队。这就是说，端华、载垣、肃顺统领着京城和皇帝的主要安全保卫力量。可是，他们三人见慈禧被迫退让，奕䜣对赞襄制度也不敢提出异议，遂认为大局已定，无人能撼动他们的权位，于是，以"差务较繁"为由，一起辞去上述要职。他们也许是为了表明专心致力于摄政事务，不敢包揽一切，以取得太后的信任和支持而作出的一个姿态。但这正是皇太后尤其是慈禧求之不得的，遂以两宫太后的名义同意了他们的请求。慈禧非常精明，在委任奕䜣同党瑞常等接任步军统领等职的同时，又特地委派端华暂署行在步军统领，以防肃顺等人起疑。这样，肃顺等人手上仅有的一点兵权也丢了，他们离死亡又靠近了一大步。

九月二十三日（10月26日），是咸丰帝灵柩回京的日子。肃顺等人安排载垣等随同两宫太后和小皇帝在避暑山庄丽正门外跪送咸丰帝灵柩启程返京，然后从间道先行，提前赶回京师。而肃顺、仁寿、奕谭、陈恩孚、宋晋等人，则护送咸丰帝笨重的灵柩，从大道缓缓而行。这一安排正中慈禧下怀，她抓住这一至关重要的机会，选用快班轿夫、日夜兼程，赶回北京。

咸丰十一年九月二十八日（1861年10月31日），两宫太后和小皇帝一行到达京郊，恭亲王奕䜣出城迎接，密陈在京政变部署情况，两宫太后听了颇为放心。当天，两宫太后在郊外宿次召见了奕䜣，双方开始为政变做最后一项准备。那就是密商政变后的政治体制，即权力分配的问题。

二十九日，小皇帝奉两宫太后回到北京皇宫。因为下雨，道路泥泞，灵驾行进迟缓。小皇帝奉两宫太后间道疾行，比灵驾提前4天到京。

这时，肃顺等人的败局已定，垂帘听政势在必行。而奕䜣这位曾经与皇位擦肩而过的皇子，如今已是功高盖世，众望所归，手握实权。他早已

大清帝王故事

盯上了这次难得的争权机会，但不好直接提出。于是，他便策动其亲信、手握重兵的胜保上了《奏请皇太后亲理大政并另简近亲王辅政折》。胜保奏折首先就赞襄政务王大臣的不合法性进行了抨击。他说，肃顺等人辅政，是以他们自己代写的圣谕为依据，而且当时，先皇已是弥留之际，近支亲王多不在侧，所以未能择贤而任之，这是先帝的未竟之志。而现在，嗣圣既未亲政，太后又不临朝，谕旨尽出于八大臣。他们已开矫窃之端，大失臣民之望，如果循此不改，一切发号施令，真伪不分，这样，不独天下人心日行解体，恐怕外国人闻之，也觉于理不顺，势必招致天下大乱。胜保的此番议论，等于将肃顺等人置于矫诏窃权的位置上，这对他们无疑是致命的一击。接着，胜保在奏折中又引经据典，论证垂帘听政和亲王辅政多有先例，而且合情合理，当务之急，应该因时制宜，不应拘泥细枝末节。最后，胜保明确主张："为今之计，非皇太后亲理万机，召对群臣，无以通下情而下国体；非另简近支亲王佐理庶务，尽心匡弼，不足以振纲纪而顺人心。"

从胜保奏折的内容可以看出，胜保为政变成功后设计的政治体制，实质就是皇太后听政与近支亲王辅政相结合，太后听政为其名，亲王辅政为其实。至于肩负辅政重任的近支亲王，在胜保等人的眼中，自然非恭亲王奕訢莫属。从后来事态的发展来看，慈禧的目标是代行君权，个人专政，其内心深处并不想接受这种政治体制，但她不得不依靠掌握朝廷实权、具有崇高威望的奕訢和手握重兵的胜保，于是不得不暂且答应下来。三十日（11月2日），两宫太后在宫中召见奕訢、文祥、桂良、贾桢、周祖培等人。慈禧面对众人，一把鼻涕一把泪，斥骂肃顺等八大臣大逆不道、飞扬跋扈、图谋不轨的种种罪行，并将英法联军入侵北京、圆明园被焚掠、皇都百姓受惊、咸丰皇帝出巡的政治责任全扣到八大臣头上。众大臣愤慨无比。周祖培说："何不重治其罪？"慈禧顺水推舟："彼为赞襄王大臣，

花天酒地无作为

——清穆宗同治皇帝

可径予治罪乎？"周祖培答道："皇太后可降旨先令解任，再予拿问。"

说到这里，慈禧确信留京大臣对诛杀肃顺等人毫无异议之后，随即抛出早在热河期间就由醇郡王奕譞拟好的谕旨，交给恭亲王奕訢，当众宣示。谕旨核心意思有两点：一是要求王公大臣等妥议皇太后亲理大政并另选亲王辅政；二是宣示八位赞襄政务大臣的种种罪行，谕令解除他们的一切职务。

刚宣读完毕，恰逢载垣、端华进宫上朝，见奕訢等王大臣竟在殿内，非常诧异，大声质问："外廷臣子，何得擅入？"奕訢答道："有诏。"载垣、端华就更摸不着头脑了，毫不客气地责备两宫太后不该召见奕訢等人。太后大怒，立即传下另外一道谕旨，奕訢当场宣示："将载垣、端华、肃顺革去爵职拿问，交宗人府会同大学士六部九卿翰詹科道严行议罪。"载垣、端华听罢如坠云雾之中，厉声斥问："我辈未入，诏从何来？"奕訢不予理会，一声令下，一群侍卫将其拿下，押到宗人府看管起来。

两宫太后又以小皇帝的名义，火速发出密旨，命令正在回京路上监视肃顺的睿亲王仁寿、醇郡王奕譞相机擒拿肃顺，押解回京，交宗人府听候议罪。此时，护送灵柩的肃顺才行至密云县。监视他的仁寿、奕譞接到驰送而来的密旨，连夜率兵赶去，在卧室中将其拿获。肃顺这才如梦方醒，跳骂道："悔不该早治此婢！"押至宗人府，碰见载垣、端华二人，肃顺怒道："若早从吾言，何至有今日！"二人无可奈何，答道："事已至此，还说什么！"

这样，慈禧和奕訢集团经过紧密的配合和周密的部署，取得了政变的成功。

十月初一，命恭亲王奕訢为议政王、军机大臣。随之，军机大臣文祥奏请两宫太后垂帘听政。初三，大行皇帝梓宫至京。初五，从大学士周祖培疏言"怡亲王载垣等拟定'祺祥'年号，意义重复，请更正"，诏改"祺祥"为"同治"。"同治"含义可做四种诠释：一是两宫同治，二是两宫与亲贵同治，三是两宫与载淳同治，四是两宫、载淳与亲贵同治。

十月初六（11月8日），恭亲王奕䜣等人公布八大臣八条罪状，而后，扔下两条白绢，令载垣、端华自尽。肃顺则被无帷小车押赴刑场处决，在通往刑场的大街上，人山人海，熙熙攘攘，人群中有人高喊道："肃顺，也有今天啦！"于是人们纷纷以瓦砾泥土掷之，肃顺白白胖胖的面目很快就模糊不可辨别了。此人是条硬汉，行刑之前一路破口大骂，刑场上不肯下跪，刽子手用刀柄敲断他的两条腿，方才跪下。接着，奕䜣等王大臣会议提出将景寿、穆荫、匡源、杜翰、焦祐瀛五人革职，发配新疆效力。

慈禧和奕䜣进一步肃清余党，将陈孚恩、黄宗汉、刘昆、成琦、德克律太等人革职，将太监杜双奎、袁添喜、王庆喜等发往边远地区充官兵奴仆。

此外，慈禧和奕䜣非常清醒地知道，肃顺、载垣、端华掌权多年，其党羽遍布六部九卿，至于依附逢迎、巴结讨好者，在京师内外文武百官中，更是大有人在，但如果一一追究，广为株连，势必弄得人人自危，风声鹤唳，不利于笼络人心、稳定政局。为此，慈禧、奕䜣在处死载垣、端华、肃顺之后，连下三道上谕，宣布既往不咎之意，但内含肃杀之气，意在告诫宗室王公、文武百官，不得抗拒垂帘，否则肃顺等人前车俱在，必将严惩不贷。

初九，载淳在太和殿即皇帝位。二十六日，礼亲王世铎上《垂帘章程》。两宫太后懿旨：依议。于是，皇太后垂帘听政之举，舆论已经造成，章程亦已制定。

十一月初一，同治奉慈安皇太后、慈禧皇太后御养心殿垂帘听政。垂

花天酒地无作为
——清穆宗同治皇帝

帝听政设在大内养心殿东间，同治帝御座后设一黄幔（初为黄屏），慈安皇太后与慈禧皇太后并坐其后。恭亲王奕䜣立于左，醇郡王奕譞立于右。引见大臣时，吏部堂官递绿头笺，恭亲王奕䜣接后，呈放在御案上。皇太后垂帘听政，这在中国历史上实属空前绝后。也就是从这个时候起，同治帝就失去了家庭生活的乐趣，成为他母亲手中的一个傀儡和工具。同治帝在位13年，前12年是在两太后垂帘的情况下虚坐龙椅的傀儡皇帝，最后只亲政了1年。

这次政变，因载淳登基后拟定年号为祺祥，故史称"祺祥政变"；这年为辛酉年，又称"辛酉政变"；因政变发生在北京，又称为"北京政变"。其时，"辛酉政变"的三个主要人物——慈安皇太后25岁，慈禧皇太后27岁，恭亲王奕䜣30岁。

短暂的"同治中兴"

同治帝即位之初，清政府利用湘军并借列强之师助剿，于同治三年（1864年）将太平天国镇压了下去。接着李鸿章率淮军于同治七年也将捻军镇压了下去。太平天国覆灭后，清廷元气大伤，而域外豺狼正虎视眈眈。

慈禧皇太后是帝制时代中国少数长期当政的女性，政治手腕堪称聪明干练，尤其擅长操弄亲贵朝臣之间的权力平衡，以维系清廷的绝对权威。慈禧发动政变后，以"自强""求富"为宗旨的洋务运动迅即拉开序幕。很难设想，如果没有慈禧太后的支持，洋务运动怎能在强大守旧势力的阻梗下延续30多年。很长一段时间里，慈禧被一些史家称为"顽固势力的总代表"，说她"一贯顽固守旧"，殊不知时值国事日非之际，慈禧亦不乏改革进取之心。

慈禧皇太后从捍卫清帝国权威及其本身权力的立场出发，重用李鸿章、张之洞等能臣，在地方上开办洋务运动，这是中国发展近代化工业的开始。

李鸿章对时局有着非常清醒的认识，这在当时的官员中是很难得的。他知道中国不可能再闭关自守了。西方列强的狼子野心昭然若揭，中国已经成了西方各国嘴边的一块大肥肉，稍有不慎，饿狼就会群起而扑之。在李鸿章看来，以当时中国的实力来应对"船坚炮利"的西方列强，无异以卵击石。正是在这种背景下，李鸿章认为中国要避免灭亡，只有如魏源所说"师夷长技以制夷"。于是，在李鸿章和清廷另外一些重臣（文祥、张之洞等）的推动下，一场声势浩大的洋务运动拉开了序幕。

然而，洋务派每办一事，必招致顽固派和清流党的攻讦，朝廷上无一日安宁。面对顽固派和清流党的叫嚣，慈禧太后巧妙地施展其政治手腕，逐渐减少来自他们的阻力，1866年，洋务派拟在同文馆加设天文、算学馆，选派科甲正途出身的人进馆学习。此议一出，文渊阁大学士倭仁便倡首反对。他认为以中国之大，不患无才，"何必师事洋人"。慈禧见倭仁振振有词，即令他保举数员精通自然科学的中国教师，另行设馆授徒，以与同文馆的洋教习相比试，倭仁见上头动了真格，赶快申辩，说所谓中国"不患无才"，不过是自己"以理度之"，为想当然之事，"应请不必另行设馆，由奴才督饬办理。况奴才并无精于天文、算学之人，不敢妄保"。倭仁受此挫抑，后竟郁闷成疾，请求开缺休养。

清流派代表人物张佩纶也领教过慈禧太后的厉害。中法战争期间，张佩纶放言高论，以谈兵事为能，对洋务派的军事外交政策不屑一顾。慈禧顺水推舟，任命张佩纶为福建海疆大臣，到前线指挥作战。张佩纶临事

花天酒地无作为
——清穆宗同治皇帝

茫然，暗中叫苦不迭。慈禧的治人之术，于此可见一斑，慈禧无疑是支持改革的，但处在一个社会大变革的时代，她与一个最高统治者应有的知识素养和精神面貌又有一定的差距。她无主动吸纳新知识的渴求和行动，因而在不少问题上表现出惊人的愚昧，如认为修铁路破坏风水，火车要用驴马来牵引等；她贪图安荣享乐，不惜挪用海军军费修造颐和园。愚昧和私欲，直接影响到她所支持的洋务运动的实绩。更为重要的是，她对事态的严重性、改革的进程和目标从未有过足够的心理准备和通盘考虑，而是在外力的刺激下被动地调整政策。

不管怎样，在慈禧的支持、庇佑下，洋务运动轰轰烈烈地进行着。在洋务派中，李鸿章既是洋务运动的主要发起者，更是决心最大、洋务办得最成功的一人。李的洋务自强包括军事、经济和教育三个方面。

在军事方面，自从19世纪60年代中期以来，有4个近代兵工厂是由李鸿章一手组建而成：金陵机器局、上海江南制造局、福州船政局和天津机器局。这4家近代兵工厂对于后来清朝军队的近代化作出了重要的贡献。天津机器局到1874年已日产火药一吨以上并产大量子弹炮弹。江南制造局到1874年也已生产出了大量来复枪和短筒马枪装备军队。

而李鸿章在军事上最大的成就无疑就是建立中国第一支近代化海军——北洋水师，由于晚清所面对的西方列强（俄国除外）都是海上大国，在一次又一次被坚船利炮轰开国门的无情事实面前，李鸿章意识到如果没有一支强大的海军来保卫自己的话，中国永远只能是被动挨打。所以李鸿章下定决心建立一支可以和当时西方各国海军相抗衡的强大海军。

1870年，李鸿章出任直隶总督兼北洋通商大臣，开始雄心勃勃地筹建海军。在短短10余年里，费银几百万两，终于建成了一支在当时较先进的海军——北洋水师。

全师有战舰26艘，其中"镇远"和"定远"两舰为德国伏尔铿船厂制造，各长298英尺5英寸，宽60英尺4英寸，吃水19英尺6英寸，腰线护甲长144英尺，厚6英寸，两舰均为6000马力，时速14.5海里，装备有12英寸重炮、5管连珠炮、加特林后膛炮以及鱼雷，威力巨大，可以说各项性能指标都是世界一流。除了这两艘铁甲舰外，北洋水师还有多艘进口的巡洋舰和自己制造的小型铁甲舰等。

北洋水师建立后，李鸿章为了提高水师战斗力水平，雇用了一些外国军官来训练水师，同时还建立了海军学堂来培养海军人才。李鸿章于1880年在天津创立了北洋水师学堂，截至1894年甲午战争时，共有300多名海军学员从此毕业。此外在其他地方李鸿章也办了很多海军学堂，后来中国很多人才都是从李鸿章的海军学堂毕业的，如严复、詹天佑等人。同时，为了使海军学员更好地掌握先进的航海技术和海战理论，李鸿章自1877年到1890年，共派了三批35名学员到英国留学，后来这些人中很多成了各舰的管带，如刘步蟾和林慕曾等。

除了购造船炮和培养人才之外，李鸿章也十分注重遴选指挥官。海军学堂和留学归来的学员虽然受过专业训练，但是由于年纪较轻，大都没有多少作战经验，在他们中选指挥官是不切实际的。所以李鸿章从淮军中选了丁汝昌担当北洋水师的提督。李鸿章认为丁汝昌虽然缺乏海战经验，但是久经沙场，果敢勇猛，是不可多得的将才。同时为了弥补丁汝昌的先天不足，李鸿章还聘任了外国专家作为他的顾问。

太平天国的覆灭与轰轰烈烈的洋务运动为清朝赢来了"中兴"局面。然而同治帝与这一切毫无关系。

花天酒地无作为
——清穆宗同治皇帝

荒淫怠惰的短命之帝

同治帝载淳6岁就学，启蒙老师是翰林院编修李鸿藻，他是咸丰皇帝在世时为皇长子选定的师傅。同治元年（1862年），载淳在北京紫禁城登基。慈安皇太后、慈禧皇太后发布懿旨："李鸿藻及礼部尚书前大学士祁寯藻、大学士翁心存、工部尚书倭仁，均着在弘德殿授读。"同治皇帝的师傅由一位增加到四位。同治二年（1863年），太后以惠亲王绵愉行辈最尊，品行端正，命其子奕详、奕询为同治伴读。

在中国历代皇帝中，清朝皇帝可以说是最勤于政事的。他们每天要召见军机大臣，要亲自批阅内外臣工的奏章文牍。为了胜任这些事务，需要一定文化素养。因此，历朝皇帝对皇子的教育比较严格，对小皇帝尤其严格。由于同治不是像皇子那样可能当皇帝，而已经是皇帝，因此他给安排了不少功课：有蒙古文、满文、汉文、拉弓、射箭、打枪、骑马等。对他来说，一年中可以放假不上学的日子，只有年假、端午、中秋等三十余日，以及暑期中的半假四十余日而已。同治的师傅还规定："诵读与讨论二者不可偏废，皇帝读书之暇，总宜与师傅随时讨论，以古证今，摒除虚仪，务求实际，切勿诵声甫辍，旋即退息。"其他规定还多，不复赘述。凡此种种，对六七岁的小孩子来说，分量未免过重，但这是遵循200年来的祖制，并已造就了几代人君。对于嬉戏成性的同治帝来说，学业越严逆反心理越强，他虽然不敢公然逃学罢课，然而"多嬉笑""精神不聚"，种种厌学之态日甚一日地多了起来。

本来同治自幼聪颖，有人君的风度，而且天性浑厚，按常理发展，本可成为一个有所作为的人。可是同治虽然贵为一国之君，却有着诸多的不幸和烦恼。其父咸丰早死，使他过早地失去了父爱；其母西太后自"垂帘听政"以后，一味倾心于宫廷斗争，争权夺利，对同治很少关心，根本没有什么母爱可言，更不用说母教了。年幼的同治只有和阉臣们鬼混在一起，寻找欢乐，以弥补他那缺少温暖的心灵。同治在稍稍长大之后，在一些贵族子弟的诱导下，经常微服出宫，到处游荡，寻欢作乐。凡有女子的娼寮酒馆及摊肆，他们几乎无所不至，因此同治更是无法安心读书，厌学的情绪越来越强烈。到了16岁，即将大婚亲政了，同治对学习仍不热心，还把管理国家大事说成是一种苦差事。他的师傅虽然心急如焚，却无法改变现状，以至于同治亲政时，不仅连最基本的经典都理解不了，甚至不会句读，奏折也读不成句，书写时则白字连篇，说话也不太清楚。

当初两宫太后垂帘听政的唯一理由就是皇帝年幼，不能亲理朝政，暂权宜理政，"俟皇帝典学有成，即行归政"。同治八年（1869年）载淳已经14岁了，清初顺治、康熙两朝皇帝大婚、亲政的时候，正是这个年龄。可是慈禧视权如命，不想按时归政，仍然把政权抓在自己手中不放。到同治十二年（1873年）时，18岁的皇帝已经是一个成年人了，不论从哪个方面讲，太后都必须撤帘归政了。这时，慈禧不得已才决定先给同治办婚事，然后归政。

同治此时与慈禧的关系日益紧张起来，母子关系恶化成为宫廷公开的秘密。原因是十多年来，两宫太后垂帘听政，对同治的管束太严。日渐成长的同治皇帝形成一种逆反心理。同治皇帝请安时，和东太后有话说，与西太后简直连一句话也说不出来。而西太后权欲太强，撤帘归政对她来说犹如太空失重，心理难以平衡，尤其是西太后在同治帝婚姻问题上横加干涉，引起母子间更大的隔阂。

同治帝的婚姻是个大问题。找谁做皇后，两宫太后意见不一；起初，经过一番东挑西选，皇后人选的最后目标集中在两位姑娘身上：阿鲁特氏和富察氏。慈安太后起初无意垂帘听政，好容易盼到皇帝大婚成年，便提议以侍讲崇绮之女阿鲁特氏为皇后，认为此女品德才貌皆堪膺皇后之任，对于同治帝主政理事则十分有益，慈禧太后主张以侍郎凤秀之女富察氏为皇后，因为此女年龄还小，性情娇憨，缺乏统摄六宫、襄助帝业的才华和气度，若能为后，便能利用皇后的年幼无知，进一步控制皇后。

二人相让未决，只好让同治自选。同治选定蒙古正蓝旗崇绮的女儿阿鲁特氏。于是奉两宫太后懿旨，册立阿鲁特氏为皇后，同治17岁，皇后19岁，凤秀之女落选，只封作慧妃。新婚之夜，同治帝要阿鲁特氏背唐诗，无一字之误，同治帝更喜欢她，同治大婚之后不久，慈安、慈禧两宫太后正式卷帘归政了。同治帝亲政时表示"恪遵慈训"，就是要遵守圣母的懿旨。同治实际在位只有一年。这一年他做了什么事呢？

同治帝亲政伊始，颇有想法，亲裁国政，一年以内，倒也不敢怠慢，悉心办理。只是他性格刚强，很像慈禧太后。慈禧虽已归政，遇有军国大事，仍着内监密行查控，探悉以后，即传同治帝训饬，责他如何不来禀告。同治帝也很倔强，他想母后既已归政，为什么还来干涉？母后越要他禀报，他却越加隐瞒，因此母子之间隔阂日深。

后来，慈禧看同治与皇后阿鲁特氏打得火热，很少问津另外一妃二嫔的住处，心里很不高兴，便强令其移爱慧妃。同治当面应允，回去后依然不与慧妃亲近。慈禧便以"应当勤于政事"为理由，不让同治常到皇后那里去，皇帝与皇后被慈禧强迫分离。同治精神上受到刺激，痛楚万分，便独居乾清宫。慈禧暗地里让李莲英把慧妃背到御床，谁知同治见了慧妃，却根本不理她，一直挨到天明。

由于受到慈禧的拘束，加之对功课的厌倦，同治便常与小太监或伴读嬉戏游宴，因此逐渐放荡成性。有个翰林侍读王庆祺，擅长谄媚，在入值南书房时，得到同治皇帝的欢心，赏加二品衔，命为毓庆宫行走。王庆祺经常偷偷将"秘戏图"带进宫里，呈皇帝阅览。

另外，同治一直与恭亲王奕䜣的儿子交往密切，此人非常聪明机敏，但是为人很轻佻。他和同治从小在弘德殿读书，是同治的伴读。当时，恭亲王奕䜣在弘德殿行走，照料皇帝载淳读书，也可以管理自己的孩子。小皇帝好嬉游，他就经常引导他玩些新花样，两个人非常投机。恭亲王经常告诫他不要和皇帝玩那些不好的游戏，但他根本不听。后来，他和同治一起演淫戏，被奕䜣赶回家，围禁起来了。几年过去之后，同治忘记以前的事，仍然召他入宫相伴。他们两个一起化装出宫，还去嫖妓。

家庭失和，办事不顺，苦闷的同治一直过着荒淫不堪的生活，因此严重损害了健康，不久他便得了一种浑身溃烂的病（有人说是性病，也有人说是天花）。

由于同治不喜欢慧妃，慈禧皇太后便不喜欢皇后，常找碴儿难为皇后。因为慈禧处处刁难，皇后日子过得很不舒心。同治病重，皇后护侍，也遭到慈禧的呵责。一天，皇后前去养心殿探视，二人说了些私房话，被慈禧皇太后知道。慈禧怒不可遏，闯入暖阁，"牵后发以出，且痛挞之"，并叫来太监备大杖伺候。据说皇后情急之下说了句："媳妇是从大清门抬进来的，请太后留媳妇的体面！"慈禧动怒，同治被吓晕，病情加重。慈禧见状，才未对皇后动刑。

同治十三年（1874年）十二月初五，同治帝怀着对母亲的痛恨和对人世的眷恋离开人世，终年19岁，他的寿命是清朝十二帝中最短的。皇后阿鲁特氏见同治皇帝死，大恸大悲，不思饮食，吞金自杀，获救得生。皇后之父崇绮，奏告慈禧皇太后。皇太后回答："可随大行皇帝去罢！"就是说可以随夫殉死。而且慈禧不为同治立嗣，实际上也就是不为皇后留余

花天酒地无作为
——清穆宗同治皇帝

地，皇后只有自尽一条路可走。崇绮将慈禧的话告诉女儿，阿鲁特氏更存了必死之心。光绪元年（1875年）二月，同治帝死后75天，皇后阿鲁特氏"遽尔崩逝"，享年22岁。

同治帝最后葬于河北昌瑞山惠陵，庙号穆宗，谥"继天开运受中居正保大定功圣智诚孝信敏恭宽毅皇帝"。

变法失败空遗恨

——清德宗光绪皇帝

　　清德宗爱新觉罗·载湉，即光绪帝，同治十年（1871年8月14日）出生于北京宣武门太平湖畔醇王府，其父奕譞是道光帝的第七子，其母是慈禧的胞妹，这种特殊的家庭环境，使他在同治病故之后被指定为皇帝，他在位34年，终年38岁，庙号德宗，葬于河北易县崇陵。

　　光绪帝19岁亲政，他富有年轻人的进取精神，愿意接受新思想，"不甘作亡国之君"，积极支持变法，一度成为维新派心中的"救世主"。但变法危及封建守旧势力的利益，遭到以慈禧为主的清室贵族的阻挠。戊戌变法的失败，使清王朝改变旧章的一线生机被扼杀。光绪帝没有勇气冲破封建伦理思想的束缚，"天颜戚戚，常若不悦"，心境悲怆，终其一生是屈辱和哀怨的悲剧命运。八国联军占领北京时，慈禧只好挟光绪帝仓皇逃到西安。义和团运动后，各地反清武装起义此起彼伏，民主革命思潮在全国广泛传播，清王朝濒于覆灭的边缘。

少年天子，敏而好学

同治十三年（1874年）十二月初五酉时（17—19时），同治帝驾崩于皇宫养心殿东暖阁。戌时（19—21时），两宫太后在养心殿西暖阁召见悼亲王奕譞、恭亲王奕䜣等王公大臣29人，谕曰："文宗无次子，今遭此变，若承嗣年长者，实不愿；需幼者乃可教育。现在一语即定，永无更移。我二人同一心，汝等敬听。"宣布："醇亲王奕譞之子载湉，着承继文宗显皇帝为子，入承大统，为嗣皇帝。"醇亲王奕譞一听这个消息，大哭，忙跪下谢恩。慈禧派人前往醇亲府邸去接载湉。

小载湉离开醇王府，慈禧太后不顾人世间的骨肉之亲，强行切断载湉同生身父母的血缘感情。无论对小皇帝，还是对醇亲王奕譞和他的福晋，这都是难以忍受的悲剧。可是在封建社会宗法制度的精神罗网里生活着的醇亲王，为了大清王朝基业的延续，只好忍痛割爱。

初六早晨，载湉哭哭啼啼地被人用小轿抬到了皇宫，领到了养心殿。载湉先被带到西暖阁，向两宫太后磕头，算是请安；又被带到东暖阁，到同治的遗体前磕头，算是祭奠。到了晚上，两宫太后让载湉住在养心殿。

光绪元年（1875年）正月二十日，两宫太后懿旨载湉在太和殿举行即位大礼，接受百官朝拜，并告祭天、地、庙、社。光绪皇帝继位后，先被带到乾清宫向同治帝御容（画像）行礼，又被领到钟粹宫向慈安皇太后行礼，再被抬到长春宫向慈禧皇太后行礼，最后又被送到储秀宫向嘉顺皇后（同治皇后）行礼。这时光绪皇帝才4岁半，还是个不懂事的小孩子，当然无法亲理朝政。于是从初七开始，慈安皇太后与慈禧皇太后实行垂帘听政。

清朝幼年皇帝登基，先有6岁顺治，继有8岁康熙，再有6岁同治，而光绪此时只有4岁半，还没有正式开始读书。载湉入继大统一年之后，到了入学读书的年龄。慈禧太后对光绪帝的"典学"作了慎重的部署。为载湉选定的师傅为署侍郎、内阁学士翁同龢和侍郎夏同善，两人是同榜进士。

光绪二年四月二十一日（1876年5月14日），是钦天监选定的"入学吉期"，小皇帝载湉开始上学了。这天，帝师翁同龢与夏同善一大早就来到"上书房"恭候小皇帝。载湉起床后，由宫女伺候着梳洗完毕，先冲着孔子像拜一拜，然后被抬到毓庆宫。两位帝师及随侍大臣赶忙三跪九叩，拜见皇帝，光绪给二人赐座。简单的"典学"仪式后由帝师给皇帝授课。开学的当天读汉书四句即止，因为恭亲王奕訢传两宫太后懿旨曰："上连日体不甚适，功夫不过一二刻可退。"

光绪刚开始上学的时候，对环境、师傅、学习、伴读都感觉很不习惯。他对授读师傅感到很生疏，不仅又哭又闹，还把书本笔墨摔到地上，根本不想学习。师傅没有办法，只好如实奏告慈禧皇太后。慈禧也不知道该怎么才能让小皇帝安心读书，便下了一道懿旨，让小皇帝生父奕譞到毓庆宫照看小皇帝读书。光绪有父亲在身边，安静了许多，开始接受师傅的教导。奕譞虽然天天能见到自己的儿子，却也得天天给儿子下跪行礼，因为此时君臣之礼已经取代了父子之情。随着岁月推移，光绪帝年岁渐长，逐渐习惯于读书生活。

给光绪帝授课的师傅主要是翁同龢一人，因为夏同善浙籍乡音较重，光绪听不懂。翁同龢每天讲读《四书》四到六句，然后练习大小楷若干张。后来，光绪的字写得非常不错。光绪帝聪颖好学，平时没事就学习，

变法失败空遗恨
——清德宗光绪皇帝

不管是走路、站着、坐着、躺着都在吟诵诗书。慈禧因此经常夸赞他。光绪的记忆力也很强，无论是答复翁同龢提出的问题，或是背诵已经念过的书，他都能应付自如。

光绪帝读书还有一个特点，就是口到心到，从来不死"啃"书本。有一次课本上有"财"字，翁师讲释字义，光绪帝指书内"财"字曰："吾不爱此。"又曰："吾喜俭字，此真天下之福矣。"当时他也不过六七岁。

光绪在毓庆宫读书学习长达10年，儒家经典和师傅熏陶是其思想性格形成的重要因素。荀子关于君与庶人是舟与水的关系的名言以及翁同龢主战思想对他产生了很深的影响。他把读书同做国君相联系，如在《乙酉年御制文》中写道："为人上者，必先有爱民之心，而后有忧民之意。爱之深，故忧之切，忧之切，故一民饥，曰我饥之；一民寒，曰我寒之。凡民所能致者，故悉力以致之；即民所不能致者，即竭诚尽敬以致之。"这一年为光绪十一年（1885年），光绪才15岁。他已决心做一个爱国爱民的君主、有所作为的皇帝。

光绪帝读书这段时间也是慈禧太后垂帘听政、掌握大权的阶段。在这段时间里，发生了几件大事：

光绪七年（1881年）三月"辛未（初九），慈安皇太后不豫；壬申（初十），崩于钟粹宫"，慈安病死之后，慈禧独掌大权。光绪八年（1882年），中法战争爆发，清军恐怕"失和"而"退让"。光绪十年（1884年），法国舰队驶入福建水师基地马尾军港，清军被迫迎战。同年，法军又进攻吴淞口。法军再侵犯台湾淡水、鸡笼（基隆），台湾军务大臣刘铭传率领守军扼守淡水，击退敌军侵略。光绪九年（1883年）年初，法军在水路进攻浙江镇海，在陆路进攻镇南关（今友谊关），清军获得"镇南关大捷"。光绪十一年（1885年）四月，清朝"以胜求和""不败而败"，派李鸿章同法国代表在天津签订《中法新约》。光绪十一年（1885年）九月，清朝"改福建巡抚为台湾巡抚"，正式建立台湾行省，刘铭传为第一任台湾巡抚，他筑炮台、修铁路、架电线，使台湾的经济得到了发展，社会渐趋安定。

太后训政，皇帝傀儡

　　载湉为嗣皇帝，是慈禧太后最理想的，也是最适当的选择，从载字辈而论，载湉具备的对她有利的因素，是宗室中其他人所不能及的。而且之所以选小载湉入宫为嗣皇帝，是因为慈禧想永远成为主宰朝政、驾驭皇帝的太上皇。慈禧太后控制政权的希望全寄托在载湉身上，因此，小载湉入宫以后慈禧太后关怀备至，调护教诲，耗尽心力，力图培植起同皇帝的特殊感情。从某种程度上说，童年时代的光绪皇帝是慈禧太后的宠儿。

　　从载湉进宫以后，她一再嘱咐宫里的太监和宫女，必须教导光绪称她"亲爸爸"。从小皇帝对慈禧太后异乎寻常的称呼中也可以看出她对载湉的宠爱程度。这位满洲贵族中的女强人，其性格非常特别，她一心想当统治中国的大清皇帝，因之也就一心想做男人。并且时常很骄傲地说，她把大清帝国统治得非常出色，绝不逊于任何一个男性的统治者，如今有人可以叫她"亲爸爸"了。后来这个称呼便始终沿用着，直到光绪长大成人，还是叫慈禧为"亲爸爸"。

　　光绪虽说是"一国之主"，但朝中的一切，事无巨细悉归慈禧一人掌管。慈禧执意要把他铸成一个随她任意摆布的傀儡皇帝，对他的管教非常严格。光绪每天都要到慈禧面前跪着请安，慈禧不叫他起来，他就一直

变法失败空遗恨
——清德宗光绪皇帝

207

跪在地上，头也不敢抬。他惧怕慈禧"谈后色变"，慈禧一直不愿放弃权力，迟迟不让光绪亲政。经过12年的少年皇帝生活，16岁的光绪已经长大成人，皇帝亲政之事，已然不能再拖。光绪十二年（1886年）六月初十，慈禧皇太后很不情愿地下了一道懿旨："前因皇帝冲龄践祚，一切用人行政，正大臣不能无所秉承，因准廷臣之请，垂帘听政。本日召见醇亲王及军机大臣、礼亲王世铎等，谕以自本年冬至大祀圜丘为始，皇帝亲诣行礼，并着钦天监选择吉期，于明年举行亲政典礼。"醇亲王奕譞这个人很有城府，揣测出了慈禧的心思，便想出一个请皇太后"训政"的主意。于是他找到礼亲王世铎商定后合奏，"恳请皇太后训政数年"。慈禧太后看了奏折，正合心意。六月十五日，慈禧就下了一道懿旨："归政后当永照现在规制；凡宫内一切事宜，先请懿旨，再于皇帝前奏闻，俾皇帝专心大政等语。念自皇帝冲龄嗣统，抚育教诲深衷，十余年如一日，即亲政后亦必随时调护。"这道懿旨发下后，大家就都知道慈禧太后的真正想法了，其他王公大臣也纷纷跟着上奏折吁请太后"训政"数年。慈禧太后就假装很不情愿似的，发布懿旨说："既据诸王大臣等再三沥恳，何敢固持一己守经之义，致违天下众论之公。勉允所请，于皇帝亲政后，再行训政数年。"于是，慈禧不但获得了归政的好名声，还使实权仍然在握，可谓一举两得。

光绪皇帝亲政、皇太后训政的局面又维持了两年：到光绪十四年（1888年）时，皇帝已经18岁了，无论怎么说，慈禧太后都必须把政权交给皇帝载湉。她在懿旨中只好说："前因皇帝甫亲政，勉允臣工之请，训政数年。两年以来，皇帝几余典学，益臻精进，于军国大小事务，均能随时剖决，措置合宜，深宫甚为欣慰。明年正月大婚礼成，应即亲裁大政，以慰天下臣民之望。"也就是决定在光绪大婚之后归政。

皇帝大婚，挑选皇后极为重要。由于光绪是嗣咸丰皇帝、兼祧同治皇帝而即位的。光绪未来的皇子，是同治皇帝的当然继承人。为了更有效地控制光绪帝，慈禧太后把都统桂祥之女叶赫那拉氏塞给光绪帝做皇后。慈禧太后不经光绪皇帝本人同意，就在懿旨中说："皇帝寅绍丕基，春秋日富，允宜择贤作配，佐理宫闱，以协坤仪，而辅君德。兹选得副都统桂祥之女叶赫那拉氏，端庄贤淑，着立为皇后。"而桂祥恰恰是慈禧的亲弟弟。这样，皇帝是慈禧太后妹妹的儿子，皇后是慈禧太后弟弟的女儿，而未来的皇子又是慈禧太后亲生儿子同治皇帝的当然继承者。这些人都与慈禧太后叶赫那拉氏有直接的关系，这一巧妙的安排，使慈禧牢牢地把权力握在自己手中。

光绪十五年（1889年）正月二十六日册封叶赫那拉氏为皇后。二月三日，慈禧太后归政，光绪帝开始亲理朝政。

亲政后的光绪帝迫切希望了解世界情况。光绪十六年（1890年），驻美公使张荫桓自美归国。光绪急切召见他，询问国外情况。他又索取驻日公使参赞黄遵宪的《日本国志》，日本的明治维新给他留下了很深的印象。光绪帝还读了冯桂芬《校邠庐抗议》，萌发改变中国积贫积弱状况之志。

在光绪蠢蠢欲动时，朝廷内部逐渐形成两股政治势力、两个政治集团，这就是"帝党"与"后党"。早在光绪十年（1884年）中法战争期间，慈禧同奕谩合作，将以恭亲王奕䜣为首的五位军机大臣（奕䜣、宝鋆、李鸿藻、景廉、翁同龢）全部罢黜，代之以才能平庸的礼亲王世铎和孙毓汶、额勒和布等人。这一年为甲申年，史称为"甲申易枢"。此后，"帝党"与"后党"在朝中逐渐形成。他们在重大朝政上，都进行激烈的争论。

甲午惨败，帝后不睦

中日甲午战争的爆发，使"帝党"与"后党"的矛盾进一步尖锐化了。

日本发动对中国的侵略战争，蓄谋已久。早在清同治七年（1868年），日本明治天皇登基伊始，便极力鼓吹军国主义，以实行对外扩张为基本国策，并将侵略矛头首先指向其近邻朝鲜和中国。明治政府抓紧改革军制，推行近代军事教育和训练，积极扩军备战。

清政府对日本的侵略野心有所察觉，北洋大臣李鸿章曾指出日本将为"中土之患"。同治十三年（1874年）日本侵犯中国台湾事件后，尤其是中法战争后，清政府加强海防建设，以京师门户北洋为设防重点，主要防御对象为日本。光绪十四年（1888年），北洋海军正式编练成军，有舰艇25艘、官兵4000人。到甲午战争前，北洋舰队的大沽、威海卫（今山东威海）和旅顺（今属辽宁大连）三大基地建成。然清朝政治腐败，军事变革基本停留在改良武器装备的低级阶段，陆海军总兵力虽多达80余万人，但体制不顺，编制落后，管理混乱，训练废弛，战斗力低下。

光绪二十年（1894年）春，朝鲜爆发"东学党"农民起义，朝鲜政府于6月3日请求清政府派兵协助镇压。清军首批部队于6月8日抵朝。日军便以清军入朝、保护侨民为借口，大批调遣日军赴朝，向清军开战。8月1日，清政府被迫对日宣战。同一天，明治天皇也发布宣战诏书。

光绪帝认为："倭人肇衅，挟制朝鲜，倘致势难收束，中朝自应大张挞伐。"因为光绪主战，因此"帝党"坚决主张对日宣战，企图一战打败日本。这在当时确实也代表了一些爱国将士的要求，争取了广大舆论界的支持。但主战派的"帝党"缺乏实力，只能利用皇帝的上谕和士大夫的清议，督促李鸿章出战。

"后党"的核心人物李鸿章主张"避战自保"，力主其他列强出面调停。慈禧太后既怕日本的武力，又害怕一旦战败会动摇自己的统治地位；同时，这一年又正逢她60岁寿辰，她一心想把这个"万寿庆典"办得隆重些，所以就更加厌战，但求尽快议和，以免耽误了庆寿。她支持李鸿章的主张，让他奔走俄、英公使之间，乞求欧美各国出面调停。一些主战派官员又纷纷上奏折，请求停办寿辰，将钱款用于军费，慈禧太后听了更是怒不可遏，气冲冲地对御前大臣说："今日令吾不欢者，吾亦将令彼终身不欢。"

由于统治集团主战、主和意见分歧，相互掣肘，事先既未组成专门的作战指挥机构，更无统筹全局的战略指导。始寄希望于俄、英等国的"调停"，继则在海陆战端已启的情况下仓促宣战，并命令北洋大臣李鸿章"严饬派出各军，迅速进剿"，沿江、沿海"遇有倭人轮船驶入各口，即行迎头痛击，悉数歼除"。实际上是实行海守陆攻的作战方针。据此，清廷决定增调陆军赴朝，先在平壤集中，然后南下驱逐在朝日军；以海军务舰队分守各自防区海口，北洋舰队集结于黄海北部，扼守渤海海峡，确保京畿门户安全，并策应在朝清军。

8月上旬，总兵卫汝贵、马玉良、左宝贵和副都统丰升阿等四部援朝清军万余人先后抵达平壤。9月15日，日军分三路总攻平壤，战斗甚为激烈。午后，玄武门失守。入夜后，叶志超等弃城而逃，至26日全部退至鸭绿江以北中国境内。在陆军争夺朝鲜半岛的同时，日本海军联合舰队亦前出至黄海西部，甚至闯到威海卫和旅顺军港挑战，企图寻机与北洋舰队进行主力决战。北洋舰队在丰岛海战后拘于"保船制敌"之令，主要巡弋于

变法失败空遗恨
——清德宗光绪皇帝

威海、旅顺之间，将黄海制海权让给日本海军。9月上旬，清廷鉴于平壤将有大战，拟由海路迅速运兵赴援，北洋舰队奉命护航。9月17日，北洋舰队在完成护航任务后正准备由大东沟口外返航，突与搜索前进的日本联合舰队遭遇，随即爆发了著名的黄海海战。战斗历时5个多小时，北洋舰队沉毁5舰、伤4舰，日本联合舰队伤5舰。

平壤之战和黄海海战后，日本为实施"作战大方针"中直隶平原决战的计划，决定以陆军第二集团军向中国辽东半岛进行登陆作战，突破渤海湾门户。陆军第一集团军则向鸭绿江清军防线发起攻击，造成对清朝祖宗陵寝之地奉天的巨大压力，掩护第二集团军的登陆作战。清廷采纳李鸿章之议，实行"严防渤海以固京畿之藩篱，力保沈阳以顾东省之根本"的平分兵力方针。在实际兵力部署方面，由于对日军主攻方向判断失误，以及过分眷顾祖宗陵寝，清廷集重兵于鸭绿江一线和奉天、辽阳之间。同时，为保卫北京，又令各省抽调兵力，驻守山海关至秦皇岛之间，以及天津、大沽、通州等地。以上措施致使地处渤海门户正面的辽东半岛兵力不足，又多系临时填防部队，加之黄海制海权已被日军所得，失去海军掩护，防御极其空虚。

鸭绿江江防之战开始于10月24日。驻守鸭绿江北岸的清军共82营约3万人，四川提督宋庆为诸军总统。防线分中、东、西三段，以九连城一带为主防御阵地。兵力成一线部署，各部之间缺乏协同，纵深内又无强大预备队。日军第一集团军先于九连城上游的安平河口突破成功，继于虎山附近的鸭绿江上搭浮桥抢渡并攻占虎山。其他各部清军闻虎山失陷，不战而逃。26日，日军未遇抵抗即占领九连城和安东（今丹东）。清军鸭绿江防线崩溃。

在日军第一集团军进攻鸭绿江清军防线的同一天，大山岩上将指挥日军第二集团军2.5万人在日舰的掩护下，开始在旅顺后路的花园口登陆，日军的登陆活动历时十余天，清军竟坐视不问。11月6日，日军攻占金州（今属大连）。7日，分二路向大连湾进攻，发现清军早已溃散，唾手而得大连湾。17日，日军开始向旅顺口进逼。驻守旅顺口地区的7名清军统领互不统属，1.4万余名官兵军心涣散。18日，日军前锋进犯土城子，只有总兵徐邦道指挥拱卫军奋勇抗击。22日，日军陷旅顺口，并血洗全城。

日军攻占旅顺后，大本营鉴于渤海湾冬季封冻，登陆困难，决定暂时搁置直隶平原决战方案，代之以进攻威海卫，消灭北洋舰队，为尔后直隶平原登陆决战做准备。为此，日军以陆军第二集团军为基础组建"山东作战军"，大山岩上将任司令长官，共2.5万余人。又令联合舰队协同山东作战军作战，并以陆军第一集团军在辽东战场进行佯攻，继续吸引清军主力。

清廷对日军主攻方向再次判断失误，以为日军第一、第二集团军将并力攻取奉天，以主力打通锦州走廊，进逼山海关，然后与从渤海湾登陆之部队会攻北京。因此以重兵驻守奉天、辽阳及天津至山海关一线，关内外总兵力达10万以上，而于日军的主攻方向山东半岛则仅部署官兵3万余人，其中驻守荣成（今旧荣成）的仅1400余人。至于北洋舰队，则根据李鸿章"水陆相依"的防御方针，龟缩于威海卫港内。

1895年1月20日，日"山东作战军"在荣成龙须岛登陆，占荣成，随即分南北两路向威海南帮炮台进行抄袭。30日，南帮炮台陷落。2月1日，日军占领威海卫城。此后，日军水陆配合，攻击刘公岛和港内北洋舰队。北洋舰队提督丁汝昌等先后自杀殉国。17日，威海卫海军基地陷落，北洋舰队覆灭。

威海卫失陷后，清廷求和之心更切，遂派李鸿章为全权大臣，赴日议和。4月17日，签订中日《马关条约》，甲午战争结束。日军未经直隶平原决战便达到了预期的侵略目的。

甲午战争失败后，光绪帝开始考虑如何振兴国家，雪此大耻。

变法图强，惨遭扼杀

　　《马关条约》签订后，中国民族危机加剧，于是出现了要求进行变法维新的声音。维新运动开始于1895年在北京发生的"公车上书"。当时齐集在北京参加科举会试的18省举人，得知《马关条约》中国割去台湾及辽东，并向日本赔款两万万两的消息，一时间群情激愤。4月，康有为、梁启超作成上皇帝的万言书，提出拒和、迁都及变法的主张，1000多人签名。5月2日，康、梁二人带领18省举人及数千市民，集合在都察院门前要求代奏。因为外省举人到京是由朝廷的公车接送，事件亦被称为"公车上书"。虽然"公车上书"在当时没有产生直接实质的后果，但却形成了国民问政的风气，之后亦催生了各式各样不同的议政团体。当中由康、梁二人发起的强学会最为声势浩大，并曾一度得到帝师翁同龢、南洋大臣张之洞等清朝高级官员的支持。

　　光绪二十三年（1897年）年末，山东发生曹州教案，两名德意志帝国传教士被杀。德国乘机侵占胶州湾（今青岛），俄国同时进占旅顺、大连，法国进占广州湾（今广东湛江），英国进占山东威海，并要求拓展九龙新界。列强意图瓜分刚败于日本的中华帝国，在朝中再次敲响了警钟。

　　民族危机激发了光绪帝的爱国热情，公车上书启发了他变法的决心。他清楚地知道慈禧太后虽然已经撤帝，但是仍然紧紧控制着他。"上事太后谨朝廷大政，必请命乃行。"顽固的慈禧太后不会让他变法的，但是他决心已定，为了国家的振兴，他把个人的利益和荣辱置之度外，说："太后若不给我事权，我愿退让此位，不甘做亡国之君。"他用手中的权力极力支持康有为。光绪二十四年（1898年，戊戌年）四月十三日，御史杨深秀奏请定国是，面对列强瓜分的危险，慈禧太后同意光绪帝进行朝政的改革。二十三日，光绪帝颁布"明定国是诏"，在政治、经济、军事、文教诸方面实行变法，旨在挽救中国危亡。他对维新派主要人物作了恰当的人事安排，允许康有为专折奏事，并任命他在总理衙门章京上行走，以便上奏，提出变法方案。在短短的103天里，光绪帝颁布了100多条新政上谕。

新政内容主要有：裁汰冗员、废八股、开学堂、练新军、满汉平等……涵盖教育、军事等多方面的政策和体制。其最终目标，是推行君主立宪制。康有为向光绪帝赠送自己的著作《日本变政考》和《俄罗斯大彼得变政记》，还有李提摩太的《泰西新史揽要》的译本和其他有关各国改革的书。

光绪帝发布御令，企图形成自上而下的全国改良性运动，但遇到大多数地方顽固势力尤其是慈禧太后的阻挠和破坏。两江总督刘坤一、两广总督谭钟麟根本不理睬御令筹办之事，电旨催问，也置若罔闻。慈禧太后表面上同意变法，实际上想方设法阻挠变法。她发出懿旨，迫使光绪帝将变法中坚人物翁同龢革去协办大学士、户部尚书职务，同时任命"后党"重要人物荣禄为直隶总督，掌握兵权，又规定新任职的二品以上的文武官员向她谢恩，目的是拉拢"帝党"。

光绪帝对此作了针锋相对的斗争。他革去了守旧、阻挠上书的怀塔布、许应骙等6名礼部堂官，任命了7名新堂官，其中4名是支持维新的。七月二十日，光绪帝又任命维新派重要人物江苏候补知府谭嗣同、刑部候补主事刘光第、内阁候补侍读杨锐、内阁候补中书林旭担任四品衔章京，处理新政事宜。

慈禧太后决意破坏变法，发动政变。她授意荣禄调兵遣将，聂士成部驻天津陈家沟，董福祥部驻北京长辛店。翰林院编修李盛铎奏请光绪帝奉慈禧太后去天津阅兵，以乘机胁迫光绪帝让位。

七月三十日，光绪帝密诏杨锐，告以危局，命与林旭、刘光第、谭嗣

同等速议对策。鉴于光绪帝处境危险，谭嗣同于八月初三夜访在天津训练新军的袁世凯，要求他举兵杀荣禄，围颐和园以救光绪帝。袁世凯慨然应允，但当晚就密报荣禄。

不知情的光绪帝于八月初五还召见袁世凯，袁世凯建议他召张之洞襄助。

八月初四，康有为访英国传教士李提摩太，请英国公使相助，未应允。两日后，袁世凯回到天津，将谭嗣同的计划向荣禄报告。八月初四，慈禧太后回宫，八月初六即临朝，宣布戒严，火车停驶；随即幽禁光绪帝，废除新政，搜捕维新党人。

由慈禧发动的戊戌政变，结束了只有103天的维新。慈禧太后第三次训政；康有为、梁启超逃往国外，张荫桓戍边，徐致靖永禁，杨深秀、杨锐、林旭、刘光第、谭嗣同、康广仁（康有为之弟）处斩。维新举措，除京师大学堂外，一律都被废止，戊戌变法失败。

光绪帝支持康有为、梁启超等人实行的戊戌变法，是中国历史上第一次资产阶级改良运动，历时虽不长，但动机良好，虽败犹荣。光绪帝是晚清最有见识，并且能为国家利益不顾个人安危的皇帝，他的名字与这场运动青史永垂。

但是慈禧太后对光绪非常不满，认为光绪从4岁进宫，自己费心抚养成人，却这么不听话，搞什么戊戌变法来蛊惑人心，于是就想废掉他，另立皇帝。当初光绪皇帝即位时，两宫太后曾经说过，等将来光绪帝有了儿子，再过继给同治帝载淳为嗣。但光绪无子，怎么办？废帝后，光绪又该怎么处置？慈禧反复思考这两个难题。

光绪二十五年（1899年）十一月二十八日，上完早朝之后，慈禧单独召见荣禄。慈禧与荣禄商量着立一个大阿哥，作为同治和光绪帝的继承人。此时，端郡王载漪之子溥俊进入了慈禧的视线。15岁的溥俊处在爱新觉罗氏（父系）与叶赫那拉氏（母系）两支血缘的交叉点上，慈禧觉得很满意，便将其召入宫内，立为大阿哥，打算让他取代光绪。但外国公使并不承认这位大阿哥，理由是他的父亲爱新觉罗·载漪是义和团领袖。慈禧太后不顾反对，她想让溥俊于四月即位，改元保庆，废黜光绪皇帝，并且由慈禧太后垂帘听政。朝野上下引起轩然大波。慈禧被迫停止废除光绪的计划。

最后十年，受困瀛台

被慈禧囚禁在瀛台的光绪帝已经基本不再过问政事，只在光绪二十六年（1900年）八国联军进攻中国时曾参加御前会议，听众人商议决定是否宣战。他倒是说了几句话，认为不应该宣战，这是基于敌我双方力量对比悬殊而做出的判断。慈禧太后却很草率地决定宣战，最终告败。

八国联军之役后，慈禧太后以"纵容义和团、获罪祖宗"之名废除溥俊大阿哥之位，命其仍归宗载漪。光绪帝位保住了，但形同木偶，臣工奏对，不发一言。有时慈禧太后示意要他表态，也不过一两句罢了，成了一个名副其实的傀儡皇帝：这个傀儡一当，就是10年。在这10年间，光绪帝由于长期生活在忧虑中，加上得不到很好的照顾，神经极度衰弱，健康状况十分不好，不但没有食欲，而且常常遗泄、头疼、发热、脊骨痛、腰痛。光绪的肺也不好，经常咳嗽、咯血，似有痨病。与光绪10年"闲帝"生活密切相关的人之一，就是慈禧身边的大太监李莲英。

李莲英是直隶河间府大城县人，生于道光二十八年（1848年），咸丰七年（1857年）他被送进皇宫当太监，入宫后叫李进喜。同治三年（1864年），16岁的李进喜被调到长春宫，慈禧太后给他改名为李莲英。李莲英是个聪明乖巧的人，很快揣摸透了慈禧的秉性和好恶，便千方百计地讨慈禧的喜欢。

李莲英在慈禧与光绪之间采取什么态度呢？有人说他完全站在太后一

变法失败空遗恨
——清德宗光绪皇帝

217

边，反对变法，陷害光绪；也有人说李莲英生性圆滑，两面讨好，不但慈禧太后喜欢他，光绪皇帝因为从小就受到李莲英的看护，也喜欢他，叫他"谙达"（师傅），还夸他"忠心事主"。光绪十五年（1889年），皇帝大婚时，李莲英其实是两面为难的。皇帝选拔妃子，要在全国层层把关，但能够带到光绪面前的只有60多位，并且从这60多位里，要选一后两妃。选妃当天，光绪一眼就看上了珍妃。他拿着玉如意，犹豫不决。因为玉如意递到谁手里，谁就是皇后。但慈禧早就把自己的意图告诉了光绪。光绪走到珍妃面前时，突然变得非常伤心。领会慈禧意图的李莲英看不下去了，扶住光绪，将他一直搀到隆裕面前，将玉如意交到了隆裕手里。

当年八国联军攻到北京城的时候，慈禧带着光绪等逃跑，一直跑到西安。事情平息，慈禧、光绪、李莲英等就又往回走，走到保定住下。太后睡觉的地方，被褥铺陈都很华美；李莲英住的稍差一点，但也很不错；而光绪皇帝睡觉的地方却很寒酸。李莲英侍候慈禧太后睡下后，前来探望光绪，见光绪在灯前枯坐，一问才知道他竟然铺的盖的都没有，当时正值隆冬季节，根本无法睡觉。李莲英看到这个情况，跪下抱着光绪的腿，痛哭说："奴才们罪该万死！"并且把自己的被褥抱过来让光绪使用。光绪回到北京以后，回忆西逃的苦楚说："若无李谙达，我活不到今天。"清光绪三十四年（1908年）十月二十一日，光绪帝病故，终年38岁，葬于河北永宁山崇陵，庙号德宗，谥"同天崇运大中至正经文纬武十二孝睿智端俭宽勤景皇帝"，简称景皇帝。

光绪帝被囚禁瀛台到他死前发生的大事有：义和团与清军勇斗八国联军，《辛丑条约》签订，慈禧太后实行新政，日俄战争爆发，革命党发动起义（萍浏醴武装起义、七女湖起义、安庆起义、绍兴起义、钦廉防起义等）等。

黯然告别紫禁城

——清宣统帝溥仪

清朝末代皇帝爱新觉罗·溥仪，即宣统帝，于光绪三十二年（1906年2月7日）生于北京什刹海边的醇王府。1967年10月17日在北京病逝，终年61岁。著有自传《我的前半生》。

宣统帝即位三年，孙中山倡导的资产阶级民主革命条件日趋成熟，清王朝的败亡已经是不可逆转的趋势。清廷只得以光绪帝的未亡人隆裕皇太后和末代皇帝宣统的名义颁发退位诏书。

1931年溥仪在侵华日军策划下被挟持至东北。1932年3月出任日本傀儡政权"满洲国"执政。日军战败后被捕。后经改造，曾任中华人民共和国政协委员。

三岁登基，大清衰暮

　　光绪三十四年（1908年）十月，光绪帝载湉身染沉疴，渐入弥留。慈禧的病情同样严重，且灵柩已在宫内准备就绪。当慈禧病危的时候，曾召集军机大臣世续、张之洞、那桐入内，奕劻正去东陵验收慈禧地宫未回。太后询诸臣近支王子入宫读书事，诸臣莫敢言。世续曰："太后拟选储，为社稷万世计，此周文武之用心，甚盛，甚盛！惟今内忧外患，交乘迭至，窃以为宜选年长者。"太后拍床怒骂曰："此何等重事，而若敢妄言！"实际慈禧已胸有成竹，岂能真正听取大臣的意见?世续所言，正好与慈禧的主意相悖，故遭怒骂。后来张之洞说："世续承太后垂询，据所愚虑，约略言之。立储自宜承宸断。"于是慈禧沉默了好久才慢慢地说："载沣子溥仪尚可，但年稚耳，须教之。"张之洞说："载沣懿亲贤智，使摄政，当无误。"他还引出顺治初睿亲王摄政之事以证之。太后说："得之矣，趣拟诏。"第二天，军机大臣奕劻从东陵回京，他也是主张立长的人，但是草诏已经拟好，他一看，也就"屏息未敢言"，诏遂公布。

　　十月二十日，慈禧太后懿旨："摄政王载沣之子溥仪，着入承大统，为嗣皇帝"。又懿旨："前因穆宗皇帝未有储二，曾于同治十三年十二月初五降旨，大行皇帝生有皇子，即承祧穆宗毅皇帝为嗣。现在大行皇帝龙驭上宾，亦未有储二，不得已以摄政王载沣之子溥仪继承穆宗皇帝为嗣，并兼承大行皇帝之祧。"又懿旨："现值时事多艰，嗣皇帝尚在冲龄，正宜专心典学，着摄政王载沣为监国，所有军国政事、悉秉承予之训示，裁度施行。俟嗣皇帝年岁渐长，学业有成，再由嗣皇帝亲裁政事。"为此，载沣在光绪三十四年（1908年）十月二十日的日记中写道："……叩辞至再，未邀俞允，即命携之入宫。万分无法，不敢再辞，钦遵于申刻携溥仪入宫。"

这里的"叩辞至再"，"万分无法，不敢再辞"，并非矫情。载沣本来就没有载漪那么大的政治野心，认为多一事不如少一事。况且，同治、光绪两帝的命运，举朝皆知，把不满3岁的幼子送到火坑里去，载沣舍不得，完全在情理之中。他也可以预料，儿子当上小傀儡，自己将陷入困境，前景凶多吉少。但他不敢违抗懿旨，这天傍晚，摄政王载沣和军机大臣、内监一起，带着慈禧要溥仪进宫的懿旨回府。小皇帝溥仪连哭带打地不让内监过来抱他。最后还是乳母给溥仪喂奶，哄住了他，帮王爷和大臣收了场。军机大臣和摄政王见状，便让乳母抱溥仪进了宫。

溥仪到了中南海，由内监抱着去见慈禧。那时慈禧已经病入膏肓，行将就木。一张凶恶的面孔又加上病容，使溥仪感觉很害怕，以致长大后，溥仪的脑子里依然留下了那天强烈的刺激造成的一点模糊记忆："我记得自己忽然处在许多陌生人中间，在我面前有一个阴森森的帏帐，里面露出一张丑得要命的瘦脸——这就是慈禧，"他立即号啕大哭，浑身发抖，慈禧令人拿冰糖葫芦给他，被他摔到地上。慈禧很是不悦，说："这孩子真别扭，抱到哪儿玩去吧！"

溥仪进宫的第二天（十月二十一日），光绪帝病故。人们安奉光绪的灵驾于乾清宫，亲王以下文武大臣官员，各按位次，齐集举哀，行殓奠礼。人们还都没有缓过神来，第三天（十月二十二日）慈禧太后又死了，于是又安奉慈禧梓宫于皇极殿，行殓奠礼，皇帝、亲王以下文武大臣官员齐集举哀。所有的事情都由朝廷官员们办理，自然无须溥仪操心。当然，溥仪也绝不会为此哀伤和哭泣。虽"群臣哭临三日，皆无戚容"，毕竟宫

黯然告别紫禁城——清宣统帝溥仪

中被哀声丧气笼罩着，皇帝也同样被置于其中严格管束着，欢乐是不被允许的，何况他离开了亲爱的祖母和熟悉的家，正在惊恐、痛苦之中呢。

过了半个多月，即十一月初九，紫禁城内举行了"登基大典"，溥仪即皇帝位，承继同治，兼祧光绪，改元宣统，尊光绪的皇后叶赫那拉氏隆裕为皇太后。在太和殿举行的登基大典被溥仪哭得大煞风景。在大典之前，照章要先在中和殿接受领侍卫内大臣们的叩拜，然后再到太和殿受文武百官朝贺。溥仪被他们折腾了半天，加上那天天气奇冷，因此当人们把溥仪抬到太和殿，放到又高又大的宝座上时，他早忍不住了。载沣单膝侧身跪在宝座下面，双手扶着溥仪，叫他不要乱动，他却挣扎着哭喊："我不挨这儿！我要回家！我不挨这儿！我要回家！"载沣急得不知所措。文武百官三跪九叩，没完没了。"国丧"期间，丹陛大乐设而不奏，溥仪的哭叫声显得特别响。载沣只好哄着儿子说："别哭别哭，快完了，快完了！"典礼结束后，文武百官窃窃私议起来了："怎么可以说快完了呢？""说要回家可是什么意思啊？"人们好像发现了不祥之兆。

当时宫中虽有隆裕太后，但实际以载沣为中心，军机大臣则仍是光绪三十四年（1908年）慈禧在世时的班底，包括庆亲王奕劻、大学士世续、大学士张之洞、协办大学士鹿传霖、外务部尚书袁世凯等五人。袁世凯（1859—1916年），河南项城人。光绪二十五年（1899年）任山东巡抚时，他残酷地镇压义和团。二十七年接任直隶总督兼北洋大臣，逐渐成为北洋军阀首领。三十三年调入军机大臣兼外务部尚书。在戊戌政变中对慈禧有功因而颇受信任的袁世凯，在十一月二十六日，因上隆裕皇太后徽号赏加太子太保衔，并赏用紫缰，忽于十二月十一日因患足疾，受命开缺回籍养病。这说明载沣为了削弱汉人势力而重新集权于满族，把袁世凯"体面"地罢了官。当然，这可能还与袁世凯在戊戌政变中的表现，导致载沣的胞兄光绪帝载湉被幽禁有关。慈禧在世时，载沣虽已进入军机处任军机大臣行走，还不敢对袁世凯有所表示，现在慈禧一死，成为摄政王，就采取了这一措施。

预备立宪，无济于事

宣统帝溥仪从继位到退位，只有三年。在这三年时间，就在他身处深宫、每天只知玩耍哭闹的时候，朝廷上下，宫廷内外，大事频仍，不胜枚举。

大清王朝在历经康、雍、乾三代的兴盛和繁荣之后，内忧外患接踵而来，为了减轻和消除人民反抗斗争的"心腹之害"和外国侵略的"肘腋之忧"，也为了适应阶级力量对比发生的明显变化，清政府逐渐意识到对上层建筑实施某些"变革"的重要性和紧迫性。光绪二十七年（1901年），清政府终于宣布实行"新政"，主要是照搬大陆法系模式进行法律修订。对于立宪活动得以展开的一个直接原因却是光绪三十一年（1905年）的日俄战争，日本以君主立宪小国战胜俄国那样一个专制大国，给清廷上下以很大震动。于是，数月间，立宪之议遍于全国。因为日本于明治十五年（1882年）曾派员赴欧洲考察宪政，清廷遂于1905年派载泽、端方等五大臣出洋考察。次年，五大臣先后回国，上书指出立宪有三大利："一曰皇位永固，二曰外患渐轻，三曰内乱可弭"，建议进行"立宪"。但是，他们指出，"今日宣布立宪，不过明示宗旨为立宪预备，至于实行之期，原可宽立年限。日本于明治十四年宣布宪政，二十二年始开国会，已然之效，可仿而行也"。清朝统治者看中的正是"预备"两字。光绪三十一年（1905年），清廷颁发了《宣示预备立宪谕》，"预备立宪"由此而来，

黯然告别紫禁城
——清宣统帝溥仪

223

当时成立了议院预备机构的资政院和咨议局。

到了宣统年间，"预备立宪"的活动还在继续。溥仪虽然是一个皇帝，但他还是一个小孩子，不可能知晓和过问军国大事，朝廷政务均由摄政王载沣和隆裕太后执掌。宣统二年（1910年）九月，载沣主持召开了九月资政院会议以后，应各省咨议局代表及各省督抚提出的颁布宪法、组织内阁、开设议院的要求，清室同意批准宣统五年召开议院，接下来发生了奉天代表请愿要求第二年即开国会的事件。与此同时，资政院又提出军机大臣们责任不明和设责任内阁的问题。军机大臣们感到军机大臣的官职已不能久居了，于是提出"恳恩开去"，未获允许。庆亲王奕劻又请撤去他个人的军机大臣及总理外务部事务要差。朝廷不但没准许，反而对奕劻大加赞扬，因为力不从心的载沣还得靠他来支撑清室的残局。

宣统三年（1911年）四月，由宪政编查馆、会议政务处拟制的内阁官制十九条、内阁办事章程十四条，经过钦定后颁布了，同时弼德院官制亦批准施行。于是按照内阁官制宣布新内阁成立，所有旧设之内阁、军机处、会议政务处一并裁撤。奕劻仍管理外务部，内阁总理、协理大臣均兼宪政编查馆大臣。从这个国务大臣的班底看，载沣所谓的新内阁仍是旧内阁、军机处、会议政务处及各部的原班人马，只是招牌上增减了一两个字而已。这个内阁由于其全体阁员13人中，满族占9人，汉族占4人，而满族9人中又有7人属于皇族，所以被人们痛斥为"皇族内阁"。尤其使有识之士失望和愤怒的是，这个内阁的总理大臣竟然是近年来一再被弹劾，因招权纳贿而臭名昭著的庆亲王奕劻。皇族内阁的成立，是对国民宪政运动的极大戏弄，暴露了清政府"立宪"的欺骗性，激化了民族矛盾。

一个政府，失去了国民对它的期望，就只有慢慢垮台。清王朝如同一艘行将倾覆的破船，人民群众对它不再抱有幻想，反抗斗争风起云涌。宣统二年（1910年）发生在长沙的抢米风潮是这些民变中影响最大的一次。由于清政府日益腐败，水利失修，灾害连年。宣统元年（1909年）的大水，致使南方各地谷米收成受到严重损失。湖南谷米供应本省已经不足，因水灾歉收的邻近省份却仍然沿袭过去的办法，前往湖南采购粮食。外国商人更是趁火打劫，他们取得湖南巡抚岑春的同意，并经清政府外务部批准，竞相来湘抢购，明运可查的每月两三千石，偷运出境者为数更巨。谷米大量外流，湖南粮荒日益严重，粮价一路暴涨。宣统二年三月初二（1910年4月11日），长沙米价每石突破8000文大关。南门外一靠挑卖河水营生的农民黄贵荪，劳累数日，所得竟无法买回一升米。极度悲愤之中，黄贵荪全家人在老龙潭集体跳水自杀了。

黄贵荪一家惨死的消息，迅速在长沙城内外传散开来，人们无不为之感到极大的愤慨。第二天，一位老妇在南门外碧湘街邹姓碓坊买米，竟也遭到店主的无理辱骂。于是，饥饿的群众再也无法忍受，一声怒吼，冲进碓坊，揪住店主就是一顿痛打，越来越多的饥民包围了鳌山庙巡警局，见没有回应，愤怒的群众又向巡抚衙门冲去。这时天色渐黑，但饥民仍是络绎不绝地涌向巡抚衙门，要求开仓平粜。岑春闭门不见。群众忍无可忍，打破辕门，摧毁照壁，锯倒旗杆，掀翻石狮，有的人则直向内堂冲击。岑春下令开枪，当场打死十多人，伤几十人。饥民愤恨极了，于是涌向街头，一夜之间，将长沙800家米店、碓坊堆栈存米抢得干干净净，将警兵站岗的木棚打毁殆尽。

三月初五（4月14日），抢米风潮更趋高涨。抚院门前围聚的人越来越多，有的已拥入抚署大堂。岑春再次下令开枪，又打死20多人。面对血腥屠杀，群众更为愤恨，行动也更加激烈。他们首先放火焚烧巡抚衙门，抚署内的号房、赉奏厅、文武巡厅、大堂、二堂、一实堂等处，浓烟滚滚，直至下午，余烬犹炽。接着饥民们又将日本领事署、美商美孚洋行、英商怡和洋行、日商东情三井洋行及教堂、趸船等都予以捣毁或焚烧。清

黯然告别紫禁城
——清宣统帝溥仪

政府的大清银行、长沙海关等衙署也遭到同样的命运。

　　风潮发生后，清政府惊慌万分，连忙调集军队，开进湖南。三月初六（4月15日），护理巡抚事务的布政使庄赓良开始了对群众的残酷镇压。刽子手们举着"放火捣乱者，就地立杀无赦"的高脚牌，扬起沾满鲜血的马刀，提着血淋淋的人头，在大街小巷杀气腾腾地对人民进行恐吓。连日间，"无辜受戮者，时有所闻"。英、日、美、德等帝国主义国家也纷纷从上海、厦门、武汉调来十多艘兵舰，帮助清政府镇压群众。轰轰烈烈的长沙抢米风潮终于被中外反动派残暴地镇压下去。

辛亥革命，改天换地

　　当时，资产阶级民主革命思潮迅猛传播，震撼着中国思想界，并推动民主革命运动的到来。首先觉醒的是新兴知识分子，他们宣传民主革命学说，以报刊为重要阵地，创办了《江苏》《浙江潮》《苏报》《中国白话报》等20多种政治性刊物；还出版发行了陈天华的《警世钟》《猛回头》，邹容的《革命军》等宣传民主革命思想的小册子130余种。资产阶级、小资产阶级知识分子还翻译了不少西方资产阶级的社会政治著作，蔡元培翻译了德国科培尔的《哲学要领》，严复翻译了赫胥黎的《天演论》、亚当·斯密的《原富》等著作。

　　在民主思潮广泛传播的同时，国内外出现许多革命团体，影响较大的有兴中会、华兴会、科学补习所和光复会。光绪三十一年七月二十日（1905年8月20日），中国同盟会成立。孙中山提出"驱除鞑虏，恢复中华，创立民国，平均地权"作为政治纲领。中国同盟会的成立，标志着中国资产阶级民主革命进入一个新阶段。

宣统三年（1911年）四月十一日清政府颁布铁路干线收归国有的政策，接着与英、美、法、德4国银行签订了借款修筑粤汉、川汉铁路的合同，目的是把铁路出卖给列强。清政府派粤汉、川汉铁路督办大臣端方南下，强行接收湖北、湖南、广东、四川铁路。这四省铁路本来是集股修建的，除广东是商股外，其他都是民股。股民抱着获利的初衷集股修路，如今清政府却以劫夺方式强收：湖北、湖南路股还本不还息；广东路股还六成，其余四成给无息股票；四川路股全不还。

清政府的"铁路国有"政策一公布，立即引起湘、鄂、川、粤四省各阶层人民的反对，出现了广泛的保路运动。湖南绅商界以传单抨击政府，长沙、株洲铁路工人示威，湖北、湖南商人罢市，广东股东抗议"铁路国有"，保路运动规模最大、斗争最激烈的是四川。宣统三年五月（1911年6月），四川成立保路同志会，推举立宪党人蒲殿俊、罗纶为正、副会长，宣布"以保路、废约为宗旨"，参加者数以十万计。载沣闻变，赶忙下令各地方政府大力镇压。四川总督赵尔丰逮捕保路同志会和股东会负责人，枪杀请愿群众，死数十人，解散了各处保路同志会。这激起四川人民更大愤怒，他们将各处电线捣毁，沿途设卡，断绝官府来往文书。七月（9月），四川全省60余县成立保路公会，数千万人卷入运动，把保路运动推向高潮。清政府一面调湖北新军入川，一面命"实力弹压"保路运动。

四省保路风潮兴起时，湖北武昌的文学社和共进会便积极准备相机发动武装起义；八月十八日（10月9日），孙武在汉口机关配制炸药不慎，起义机密泄露，刘复基、彭楚藩等人被捕。次日晨，彭、刘被杀，清军四处捕捉革命党人。当日晚，武昌城内新军士兵，打死镇压革命士兵的排长，攻占楚望台军械库，打响武昌起义的枪声。

黯然告别紫禁城
——清宣统帝溥仪

经过一夜战斗，八月十九日（10月10日），起义军占领武昌城，成立湖北军政府。八月二十一日，起义军攻占汉阳、汉口。武昌起义的成功，鼓舞了全国各地人民的革命斗志，全国各地革命党人纷纷起义响应。首先响应的是湖南和陕西。此后，江西、山西、云南、贵州、浙江、江苏、广西、安徽、四川以及福建、广东等省先后宣布脱离清政府而独立。经此哗变，清王朝迅速瓦解。

宣统退位，清室优待

辛亥革命爆发以后，手握重兵的袁世凯成为清廷和革命党人都争取的对象。袁世凯此时大玩两面派手法，软硬兼施，最终既使隆裕太后和摄政王载沣交出了政权，逼迫溥仪宣布退位，又使革命党人做出了让步，由自己出任中华民国临时大总统的职务。

清王朝灭亡了，但宣统皇帝的称号依然保留着。此后，不但民国历任总统如袁世凯、黎元洪、徐世昌等，无论在私函抑或公文中，都赫然称溥仪为"大清皇帝陛下"；紫禁城外的遗老遗少、各地一些大小军阀政客更是毕恭毕敬地尊称溥仪为"皇上"。

清皇室的原班人马仍住在紫禁城里，除了没有全国统治权外，一切生活起居、制度礼仪原封不动，被称为"关门小朝廷"，溥仪也就是"关门小皇帝"。没有多久，人们发现"关门小朝廷"的种种行为与民国统治权、民国法律制度不合节拍，乃至与之相左。由此引起社会上议论纷纷，人们普遍表示质疑和不满，参政院于是提出批评和建议，北京政府派内务总长朱启钤、司法总长章宗祥与清室内务府交涉，于民国三年（1914）

十二月二十六日制定了七条"善后办法"：

兹为巩固清皇室安全，依据参政院建议策，声明优待条件议定善后办法如下：

一、清皇室应尊重中华民国国家统治权，除优待条件特有规定外，凡一切行为与现行法令抵触者，概行废止。

二、清皇室对于政府文书及其他履行公权、私权之文书契约，通用民国纪年，不适用旧历及旧时年号。

三、大清皇帝谕告及一切赏赐，但行于宗族家庭及其属下人等，其对于官民赠给，以物品为限，所有赐谥及其他荣典，概行废止。清皇室所属机关对于人民不得用公文告示及一切行政处分。清皇室如为民事上或商事上法律行为，非依现行法令办理，不能认为有效。

四、政府对于清皇室，照优待条件保护宗庙陵寝及其原有私产等一切事宜，专以内务部为主管之衙门。

五、清皇室应允确定内务府办事之职权，为主管皇室内务总机关，应负责任，其组织另定之。

六、新编护军专任内廷警察职务，管理护军长官，负完全稽查保卫之责，其章程另定之。慎刑司应即裁撤。其宫内所用各项执事人役及太监等，犯罪在违警范围以内者，由护军长官按警察法处分，其犯刑律者，应送司法官厅办理。

七、清皇室所用各项执事人等，同属民国国民，应一律服用民国制服，并任其自由剪发。但遇宫中典礼及其他礼节，进内当差人员，所用服色，得从其宜。

然而，清室不严格遵守民国法律，却要求民国法律保护"优待条

黯然告别紫禁城
——清宣统帝溥仪

件"。袁世凯当政期间，对清室处处表示"关怀""保护""尊重"，极力主张把"优待条件"写进国家根本大法，理由是中国由帝制改为共和应归功于"清帝后之能让"，故必须"保前清之尊荣"。

中华民国南京临时政府时期的临时参议院制定的《临时约法》，没把"优待条件"写进去，袁世凯指其为"疏漏"。"约法会议"制定《中华民国约法》时，袁世凯提出："似应将关于优待及待遇各条件，别之专条，确定效力，既与事实有合，亦与法理相符。"约法会议是袁世凯的御用工具，唯袁命是从，其制定的《中华民国约法》，专设第六十五条，规定："中华民国元年二月十二日所宣布之大清皇帝辞位后优待条件、清皇族待遇条件、满蒙回藏各族待遇条件，永不变更其效力。其与待遇条件有关系之蒙古待遇条例，仍继续保有其效力，非依法律不得变更之。"

溥仪身边有一批伺候他的太监，吃饭、穿衣、睡觉、游戏、读书……太监不离左右，听从使唤。大总管张谦和还是溥仪的启蒙老师，正式读书之前，张教溥仪认字，读《三字经》《百家姓》，还以自己的观点讲述政治形势，当然也讲鬼故事。都领侍总管太监张德安则教给溥仪一些宫中礼节：他们都是他的"奴才"，他可以任意打骂惩罚他们。一个太监不小心踩了溥仪的脚，挨了十大板。

宣统退位时，还不满6周岁，刚开始读书。民国通行新式学校，按理说，他该和其他儿童一样到学校去读书，可是他不能。民国虽然徒有其名，但新东西也不少，新名词、新口号、新穿着、新花样……这些是封建皇宫里没有的，对他来说是禁区，不能学、不能用。他没有这种自由。因为他有尊号，太后和太妃以及生身父母把他关在紫禁城里，要他装皇帝。溥仪退位仍在宫中的时候仍用宣统纪年，有内务府、宗人府、慎刑司，有内监，故臣赠谥，不改衣冠，触犯王法者由慎刑司处治。紫禁城里的"小朝廷"，完整地保持着清朝的一切祖制家法、陈规陋习和穷奢极欲的生活方式。

　　溥仪用饭是在东暖阁，每餐饭菜摆三四张八仙桌，菜有六七十种，另外四位太妃送来二十几种，米饭三四种，小菜十几种，粥五六种，实际溥仪只吃前面的几种。溥仪不愿吃那上供的饭菜，倒喜欢吃太监们的馅饼，有时过去抢一块吃。某次到太监那儿吃了六张春饼，太监怕他消化不了，两个太监提着他像打夯似的往地上蹾，说是可以助消化。

　　这位"皇帝"也挨过饿。6岁时有一次吃栗子过多病倒了。有一个多月时间，愚昧的太后只许他吃糊米粥。溥仪喊饿，因太后有令，无人敢给他加餐，以致他有一次一边喂鱼一边把喂鱼的馒头塞进嘴里。还有一次，王府送来贡品，溥仪冲上去打开食盒抢了一只酱肘子，一张口就咬，却被太监夺走。

　　溥仪和太妃们饮用的茶，是"吴肇祥"茶店专为宫里熏制的，大约40两银子一斤，溥仪用的水是从西郊运来的"玉泉水"，一辆插着小黄旗的毛驴车，每天走专门为它启闭的西直门去拉水，这是乾隆帝留下的传统。

　　穿的也同样考究，从纱到皮毛，只要那个时代有的、最优质的，皇帝都要享用，而且种类齐全，从最薄的纱到最厚的纱，从最短的珍珠毛，到灰鼠、银灰、天马、貂皮，随着气候变化而更换。

　　和饭菜大量做而不吃一样，衣服也是做而不穿。溥仪说："后妃有分例，皇帝却毫无限制，而且一年到头都在做衣服，做了些什么，我也不知道，反正总是穿新的。""四执事库"太监专门负责给溥仪取换衣服，什么时候、什么节日庆典，穿什么有定例，按单子改换，如：袍褂一年更换28件，从正月十九的青白嵌皮袍褂，换到十一月初一的貂皮褂。

　　正月十三是溥仪的生日。这一天溥仪要在乾清宫接受中华民国大总统派来的专使祝寿，祝寿仪式按清廷接见外使办理。溥仪坐在乾清宫宝座上，下边两侧站着佩刀的侍卫；桌上放一个黄色匣子，内盛答辞。专使读

黯然告别紫禁城
——清宣统帝溥仪

完"大中华民国大总统向大清大皇帝问好"之类的祝辞之后，清宫内务府大臣绍英拿出匣中答辞，宣读一遍交溥仪，专使鞠躬退出，礼成。

有一年，袁世凯派来祝寿的是专使荫昌，因为荫昌原是宣统年间陆军部尚书，所以正式仪式结束后，又行了三跪九叩首礼，口称代表自己向皇上祝寿。

民国四年（1915年），按祖制，端康太妃等下谕为小溥仪择万年吉地（陵寝所在地），找来风水先生在西陵、泰东陵附近选定墓穴。

这一年，溥仪还不满10岁。

复辟闹剧，二次登基

民国六年（1917年）七月一日，溥仪第二次登基当皇帝，这年溥仪刚满11岁，和他的一切生活起居诸事一样，别人怎样说，就怎样做，连说什么话、怎样说，都是别人（师傅）教的。虽不能说全无个人意志，喜怒哀乐尚属于他个人，但政治大事，他绝无自主之权，亦无自主之能。

这次复辟是由中华民国的长江巡阅使、安徽督军张勋一手导演的，康有为也帮了不少忙。

张勋（1854—1923年），原是清朝的江南提督。他始终不承认民国政府，一直留着辫子，他的部队也都和他一样留着辫子，他被称作"辫帅"，他的军队也被叫做"辫子军"。张勋早年的时候参加过中法战争，是个偏将，后来就升成参将，再后来袁世凯做了大总统就一直跟着袁世凯。1913年，他因率军镇压孙中山发动的二次革命有"功"，被袁世凯提拔为长江巡阅使，统率两万军队驻扎在徐州一带。1916年袁世凯称帝败亡后，北京政府大总统是黎元洪，国务总理为段祺瑞。他们之间矛盾重重，被称为府院之争。民国六年围绕着对德宣战问题，府院之争不可开交，政局动荡不已。张勋遂乘机联络前清遗老遗少及保皇党人康有为等，积极为复辟做准备。

正好此时黎元洪、段祺瑞都拉拢张勋。张勋拖之再三，最后决定应黎元洪之请，用调停时局的名义北上。1917年5月，因是否解散国会问题，大总统黎元洪和国务总理段祺瑞争持不下。黎下令解除段的职务。段祺瑞到天津后，即策动北洋各省督军在徐州集会示威。会后，一些省宣布独立，不承认北京政府。黎元洪被迫召张勋入京调解。

复辟后，溥仪每天有一半时间在毓庆宫听老师的唠叨，不是读书，是接受指导，其余的半天，披阅待发的上谕和内阁官报，接受叩拜，或欣赏蚂蚁倒窝，玩骆驼。总之，少部分出乎孩子的天性，大部分参与傀儡的活动。

不过，紫禁城里的确"繁荣"了一阵子，热闹了一阵子。一时间，京城的大街小巷又都挂起了龙旗。老百姓受张勋之命，悬挂龙旗，有的甚至用纸做的龙旗应付；清朝袍褂、发辫，都成了畅销货。清室王公遗老们，抢购朝服，定制马尾假发辫，穿戴上大摇大摆地出入宫门，招摇过市。师傅们精神倍增，忘乎所以，大总统黎元洪在宣统复辟之后，坚持不退出总统府，陈宝琛竟然要溥仪赐他自尽。倒是溥仪心地善良，没有见利忘义，回答师傅说："我刚一复位，就赐黎元洪死，这不像话。民国不是也优待过我吗？"太妃们乐得不知如何是好，几乎天天都去神佛面前烧香。内务府的官员们穿戴得特别整齐，嫌人手不够，又增加了几个人。他们兴奋的不是大清"恢复"江山，而是自己恢复了失去的天堂。

复辟消息传出后，全国舆论一致声讨。孙中山在上海发表讨逆宣言，并命令各省革命党人出师讨逆。各大城市群众团体、社会名流，纷纷集

黯然告别紫禁城
——清宣统帝溥仪

233

会，发表通电，坚决反对复辟，要求讨伐张勋。黎元洪拒绝与复辟分子合作，逃入日本使馆避难。握有军事实力的段祺瑞借助全国反对复辟的声势和日本政府的财政支援，于7月3日在天津附近的马厂组成"讨逆军"，誓师讨伐张勋。"讨逆军"很快攻入北京，张勋的辫子军只有3000人，一触即溃。7月12日，张勋仓皇逃入荷兰使馆。次日溥仪再次宣布退位，只坐了12天龙椅又下了台。段祺瑞于7月14日到北京，重掌政府大权。

皇帝大婚，硬撑门面

溥仪于民国十一年（1922年）结婚。那时，他刚满16岁。早婚是中国封建、半封建社会的普遍现象，宫中尤甚。虽然是退了位只有尊号的"皇帝"，但人们还是盲目崇拜，以做他的妻妾为福为荣。经过王公大臣、太妃们的一番选择及争论，最终由溥仪自己根据照片选定了一后一妃，也就是婉容和文绣。

1922年12月1日凌晨，居住在紫禁城中的最后一位皇帝溥仪举行结婚大典。11月30日夜间，满蒙王公和遗老旧臣们就已齐集在宫内等候典礼。12月1日零时，溥仪穿着袍褂来到乾清宫，派载振、昭煦为正、副使，并派御前侍卫衡永等8人随行。同时命蒙古亲王那彦图、蒙古郡王贡桑诺尔布、载泽和溥信四个御前大臣，在乾清宫照料一切。

迎娶仪仗队出神武门，以大鼓100对及牛角号齐鸣。军警宪机关派来骑、步兵2000多人壮威保护。迎亲街道实行戒严，马路两边人山人海。北洋政府及外籍人员来参观者，每人发一铜质徽章才可通行。3时左右，皇后婉容登舆，由8名御前侍卫执藏香在前引导，原班仪仗队护送，经东华门，把皇后迎入乾清宫。婉容皇后下舆，溥仪揭下她的盖头，一同走上喜床，吃"子孙饽饽"，窗外有一个官员用满语高声念诵祝词。宫内另摆下"合卺宴"，有猪羊叉、金银酒、金银膳等。溥仪夫妇只坐一坐就离开了。随后新后又要向东南方坐帐，与溥仪一同吃"长寿面"。婚礼第一天的礼仪结束。

不言而喻，婚礼耗资巨大。可悲的是，隆重、豪华、轰动的婚礼，不曾带给新人幸福，溥仪、婉容、文绣，从结婚的第一天起，都陷入苦闷和困惑之中。

婚后，溥仪在小朝廷中或读书吟诗、作画、弹琴，或捏泥人、养狗、养鹿，有时还到宫外坐汽车、逛大街……过着不知今夕是何年的日子。

与日本人勾结，三圆皇帝梦

不久，许多人觉得"宣统太不安分了！"留溥仪在宫中，就等于给中华民国还留着一条辫子。旧皇宫还会成为复辟势力的大本营。于是，民国十三年（1924年）10月23日，冯玉祥发动北京政变，改所部为国民军，任总司令兼第一军军长。11月4日，民国政府国务会议讨论并通过冯玉祥关于驱逐溥仪出宫的议案。5日，正式下令将溥仪等驱逐出宫，废除帝号。溥仪等成为国民。溥仪被逼出宫，事情来得突然。北京警备总司令鹿钟麟限溥仪等要在2小时内全部搬离紫禁城。溥仪觉得太匆忙，但鹿钟麟极力催促，声言时限快到，如果逾时不搬，外面就要开炮。王公大臣要求宽限时间，后来鹿钟麟再限20分钟。内务府大臣绍英入告溥仪，溥仪在修正优待条件上签了字，决定出宫。溥仪交出"皇帝之宝"和"宣统之宝"两颗宝玺。当日下午，从故宫开出5辆汽车，首尾相连地直奔溥仪当年的出生地——醇亲王府北府。这真是应了在宣统登基时说的那句话："我不挨这儿，我要回家！"现在溥仪回家了！

1924年11月5日，溥仪被冯玉祥赶出皇宫，迁醇王府。复辟时的溥仪住在乾清宫，国民政府每年只提供50万元生活费。溥仪住在北府，门外国民军看管着，他不得自由出入。自从溥仪迁到北府，他周围的人对冯玉祥心中没有底，不知将发生什么情况，气氛非常紧张。溥仪的父亲载沣失魂落魄，语无伦次，半点主意也没有，溥仪倒很庄严平静。

29日溥仪与郑孝胥、陈宝琛逃往东交民巷的日本使馆。在日本使馆，郑孝胥、罗振玉的态度发生突变，简直视溥仪为他们看管的囚徒。罗振玉对前来看望溥仪的王公遗老们正颜厉色地说："这里不同在北府，每天来的人太多，对于使馆治安上很不相宜。我已和使馆方面谈妥，今后有事要来的，就在星期三、五两日；其他的日子要来，就必须经过使馆方面许可才能进来。"溥仪的情绪很不好，对溥佳说："我来到日本使馆以后，感觉很不方便，就连在院子走走都不随便。""可是北府也不能再回去了，我一定要想办法离开这里。"

溥仪在日使馆住了近三个月，他决定去日本留学。罗振玉出台唱主角，他和日本使馆书记官池部政次策划，并得到芳泽同意，决定把溥仪送到天津去。他对溥仪说到天津好做出洋准备，溥仪同意了。冯玉祥军队入京后，溥仪曾和他的伴读兄弟溥杰、溥佳秘密商议，如果宫中不能住，即去天津，到早先准备在英租界的住处去。1925年，溥仪向芳泽公使夫妇辞行、道谢并合影留念，然后由专程来京的天津日本总领事馆的警察署长和便衣警察护送，罗氏父子（福葆）陪同，前往天津。

溥仪抵达天津，先在日本大和旅馆住一天。次日，池部夫妇陪婉容、文绣及溥仪在日本使馆的一套人马到天津，移居"张园"。张园占地约20

亩，中间一座楼房，主人是前清驻武昌第八镇统制张彪。张彪为了表示忠于清帝，坚决不收房费。溥仪在此住了4年多。张彪死后，1929年，溥仪一家搬到陆宗舆的"乾园"，与清朝遗老遗少以及张作霖、段祺瑞、吴佩孚等往来。当时蒋介石正和地方实力派混战，溥仪"静观变化，静待时机"，改"乾园"为"静园"，在此住到1931年。去东北之前，他做了6年的"寓公"，其间，文绣与他协议离婚，曾经轰动一时。

1931年，日本帝国主义发动"九一八"事变，侵占了我国东北，这是日本全面侵华的第一步。为了掩人耳目，1932年，日本在东北成立了伪满洲国傀儡政权，寓居天津的溥仪终于被日本侵略者选中，去长春出任伪满洲国"执政"。

几天前，日本大特务首领土肥原贤二接到关东军的命令，秘密来到天津，找到住在静园的溥仪，劝诱他去东北，牵头成立由日本人操纵的"满洲国"。他对溥仪说，关东军对"满洲"绝无领土野心，只是"诚心诚意地要帮助满洲人民建立自己的新国家"。溥仪动心了，但还是没有得到他想要的答案，便说："我问的不是这个，我要知道，这个国家是共和还是帝制？是不是帝国？"

土肥原贤二含糊其辞地说："这些问题到了沈阳都可以解决。"溥仪没想到，这次秘密会见，很快就被报纸披露出来。记者一针见血地指出土肥原贤二此行的目的，是要把溥仪搬到东北去做傀儡。老奸巨猾的日本人，为了达到目的，又要了个诡计吓唬溥仪，要让溥仪觉得天津不可久留，坚定去东北的决心。

有一天，溥仪正在听谋臣给他讲帝王之道，突然，贴身侍从祁继忠慌慌张张地跑进来，连声喊道："不好了！炸弹！两个炸弹！"溥仪瘫在沙发上，吓得站不起来，好不容易才问明白是怎么回事。原来，刚才有个陌生人送来一筐礼品，说是原东北保安总司令部顾问赵欣伯差他送来的。

他放下礼品，匆匆告辞而去。祁继忠按照惯例检查礼品，只见水果筐子里赫然躺着两枚炸弹！静园的居民们惊魂未定，日本军警闻讯赶来，检验炸弹，得出结论：是张学良的兵工厂制造的。

这件事当然是日本人一手炮制的。祁继忠是日本人收买的间谍，他伙同日本特务把炸弹放进水果筐里，演出了上面的闹剧。

第二天，日本人派翻译过来对溥仪说："宣统皇帝不要再接见外人了，还是早些动身吧。"土肥原贤二一手安排这些圈套，溥仪被蒙在鼓里，越想越怕，便对日本人的翻译说："好！请你尽快安排吧。"翻译说："遵命！为了陛下的安全，请不要告诉不相干的人。"

一天傍晚，按照日本人的安排，祁继忠把溥仪藏在一辆敞篷汽车的后箱，悄悄开出了静园。日本人又在天津制造暴乱，掩护他们出逃。他们顺利地通过各个路口，溥仪在一家日本饭店换上日本军装，改乘日军司令部的军车，畅通无阻地到达英租界码头，登上一艘没有灯光的小汽船。船上堆了沙袋和钢板，还暗藏了一大桶汽油。这桶汽油是日本人专门为毫不知情的溥仪准备的，按照计划，只要溥仪一行被中国军队发现，日本兵就会把它点燃，让溥仪和汽船同归于尽。

危机四伏的小汽船，载着溥仪的复辟梦想，把他送往黯淡的前程。日本人的阴谋得逞了。溥仪辗转路过旅顺、沈阳，3个月后，溥仪到达长春，就任伪满洲国"执政"。

1934年3月1日，在日本导演下，溥仪在长春"称帝"。美国20世纪福克斯公司在"满洲国"首都新京郊外的杏花村拍摄了溥仪的登基大典。溥仪身穿清朝皇帝的龙袍，举行即位的"郊祭仪式"。

东北的3月仍然寒风凛冽，大风翻舞着溥仪身上的龙袍，在临时用土堆起来的"天坛"上，溥仪庄严地举行了告天即位的古礼，向天帝禀报自己即位。从这一天始，溥仪不再称"执政"，圆了他的"皇帝"之梦，过上了盼望已久的"天子生活"。即日起，"满洲国"改为"满洲帝国"，年号"康德"。这样，溥仪成了日本侵略军的傀儡。

接受改造，走向新生

1945年8月15日，日本正式宣布无条件投降，伪满洲国也随之垮台。溥仪在逃往日本的途中，于沈阳机场被苏联伞兵俘虏，后押往苏联。溥仪在苏联度过了5年的拘留生活。1946年8月溥仪被押解到东京，在"远东国际军事法庭"上作证。1950年，苏联政府把溥仪等一批伪满战犯转交给中国政府。

溥仪在哈尔滨战犯管理所里，经过了一个从疑惧到认罪到接受改造的过程。他初到战犯管理所时，心里充满绝望与恐惧，不相信中国共产党的改造政策，不肯认罪。同时，他处处不肯放下皇帝的架子，拒绝接受改造。对于溥仪的这种态度，战犯管理所从各个方面做了大量细致的工作。经过一段时间，溥仪的态度有所转变。1953年，在对战犯罪行进行调查时，溥仪开始逐步认罪。

1956年，我国发展国民经济的第一个五年计划已经胜利在望，为了促进战犯的认罪和改造，人民政府组织他们到东北各地去参观学习，溥仪亲眼看到东北人民在中国共产党的领导下，经过短短的时间取得的伟大成就，受到莫大的教育。之后，他认真接受改造。被关押在抚顺战犯管理所的9年中，他彻底放弃了"复辟、中兴、当皇帝"的念头，并盼望能以中华人民共和国公民的身份重返北京与亲人团聚。1959年，中华人民共和国国庆10周年前夕，中华人民共和国政府发布特赦令，溥仪被特赦释放。他

黯然告别紫禁城
——清宣统帝溥仪

239

终于由一个清朝末代皇帝，被改造成为一个中华人民共和国的公民。

一个微有寒意的初冬早晨，从东北开来的列车喷吐着大团蒸汽，进入落成不久的北京新车站。当一位瘦高个儿旅客出现在车厢门口并大步走上月台时，迎候的人们拥上前去。这位头戴棉帽、身穿崭新棉干部服的人，就是末代皇帝溥仪。

溥仪的前半生，既当过"关门皇帝"、傀儡皇帝，也当过囚徒、战犯，什么都尝过了，却没尝过"自由"的滋味。他回到北京，只觉得天是那样的湛蓝，人又如此的亲热，吸一口空气都感到心旷神怡。

1960年2月16日，新春佳节刚过，溥仪把这一天视为"幸福生活的开始"。这天，他遵照周恩来的指示，随市民政局专程送行的殷兆玉，来到西山脚下中国科学院植物研究所北京植物园。他并非来观赏花卉，而是来上班！他高兴地写道："这是我在特赦后第一次参加伟大祖国的社会主义建设，是参加劳动的第一天！"

植物园的两位负责人在办公室热情地接待了这位"末代皇帝"，有位负责人以开玩笑的语气说："'皇帝'到我们植物园工作，我们很荣幸啊……""现在，我是一个公民，前来报到。"溥仪说着，并极其严肃、认真地向植物园的领导递上了介绍信。

在植物园，在政协，人们都很关心他的生活。他得了慢性疾病，市民政局、植物园、全国政协等单位的领导，为他寻医治病，他的身体慢慢健康起来。他不会照顾自己的生活，一天到晚丢三落四的。有时枕巾不见了，晚上脱衣服时才发现是早晨穿衣服时把枕巾穿在衬裤和棉裤中间；粮票丢了，他又不好意思讲，只好吃那仅剩的一两粮；雨伞、钱包、存折、刚拿到手的工资……他都丢失过，连那块他怀着深情精心保存的金壳怀表也不例外地"失踪"过，幸亏大家帮忙找回来。他回家时还不止一次误入别人房间……如果有个贤内助，也许可以把他的生活管理起来。毛泽东、周恩来都很关心他的婚事，建议他再婚。溥仪决定接受大家的好意，几经周折，与李淑贤结了婚，婚后二人生活幸福。

1961年3月，溥仪任政协文史资料委员会专员。1964年担任政协全国委员会委员，工作生活一直很充实。

溥仪的后半生，接待国内外来访者占去很多时间，参加国家举行的送往迎来的招待会也不少。在与国内外各界人士的接触中，他回答了许多他们关心的事情，他们亲眼看到了他的现状。另有为数更多的人，通过他那本记述前半生的自传及其他人的报道，了解了他的一切。人们发现，在溥仪身上发生了巨变，而溥仪则说首先是因为中国发生了前所未有的巨变。1967年10月，溥仪病逝于北京，终年61岁，骨灰安放在八宝山革命公墓。

黯然告别紫禁城
——清宣统帝溥仪